BARTHÉLEMY

NÉMÉSIS

NOUVELLE ÉDITION

COLLATIONNÉE AVEC SOIN SUR LES ÉDITIONS
DE 1835 ET 1838

PARIS

GARNIER FRÈRES, LIBRAIRES-ÉDITEURS

6, RUE DES SAINTS-PÈRES, ET PALAIS-ROYAL, 215

NÉMÉSIS

PARIS — IMPRIMERIE DE ÉDOUARD BLOT, RUE BLEUE, 7.

BARTHÉLEMY

NÉMÉSIS

NOUVELLE ÉDITION

COLLATIONNÉE AVEC SOIN SUR LES ÉDITIONS
DE 1835 ET 1838

PARIS

GARNIER FRÈRES, LIBRAIRES-ÉDITEURS

6, RUE DES SAINTS-PÈRES, ET PALAIS-ROYAL, 215

1870

PRÉFACE

On peut envisager sous deux faces l'œuvre dont on livre aujourd'hui au public la réimpression, l'une politique, l'autre littéraire : la première est affaire de sentiment et de passion ; la seconde, chose d'art et de goût.

Cette dernière appréciation est la seule que nous soyons jaloux d'aborder. Il y a dans la politique de telles péripéties, de si brusques et si imprévus changements, qu'avec elle on écrit sur le sable. Assez longtemps d'ailleurs on s'en servit comme d'un prétexte pour jucher sur le piédestal littéraire des hommes qui ne purent s'y tenir deux jours debout. L'heure est venue d'isoler les deux grandes puissances de l'époque, de faire à chacune sa part, de les juger séparément, même quand elles se confondent et réagissent l'une sur l'autre.

Réduite à ce point de vue, *Némésis* est encore une création prodigieuse, un phénomène dont l'analogue n'existe pas. Juvénal, Aristophane, Martial, Plaute, Regnier, Boileau, n'ont rien osé de semblable : la *Satire Menippée*, avec sa causticité mordante et sa forme acerbe, pourrait seule s'en rapprocher par quelques points ; toutefois, mettant en regard les deux créations, et compte tenu de la différence des époques, *Némésis* est une œuvre bien plus puissante, bien plus inexplicable.

Nous nous sommes faits à ce tour de force ; mais qu'on se reporte au début. Dans un *Prospectus* en vers, Barthélemy promit au public, le 27 mars 1831, de lui donner chaque semaine une feuille *in-quarto* de sa poésie à lui, de cette poésie satirique qui avait eu sous la restauration une vogue à trente mille exemplaires. A cette annonce que de gens s'écrièrent : « C'est impossible ! » Combien encore ayant foi dans le poëte doutèrent ce jour-là de lui ! « Il se tuera à la peine, » dirent-ils. « Passe pour un mois, pour deux, ajoutèrent les autres; mais ensuite.....» Et nul ne crut l'entreprise pleinement exécutable; nul ne se fût porté solidaire de sa durée.

Barthélemy seul garda la conscience de sa force; il commença; et depuis, douze mois durant, ce ne fut qu'un jet de poésie, un jet de même hauteur, ne déclinant jamais, grandissant plutôt. *Némésis* prit un à un tous les grands événements politiques, les para de ses couleurs, les accentua, les cadença dans sa langue nerveuse et sonore; elle saisit au corps les réputations les plus robustes; jeta ses défis aux noms les plus hauts; attaqua en bloc ou en détail, enchâssa tout dans son rhythme, tout jusqu'aux abstractions gouvernementales; fit tour à tour du paradoxe et de la logique, de l'art ou de la raison d'État; parla aux passions ou au bon sens, souffla l'émeute ou appela la discussion; entonna un chant de guerre ou prêcha la fraternité des peuples. Tous les partis comparurent à sa barre; aux uns elle tendit la main, elle frappa sur la joue aux autres. Quelquefois, mais à de rares intervalles, elle fouillait dans nos mœurs, interrogeait nos monuments, nous disait *le Palais-Royal en hiver*, *l'Archevêché et la Bourse, le Panthéon, l'Obélisque et la Colonne.* Ailleurs, c'étaient de majestueuses et grandes peintures ; des épopées étincelantes, comme la *Statue de Napoléon*, et la *Fête du Soleil.*

Maintenant encore, à lire ces compositions improvisées, à les peser, à les détailler sans passion et dans le silence du cabinet, à les dépouiller de tout intérêt de circonstance, de toute sympathie politique, on est émerveillé de les voir si pures, si neuves, si complètes ; on se prend à douter que ce soit là une œuvre de quelques jours ; on se demande si la même main eût fait mieux en plus de temps.

Ce qu'on explique le moins dans un pareil travail, c'est sa durée. Cinquante-deux semaines, à plus de deux cents vers chaque, font, si je ne faux, onze mille vers environ, lesquels divisés par les trois cent soixante-cinq jours de l'année donnent un quotient de trente vers. C'est donc une tâche de trente vers par jour que Barthélemy a acceptée, et accomplie pendant douze longs mois. Chaque matin, en se levant, Barthélemy avait trente rimes à trouver, trente hémistiches à subir, trente alexandrins à engendrer corps et âme, sens et mots. Or, calculez que tous les jours ne sont pas bons, qu'il y a pluie et soleil dans l'atmosphère poétique, que l'inspiration n'est pas de commande, que l'enthousiasme n'est pas à l'heure, que, plus souvent qu'un autre, le poëte a des digestions fausses, des névralgies étourdissantes, de paresseux abandons, des tracas de vie privée ; calculez encore que, s'il tient la diète ou garde le lit, s'étend sur un sofa ou court à ses passions, sa tâche ne s'en déroule pas moins incessante et régulière comme l'étoffe qui s'allonge sous le cylyndre d'une machine à vapeur. Ainsi, somme toute, et compensation faite des jours perdus, une tâche de cent vers au moins a dû s'effectuer aux jours remplis.

C'est effrayant.

A voir Barthélemy ainsi courbé sur son œuvre, j'ai souvent éprouvé pour lui des vertiges et des saisissements. Il me faisait l'effet d'un voyageur suspendu à pic sur un précipice, d'un couvreur qui longe les dernières ardoises d'une toiture, d'un aéronaute qui plonge dans l'air sur la foi de son parachute.

Lui-même, il faut le dire, comprenait bien sa

position, et ne s'abusait pas sur les écueils avec lesquels il paraissait se jouer. « Je suis, nous di-
» sait-il un jour, comme un acrobate qui a épuisé
» son programme. Il a tout fait, saut périlleux,
» ascension sans balancier, course vers le cintre
» à vol d'oiseau. Le public a battu des mains aux
» premières représentations, puis il est revenu
» froid et blasé, car il sait son homme. Alors
» celui-ci se ravise. — Je vais, dit-il, voltiger
» sans corde. — C'est impossible, interrompent
» les spectateurs, cela ne s'est jamais vu. Et si l'a-
» crobate réalise l'impossible, s'il voltige sans
» corde, on battra des mains une fois encore,
» deux fois, trois fois, mais on s'habituera à l'im-
» possible, et l'on finira par dire : N'est-ce que
» cela ? Ainsi en sera-t-il pour *Némésis*. »

Sans recourir à d'autres motifs, celui-ci peut suffire à expliquer pourquoi, au bout de sa traite d'un an, *Némésis* a fait une halte et s'est condamnée au repos.

Qu'une feuille se fonde politique ou littéraire, qu'elle jette un titre, un simple titre au public et dise : Je durerai ; sans doute elle durera, si les abonnés lui sont propices ; car cet être de raison que l'on nomme un journal se compose d'autant d'êtres réels que son importance et sa caisse le comportent. Il aura dix, vingt rédacteurs ; il remplacera ceux qui meurent, changera ceux qui s'usent : vieux, il se rajeunira, comme Eson, en aspirant des sucs jeunes et vivaces; riche, il raccolera pour son service la science, la verve et le talent. Et pourtant ce sera toujours lui, lui le journal avec son titre stéréotypé, lui avec son nom que sait la foule, lui le *Constitutionnel*, le *Courrier français*, le *National*, le *Temps*, le *Journal des Débats*. Dix générations de rédacteurs passeront ignorées, et le nom de la feuille restera connu de tous, retentissant, prononcé avec haine ou avec amour.

Pouvait-il en être ainsi de *Némésis*, de cette satire hebdomadaire que signait Barthélemy? Non, car l'auteur était lié à l'œuvre; *Némésis* ne pouvait changer de main sans changer d'allures. Sous les doigts du maître, c'était une littérature, une création ; exploitée par d'autres, elle devenait, et nous l'avons vu, un calque et une parodie.

Némésis était donc une œuvre essentiellement

temporaire, ne pouvant durer plus que l'haleine d'un homme; c'était une gageure à vider; un défi jeté aux difficultés du rhythme; une expérience dont le poëte voulait avoir le cœur net.

L'œuvre restera pourtant, non comme étude, non comme modèle à imiter, mais comme tour de force, et comme phénomène littéraire. Ce titre de durée suffirait à *Némésis,* quand elle ne serait pas l'écho de nos colères politiques et la date d'une époque passionnée.

L. R.

NÉMÉSIS

PROSPECTUS-SPÉCIMEN

27 mars 1831.

Némésis!!!... qu'à ce nom, lancé par intervalles,
Thémis n'augure point de sentences rivales ;
Je ne viens pas monter, en fronçant le sourcil,
Sur l'estrade pompeuse où déclame Persil : [1]
D'un conflit de pouvoirs bannissons toute crainte ;
Vous donc qui du Palais peuplez le labyrinthe,
Vous qui, de l'avenir affrontant les écueils,
Siégez, grâce à Dupin, sur d'éternels fauteuils, [2]
Magistrats ! aujourd'hui sous le roi populaire
Comme sous Charles Dix gagnez votre salaire ;
Vous avez le tarif : par le droit du plus fort,
C'est à vous de pourvoir la Grève ou Rochefort ;
Voilà tout le métier de la justice humaine.
La justice !... Il est temps d'agrandir son domaine :
Il n'a pas tout prévu, votre Code pénal ;
La vindicte publique invoque un tribunal ;

Lui seul pourra juger le crime insaisissable
Qui passe et disparaît comme un pied sur le sable,
Les complots de boudoir, les forfaits de salon
Que n'a jamais ferrés l'argousin de Toulon. [3]
Némésis leur promet de lentes agonies ;
C'est elle qui, vengeant des trames impunies,
Sur les piéges d'État, sur les hauts guet-apens,
Agitera sa torche et son fouet de serpents.
Dans la voix du poëte elle trouve un organe ;
Ce que le Code absout, ce juge le condamne ;
Aux assises du peuple il traduit le pouvoir :
Quand Thémis est aveugle, ou feint de ne plus voir,
Pour le parquet nouveau s'ouvre une tâche immense ;

Où s'arrête la loi, la satire commence,
Telle est son œuvre : au front des accusés tremblants,
Qu'elle imprime la honte en distiques brûlants,
Qu'aux yeux des citoyens, en lui montrant la plaie,
Elle traîne le crime étendu sur la claie.
Sans doute le poëte, en ce roide sentier,
Souvent heurte de front le genre humain entier ;
Qu'importe ! il brave tout, pour lui tout est profane ;
Un siècle corrompu veut un Aristophane.
Les temps sont loin de nous où des frondeurs bénins
Décochaient leurs longs vers sur des poëtes nains :
A quoi bon agiter la cinglante lanière,
Sur un pauvre Cottin, sur un obscur Linière,
Ou, sous des noms d'emprunt masquant nos ennemis,
Flageller un Périer sur la peau d'un Damis ?

Non, non, je n'aime pas de pseudonymes voiles,
J'ignore l'art menteur des points et des étoiles ;
Quand la satire frappe un coupable, elle doit
L'extraire au grand soleil et le montrer au doigt ;
Au carcan installé sur la place publique,
D'un inflexible bras c'est peu qu'elle l'applique ;
Pour diffamer la tête attachée au poteau,
Elle imprime son nom sur un large écriteau.

Eh bien ! j'ose m'offrir pour ce rude service ;
Au métier de bourreau je ne suis point novice :
Depuis sept ans entiers, opérateur brutal,
J'ai bien souvent dressé l'infamant piédestal ;
De Montrouge au pouvoir j'ai flétri les mystères ;
J'ai pris mes condamnés dans tous les ministères :
Ces idoles d'alors qu'on servait à genoux,
Villèle, Peyronnet, Corbière, Frayssinous,
Franchet et Delavau, son compagnon de chaîne,
Bourmont qui doit ouvrir la campagne prochaine ; *
Juges, pairs, députés, prélats, princes romains,
En masse ou tour à tour ont passé par mes mains. **
Ils sont tombés : crédule encore à cette époque,
Je rejetai bien loin les verges d'Archiloque,
Et dans le siècle d'or du royaume à venir,
Je n'entrevis pas même un délit à punir.

* Les journaux carlistes ont nommé Bourmont généralissime des émigrés.
** Le *moi* n'est ici qu'une abréviation ; je suis bien loin de m'arroger la part de mon ami, M. Méry.

Mais puisque en moins d'un an notre nouvelle histoire
Déroule à la satire un si long répertoire ;
Que sur les vieux tréteaux fraîchement redressés
Pullulent tant d'acteurs, l'un par l'autre chassés ;
Puisque le coq gaulois, honteux et traînant l'aile,
N'est plus qu'un triste eunuque aux mains de nos Villèle,
Et que, livrant le trône à de graves hasards,
Le parti doctrinaire a fait son treize mars ; ⁵
Hâtons-nous : trop longtemps ma haine fut oisive ;
Il faut que désormais mon encre corrosive,
Dans le sein d'un pouvoir qu'épargna ma torpeur,
A force de scandale inocule la peur.

En vain, comme autrefois, vigilant sagittaire,
J'ajusterais ma flèche au front du ministère ;
D'une lente brochure inutiles efforts !
Mon trait désappointé n'atteindrait que des morts.
Tels qu'on voit le matin installés par séries
Souvent ne couchent pas dans leurs hôtelleries ;
Ils passent au pouvoir sans effleurer le sol :
On ne peut les toucher qu'en les tirant au vol.
Me voici ! l'arme est prête : assaillant secondaire,
J'essaîrai d'accomplir cette œuvre hebdomadaire ;
Journaliste d'hier, puissent nos vétérans
M'accueillir sans dédain au milieu de leurs rangs,
Et souffrir que, marchant pour une même cause,
Je joigne quelques vers à leur logique prose !
Comme eux je défendrai, fort de soutiens pareils,
Notre arbre populaire éclos sous trois soleils ;

On me verra, comme eux, de Cadix à Bruxelles,
Sur la poudre qui dort semer des étincelles,
Et percer chaque jour des pointes du remords
L'égoïsme couvert du sang des peuples morts.
Avec la même ardeur, je poursuivrai d'office
Ces hommes qu'au pouvoir attache un maléfice,
Ministres sans diplôme, astucieux Sinons,
Dont le peuple candide ignore encor les noms,
Fabricateurs de dol, machinistes de drame,
Qui de l'Hôtel de Ville écornent le programme.
Ils me sont tous connus : dans mon crible de fer
Nul ne fera défaut; qu'il soit député, pair,
Ministre, magistrat, sous le froc ou l'hermine,
Ils passeront tordus à la même étamine.

Mais c'est peu d'explorer de mes regards subtils
Paris ou de la France aboutissent les fils ;
De saisir sur le fait et de rendre notoire
L'alchimique secret du grand laboratoire ;
Sur tous les points du cercle, arrivant du milieu,
Dans le dernier canton, dans le moindre chef-lieu,
Il faut que je pénètre, et que mon œil rayonne
Du Rhin au Morbihan, de Dunkerque à Bayonne.
Ils n'échapperont pas aux coups de Némésis,
Ces maires, ces préfets, que Guizot a choisis ;
Ceux qui des fédérés coagulent le zèle :
Paulze-Ivoy dans le Rhône et Sers dans la Moselle ;[6]
Douaniers, publicains, hauts et bas employés,
Par le roi d'Holyrood en secret soudoyés.

Aux lieux les plus lointains, des frères patriotes
M'écriront les méfaits de ces Iscariotes,
Et ma main, sous les yeux d'un jury sans appel,
Dans le corps du délit portera le scalpel.

D'autres fois, désertant l'arène politique,
D'accusateur public je deviendrai critique ;
Sur la littérature où plane le soupçon,
Rigoureux contrôleur, je mettrai le poinçon ;
Distinguant avec soin la fausse de la vraie,
Le stras du diamant, le bon grain de l'ivraie ;
Au poids de ma balance, aux arrêts de mon goût,
L'homme ne sera rien, et l'œuvre sera tout.
Au sein des deux partis demeuré toujours neutre,
Je n'ai point aboré de cocarde à mon feutre :
Qu'un vers soit de Dumas, qu'il vienne de Soumet,
Au prestige d'un nom aucun ne me soumet,
Et sans intervenir entre les deux écoles,
L'équitable bon sens dresse mes protocoles.
Ma critique promet aux théâtres rivaux,
Ou ma part de sifflets ou ma part de bravos :
Tantôt sacrifiant une heure solitaire,
J'entrerai dans le vide habité par Voltaire ;
Tantôt j'inspecterai la salle Ventadour
Où le ténor Ponchard se grime en troubadour ;
Le harem où Véron, * de ses mains protectrices,
Raccourcit à huis clos la jupe des actrices ;

* Directeur de l'Opéra.

Le théâtre d'Arnal et de Bernard-Léon ;
La tombe où gît Bossange ** et le triste Odéon,
Qui, ravivant sans fruit la tragi-comédie,
Ne peut se réchauffer que par un incendie ;
Et ces temples joyeux semés au boulevard,
Du grand Cirque-Olympique à la salle Favart.

Telle est ma tâche entière : une fois par semaine,
Je dois tout visiter dans ce vaste domaine ;
Fort de mon unité, seul, libre de soutiens,
Je ne suivrai de but, de conseils que les miens.
De mes futurs combats faut-il donner un gage ?
Eh bien ! j'invoquerai mon antique langage,
Ma guerre de sept ans sous un joug détesté,
Et douze mille vers tout chauds de liberté.
Aujourd'hui même, pur d'une molle prudence,
Je n'ai point dépouillé ma vieille indépendance ;
D'aucun pouvoir du jour je ne suis le vassal ;
Nul palais, nul hôtel ne m'a pour commensal ;
Chez Guizot ou Collard, auditeur débonnaire, [8]
Je n'ai jamais froissé le sofa doctrinaire,
Ni par des mains de femme, au milieu d'un salon,
Pollué sans pudeur mon viril Apollon.
Nul souci, nul regret, ne coupe en sens oblique
Ma ligne de devoirs pour la chose publique.
Prolétaire affranchi des cotes du foncier,
Refoulé par la loi plus bas que l'épicier,

** Le théâtre des Nouveautés.

C'est peu que sans pâlir je livre ma personne ;
Il n'est aucun des miens pour qui mon cœur frissonne :
Jamais le *Moniteur*, manne tombant du ciel,
Ne descendit sur eux en texte officiel.
Qui donc peut m'arrêter, rendre ma plume esclave ?
L'indigence ? je l'ai ; la prison ? je la brave !
Au bureau du Journal, quand même un alguazil
Viendrait notifier un mandat de Persil ;
Quand même du jury le verdict unanime
Tordrait mes vérités pour en extraire un crime ;
Toujours prêt au signal, je dirais sans effroi :
Marchons, qu'on me ramène au guichet de Leroy ; *
Pour moi, dans les cachots de cette autre Bastille,
Les blessés de Juillet seront une famille ;
J'aurai quelque plaisir à retrouver encor
La porte aux longs verrous, la cour, le corridor,
La pistole qu'on paye à l'avare régie
Et ma place encor chaude à Sainte-Pélagie.

* Directeur de Sainte-Pélagie.

I

LE MINISTÈRE

10 AVRIL 1831.

A des jours assignés, à des heures précises,
J'ai promis d'installer mes publiques assises ;
La séance est ouverte : en ce jour solennel,
De grands noms vont sortir du dossier criminel.
Tandis que, pour grossir sa pénale série,
Desmortier va fouiller à la Conciergerie, [9]
Moi je puise au milieu d'un plus grand réservoir,
Et l'Almanach royal a soin de me pourvoir.
Là, tout est détrôné de sa hauteur factice,
Tout, à part un seul nom, ressort de ma justice ;
De nos droits mesurés par le pacte nouveau
La tête d'un seul homme excède le niveau.
Philippe ! notre loi lui réserve un hommage,
Car de calleuses mains ont pétri son image,
Car l'ampoule de Reims n'a pas oint ses cheveux,
Et le peuple aux trois jours a crié : Je le veux !
Mais auprès de ce Dieu qu'a fait notre évangile,
Rien ne doit protéger des idoles d'argile,
Et de la royauté respectant le cimier,
Je puis porter la main sur CASIMIR PREMIER. [10]

C'est l'heure du Conseil : près de l'hôtel Grenelle
Un peuple curieux étreint la sentinelle
Et semble consulter d'un œil intelligent
Le noir appariteur aux longs chaînons d'argent.
Eh bien ! puisque auprès d'eux jamais tu ne pénètres,
Souverain de Juillet ! sache quels sont tes maîtres ;
C'est à toi de juger dans ces hauts courtisans
Les services passés ou les titres présents ;
Leur politique histoire est là pour qu'on l'explore :
D'Argout incendia le drapeau tricolore ; [11]
Louis, toujours habile à taxer nos revers,
A su calculer tout, même le prix d'Anvers. *
Du trésor amaigri c'est le vivant emblème :
Naguère, l'œil plus creux, la joue encore plus blême,
Il parut à la chambre où le budget grossit,
Comme un chiffre ambulant qui marque un déficit.
Rigny siége à sa droite : ambitieux Neptune,
Il louvoya longtemps autour de la fortune ;
Charles-Dix le jugea digne de ses complots ;
Connu des gens de terre et peu des matelots,
Il a de la faveur atteint le promontoire,
Et vit depuis quatre ans sur son tiers de victoire. [12]
Mais qu'a fait ce visir qui, seul dans le Conseil, [13]
Lève un front vertical pour toiser le soleil ?
Ce qu'il a fait ! aux jours de la grande bataille,
Il a désavoué la sublime canaille ;
Quand Dupin, reniant un périlleux mandat,

---

* En 1810, M. Louis présidait, à Amsterdam, le conseil de liquidation.

N'était plus député, lui n'était plus soldat.
Depuis, éternisant sa halte dans la boue,
Aux soufflets de l'Europe il présente la joue,
Oubliant, chez les rois, pour parler en vainqueur,
Qu'aussi haut que la tête il faut porter le cœur.
Ah ! puisque on vit de honte à la diplomatie,
Éloignons-nous ; allons au duc de Dalmatie,
Car celui-là, du moins, jamais sourd au cartel,
Donne à l'honneur français un coin dans son hôtel.
De l'erreur d'un moment que le souvenir dorme !
L'encens avait terni son ancien uniforme,
Le cierge avait coulé sur ses parements d'or ;
Mais la poudre et le feu les lustreraient encor.
Sept mois ont retrempé cette âme militaire :
Comme sous une tente il campe au ministère ;
Pour sa paupière d'aigle il n'est plus de sommeil,
D'un second Austerlitz elle attend le soleil ;
Vain espoir ! la doctrine a, de sa main jalouse,
Encloué le canon qui défendit Toulouse ;
Elle étouffe au berceau des triomphes tout prêts,
Et Casimir Périer tient la gloire aux arrêts.

Le voici ! qu'à nos yeux enfin il se révèle
Ce *prince de la paix* de la France nouvelle : *
Au comptoir, au Conseil, despote tracassier,
Il traite un sous-ministre à l'égal d'un caissier ;
Va-t-il parler ? il semble, avant qu'il se décide,

* Ceci fait allusion à l'ancien prince de la Paix, en Espagne, Godoï, tuellement à Marseille.

Mâcher entre ses dents une parole acide ;
Qu'un seul geste, qu'un mot en passant l'ait froissé,
Sur sa lèvre amincie erre un dépit glacé ;
Il se tord sur lui-même, et ce corps si débile
Bondit, galvanisé par un accès de bile.
Rappelez-vous le jour où cet homme nouveau
Apparut comme un astre au journal de Sauvo : *
Les claqueurs du milieu, mercenaire auditoire,
Chargèrent de bravos l'avenir de sa gloire ;
Guizot prophétisa dans son règne naissant,
L'embonpoint progressif du maigre trois pour cent :
Metternich tressaillit de plaisir, et Pilate **
Si blême d'habitude en devint écarlate.

Eh bien ! homme pétri d'un sublime limon !
Depuis que ta main roide a saisi le timon,
Qu'as-tu fait ? radoubant ta carène disjointe,
De l'archipel d'écueils as-tu franchi la pointe ?
Pilote fanfaron ! tu dors sur le danger
Dans la route banale habile à t'engager,
Tu viens nous répéter votre adage vulgaire :
« La France veut la paix et ne craint pas la guerre. »

Vante-nous donc le fruit d'un système hautain ;
De ton règne d'un mois lis-nous le bulletin ;
Écoutons : tu nous dis qu'à ta voix disparue

---

* Rédacteur du *Moniteur*.
** Rédacteur de l'*Observateur Autrichien*.

LE MINISTÈRE

La révolte nocturne a déserté la rue,
Que les forçats cachés dans les groupes obscurs
Du palais-citoyen n'étouffent plus les murs ;
Il est vrai : chaque soir les soutiens de la France
Bivaquent dans la cour en pantalon garance,
Sous ton palladium le château dort sans bruit :
C'est bien ; mais ce repos pour nous qu'a-t-il produit ?
Déjà pour saluer ta fraîche présidence,
La Bourse a de six francs grevé sa décadence :
La faillite effrontée en assiège le seuil,
Et ce temple des Juifs est tapissé de deuil.

Voilà ta paix. Perdue avec ton faux système,
La patrie a voulu se sauver elle-même ;
Et contre l'étranger armant un bras haineux,
D'un pacte fédéral elle serra les nœuds.
Sacrilége complot ! au feu de ta colère
Soudain tu rallumas l'ardente circulaire,
Foudre administratif qui, frappant droit au but,
Du Conseiller d'État fond sur le Substitut.
Gloire à vous, qui portez cette récente marque,
Laborde, Aymé, Barrot, Stourm, Bouchotte, Lamarque,
A vous qui préférez, dans vos cœurs insoumis,
Le rang de citoyen au titre de commis !
Gloire à tous les vengeurs de nos libertés saintes !
La France embrassera dans les mêmes étreintes
Le courage guerrier, l'héroïsme civil,
Les martyrs de Juillet et les blessés d'avril.

Triomphe, Casimir ! tes soutiens légitimes
Vont sortir épurés du complot des centimes ;
Par ce nouveau visa confirme le brevet
Des préfets de Guizot et de Montalivet ;
Dans leurs départements où l'audace conspire,
Il est temps que des lois tu rassures l'empire ;
Holyrood est partout : depuis plus de sept mois
Le carlisme impuni poignarde les Nîmois ;
Aux clochers vendéens la ligue monacale
Plante en face du maire un lambeau de percale ;
Le grossier Bas-Breton, royaliste idiot,
Laboure pour nourrir Lahoussaye et Diot ; *
Alais meurt pour la croix, Poitiers se fleurdelise,
Le verset pour Philippe épouvante l'Eglise ;
Des paquebots suspects croisent devant Calais,
Et Marseille proscrit le chant des Marseillais.
Mais ce n'est rien encor : prends ta carte d'Europe,
Vois ce réseau de fer qui déjà t'enveloppe ;
Sur les monts du Jura, sur le long cours du Rhin,
Arpente pas à pas tous les plis du terrain ;
Que d'acteurs convoqués pour ce drame tragique !
La Prusse va bondir en trouant la Belgique ;
L'aigle de Pétersbourg, qu'un long vol fatigua,
S'est posé sur la cendre où fume encor Praga :
Dès demain vers son but il volera plus vite :
N'entends-tu pas hurler l'Attila moscovite ?
Sur un sol ravagé rêvant d'autres débris,

---

* Chefs de la nouvelle Chouannerie dans la Vendée et la Bretagne.

LE MINISTÈRE

Un pied sur la Vistule, il tient l'œil sur Paris.
Plus près de nous, aux bords de la grande rivière,
Paraîtront les soldats de Saxe et de Bavière,
Tandis que vers le sud par de hardis chemins,
Metternich poussera d'innombrables Germains ;
O douleur ! ils viendront par cette grande voie
Qu'ouvrit Napoléon dans les monts de Savoie,
Et d'un hourra barbare effrayant nos échos,
Passeront devant nous les lauriers aux schakos.

Et toi, jouet honteux de la diplomatie,
Quand les trois sœurs du nord, Prusse, Autriche, Russie,
Vont dans l'ombre étendant leur immense cordon,
Pour un peuple français tu demandes pardon ;
Il te faut à tout prix une paix, une trêve :
Tantôt d'un lourd tribut ta lâcheté nous grève ;
Tantôt pour la rançon de la France aux abois,
Aveugle gaspilleur, tu veux vendre ses bois.
Le budget annuel, aspirante sangsue,
A pompé dès longtemps ce que le peuple suc.
Pour acheter la paix mendiée à genoux,
Il ne nous reste plus un denier ; fouille-nous :
Car, sous la branche aînée ou la branche cadette,
Il a fallu nourrir le gouffre de la dette.
Si, pour toi, demander est un besoin pressant,
Demande des soldats, emprunte-nous du sang ;
Tu n'adresseras pas une supplique vaine ;
Nous donnerons nos fils et nous tendrons la veine.
Que faut-il ? des canons ? des uniformes bleus ?

Eh bien, rappelle-toi ces jours miraculeux
Où l'Europs assiégeait la France encor moins riche :
Songe que pour répondre à la Prusse, à l'Autriche,
Pour vaincre, pour sauver ses lignes du dehors,
La République pauvre inventait des trésors :
Les toits des vieux châteaux, le plomb des cathédrales
Dans son ardente main se transformaient en balles ;
Sublime dévoûment si jamais il en fut !
Le bronze des clochers s'allongeait sur l'affut,
La forge où s'entassaient les sabres et les piques
Haletait nuit et jour sur les places publiques ;
La France avec trois mots répondait aux défis :
Aux armes, citoyens ! et convoquant ses fils
Aux frontières du sol par la ligue entamées,
Tombait devant les rois avec quatorze armées.

II

MA DISGRACE OFFICIELLE

17 AVRIL 1831.

Qu'importe à Némésis, si le peuple l'accueille,
La risible fureur des gens à portefeuille ?
Je n'ai fait jusqu'ici qu'un seul vers sur d'Argout ; *

* D'Argout incendia le drapeau tricolore (Voyez la satire *le Ministère*.)

Eh bien! il a trouvé mon vers de mauvais goût.
Dimanche, à l'heure même où je le gratifie
D'un véridique extrait de sa biographie,
Voilà qu'au même instant la foudre du bureau
Vient frapper mon journal au premier numéro,
Et par trop de candeur ma muse criminelle
Reçoit un pli timbré à l'hôtel de Grenelle.

« J'ai l'honneur de vous informer,
« Monsieur Barthélemy, poëte de Marseille,
« Qu'après décision, par moi prise la veille,
    « J'ai cru devoir vous supprimer
« L'annuel traitement [15] que, par somme pareille,
« Au bout de chaque mois vous venez réclamer
    « Dans les bureaux que je surveille.
« Agréez l'assurance, *et cætera*..... »

                            Bravo!!
Pour un homme d'État le trait n'est pas nouveau ;
De la part d'un d'Argout heureux qui se l'attire.
Moi, je l'avais prévu : l'inflexible satire,
Sentinelle du Peuple, Argus du droit commun,
Est pour le ministère un témoin importun ;
Auprès des grands du jour rien ne saurait l'absoudre
C'est une pointe aiguë, elle attire la foudre :
Quiconque a fait un pacte avec la vérité,
Du haut de la faveur tombe précipité.

Je l'avoue : au sortir de la grande semaine,
Brûlé par le soleil qu'aspirait mon haleine,

De fatigue, de soif, de sommeil obsédé
Et d'une sueur tiède encor tout inondé,
J'entendis de la rue une éclatante orgie :
J'entrai dans un salon où, la lèvre rougie,
Des hommes inconnus, convives turbulents,
S'indigéraient de vin et de mets succulents ;
Et moi, lazzaroni de la triple journée,*
Je promenais sur eux une vue étonnée ;
Alors, on me jeta, comme un don clandestin,
Quelques miettes, débris du splendide festin ;
Je sortis. On m'a dit depuis qu'à cette table
On saupoudre les mets d'un poison délectable,
Que d'un perfide suc le vin est mélangé ;
Je n'en ressentis rien, j'avais trop peu mangé.

Ainsi, quand avec eux je signai l'armistice,
Ils changeaient en trafic un acte de justice ;
Sur leurs futurs méfaits pour étouffer le bruit,
D'une insolente aumône ils calculaient le fruit,
Croyant à tout jamais cadenasser mes rimes,
En me comptant par jour quatre francs dix centimes.
Je respire affranchi de leur étau de fer ;
Le pain de servitude à ma bouche est amer ;
Je veux, comme autrefois, libre de ma parole,
Tenir du peuple seul la volontaire obole,
Trop riche, si j'obtiens de sa large équité
Un denier seulement pour chaque vérité.

* L'expression napolitaine n'est pas de moi; elle vient de plus haut lieu.

Ah! puisque trop longtemps leur sagesse endormie
Veut essayer enfin un plan d'économie;
De la chose publique exposée à leurs soins
S'ils doivent alléger le fardeau, que du moins
Ils commencent par eux ces rigueurs salutaires;
La rapine est flagrante à tous les ministères :
Que ne suppriment-ils les scandaleux zéros
Ajoutés chaque année à leurs frais de bureaux?
D'où vient qu'en proscrivant le titre d'Excellence,
Ils ont du faste ancien maintenu l'insolence?
C'est pitié de les voir, dans leurs arrêts mesquins,
Appliquer leur réforme à d'obscurs publicains,
Et d'un large budget disputer les parcelles,
Eux qui plongent dans l'or leurs bras jusqu'aux aisselles.

Un jour, n'en doutons pas, le Peuple à son réveil
Dans les Conseils du Roi portera son conseil :
Des brevets de l'État dont il sera l'arbitre
Son regard infaillible inspectera le titre;
De la caisse publique il visera les bons.
Vous tous qui d'Holyrood invoquez les Bourbons,
Votre bande par lui ne sera plus soldée;
Il reniera vos droits, soldats de la Vendée,*
Larmoyants Députés, inamovibles Pairs,
Vous qui dans tous les temps, conspirateurs experts,
Fêtez du règne éteint les grands anniversaires;

---

* Le ministère paye encore les pensions des anciens chouans, et peut-être même celles des nouveaux.

Intrigants de tout grade, audacieux faussaires!
Qui, sous un double nom masquant un double emploi,
De l'Almanach royal trompez la bonne foi.*
Alors s'effacera le honteux disparate
Entre l'humble commis et ce chef bureaucrate,
Pagode de fauteuil qui dans un mol ennui
Nourrit son embonpoint de la maigreur d'autrui,
En dépit de Cuvier [16] les bourgeois indociles
Refuseront l'impôt pour payer les fossiles;
L'algébrique Dupin, [17] profond dans ses calculs,
De son budget privé biffera cinq cumuls;]

Le *nommé* Villemain, ** si maltraité dans l'Eure,
Ne fera plus de cours à trois cents francs par heure; [18]
Que d'oisifs opulents seront mis en oubli !
D'un État compliqué machine de Marly,
Le Peuple brisera l'inutile rouage ;
Au seul vrai travailleur il païra son louage,
Et sous ce nouveau règne, économe de frais,
Les grands hommes du jour tomberont au rabais.

---

* Certains titulaires, pour déguiser leurs cumuls, font varier dans l'Almanach royal l'ordre de leurs prénoms.

** M. Villemain appartient à l'aristocratie académique; il a des formes de langage qui ne sont propres qu'à lui. Ainsi, quand il veut désigner un homme de lettres qui n'est pas grand seigneur, il se sert de ce mot, le *nommé* tel...

SONGE DE CHARLES DIX

Pour tous ceux qu'en tombant une couronne froisse,
Le sommeil ne vient plus dans un calme profond ;
Des souvenirs passés la déchirante angoisse
Est un creuset brûlant où leur âme se fond.
Au milieu de son île, où manque un Hudson-Love, [19]
Sous les fleurs de lis d'or qui parent son alcove,
    Le chef des Bourbons rêve aussi ;
Obsédé chaque nuit de fantômes-squelettes,
Dans son lit parsemé de saintes amulettes,
    Il eut un songe : le voici.

Il était dans Paris : les Cours en permanence
Des trois coupables jours instruisaient l'attentat ;
Les hommes de juillet, saisis par ordonnance,
Sortaient, après trois mois, de leur prison d'État ;
Puis, devant la justice on les jetait par troupe ;
La vengeance buvait dans une large coupe ;
    Et pour plaire au pieux vieillard,
Demandant au jury des morts expiatoires,
Un homme rappelait par ses réquisitoires
    Les Pampelune et les Bellart. [20]

Le réveil lui laissa ses douces rêveries :
A son château d'Écosse il fit un long adieu,
Puis, sur son prompt retour au sein des Tuileries
Le Tibère dévot rendit grâces à Dieu.

Soudain la porte s'ouvre ; un messager de France
Entre levant un front radieux d'espérance,
    Il lui remet un large pli :
C'était le *Moniteur* aux colonnes précises,
Véridique rapport des récentes assises
    Le rêve s'était accompli.

Quel est donc votre espoir, conseillers de démence,
Lorsque au milieu de nous vous jetez ce brandon?
Pour rendre populaire un règne qui commence,
N'avez-vous pas d'avance arrangé le pardon ?
Ou du glaive légal laissant partout l'empreinte,
Voulez-vous désormais affermir par la crainte
    Un Roi que notre amour défend ?
Est-ce un calcul barbare, est-ce un jeu que vous faites ?
Insensés ! croyez-vous qu'on joue avec des têtes
    Comme avec des hochets d'enfant ?

D'une terrible époque imprudents parodistes,
Encombrez les cachots de patriotes purs,
De noms chers au pays chargez vos noires listes :
C'est bien ; et jusque-là vous portez des coups sûrs.
Mais s'il fallait enfin, comme Fouquier-Tinville,
Tenir votre promesse au bourreau de la ville,
    En bravant les cris du dehors ;
S'il fallait, procédant par sanglantes fournées,
Couper en un seul jour vingt têtes condamnées.
    Dites, seriez-vous assez forts ?

Naguère, de ses fils, jusqu'au pied de l'échelle,
La Liberté muette escortait les convois ;
Aux martyrs de Saumur, à ceux de la Rochelle, [21]
Elle n'osa prêter ni son bras ni sa voix ;
Mais ces temps ne sont plus. Quelle main sacrilége
Toucherait aujourd'hui ceux qu'un peuple protége,
    Ceux qu'il couvre de son aveu ?
Qui l'oserait ? malheur pour vous, pour tous peut-être ?
Les hommes des Trois-Jours pourraient bien reparaître,
    S'il leur manquait un seul cheveu.

VENDREDI 15 AVRIL. — QUATRE HEURES.

Silence ! voici l'heure où tout coupable tremble ;
D'aucun des accusés le cœur ne bat d'effroi :
Dans la salle muette apparaissent ensemble
Jury, juges, greffiers et procureurs du Roi.
Après une minute, agonisante pause,
De chaque prévenu dans cette grande cause
    Le chef du jury dit le nom ;
Oui : de la République ils ont formé le rêve ;
Est-ce un crime ? faut-il sur la place de Grève
    Faire tomber leurs têtes ? *Non.*

III

LA CHAMBRE DES DÉPUTÉS

24 AVRIL 1831.

Respirons : nos élus désertent leurs drapeaux ;
Heureux d'avoir voté les paternels impôts,
Ils vont, rompant enfin leur longue permanence,
Dans leurs quartiers d'été rentrer par ordonnance.
Qu'ils sont lents à tomber dans leur dernier linceul
Au moment décisif, effrayé d'être seul,
Le pouvoir a voulu s'entourer de leur ombre :
Il entrevoit encor, dans un avenir sombre,
L'émeute aux bras croisés debout devant Persil ;
Et toujours harcelé par ce spectre d'avril,
Comme une femme au sein d'une nuit périlleuse,
Quand sa lampe s'éteint, il garde sa veilleuse.
Mais pour juin, au plus tard, tout annonce et promet
Cette heure dissolvante, effroi du vieux Lameth,
Où le bref *Moniteur*, grand-prêtre de l'absoute,
Dira les mots formels : L'assemblée est dissoute !
Avant donc que ce corps, par le temps déformé,
Dans le cercueil légal disparaisse inhumé,
Sur ses traits, sur sa face où la vie est éteinte,
Je vais poser l'argile et calquer une empreinte.

Midi sonne, partons; car au sénat désert
Si l'on entre pour rien quand parle Delessert,
Le jour où la tribune est promise à Lamarque,
L'avide brocanteur hausse la contre-marque.
Saluons, en passant près du grand escalier,
Le ministre économe et le vieux chancelier,
L'Hôpital et Sully, [22] sages des anciens règnes,
De nos législateurs satiriques enseignes.
A travers ces couloirs où l'on distingue encor
L'écusson mal gratté des trois fleurs de lis d'or,
Hâtons-nous d'aborder la salle des Communes ;
O pitié ! voilà donc ces pompeuses tribunes
Où siègent par le droit d'un infâme trafic,
Cinquante citoyens qu'on nomme le Public!
Chaque place est marquée au cirque politique :
On ouvre cette loge au corps diplomatique ;
Ceux qui doivent l'entrée à des billets d'auteur
Des tribunes de gauche occupent la hauteur;
En face, sur trois bancs d'une tribune expresse,
S'alignent encaissés les greffiers de la Presse, [23]
Interprètes subtils dont les agiles doigts
Traduisent en français tant d'ignobles patois.

Heureux qui se pavane à ces longues banquettes
Où la mode s'installe en parures coquettes,
Mosaïque de fleurs, de rubans, de chapeaux,
Chiffons éblouissants, féminins oripeaux!
Là, du sénat français siègent les *tricoteuses*, [24]
Pour le juste-milieu chaudes entremetteuses.

La veille, à leurs époux, dans le lit conjugal,
Elles ont imposé leur caprice légal.
Là, brillent les Agier, les Guizot, les Vandœuvre,
Les Marmier, les d'Argout, nobles dames de l'œuvre,
Qui, claquant les discours sortis de leurs cerveaux,
En chorus prolongés roucoulent des bravos.

Tandis que plane ainsi sur les bancs subalternes,
Le congrès féminin de nos Roland modernes ; *
Que les graves huissiers, commandés par Stassin,
Du cirque spacieux sillonnent le bassin ;
La porte à deux battants s'ouvre par intervalles :
Vous voyez tour à tour, sur les gradins ovales,
Au centre, aux deux côtés, tout un peuple d'élus,
Qui du vaste entonnoir tapissent le talus.
Bientôt, pour mettre fin à ce long préambule,
Un bruit confus s'élève au sein du vestibule,
Et sur le maître autel, radieux ostensoir,
Dans son fauteuil doré Dupin se vient asseoir.

Et d'abord le pontife à ses trois secrétaires
Distribue au hasard des mots parlementaires ;
Par son ordre on procède à l'appel nominal :
Hélas ! cinquante à peine entendent le signal,
Comparses résignés, qui, prêts à l'heure exacte,
Chaque jour de la Chambre ouvrent le premier acte.

* Ceci est une antiphrase ; il n'est point entré dans ma pensée d'insulter, par cette comparaison, à la mémoire de madame Roland, femme virile comme nous n'en avons plus.

En vain, dressant l'état de ces siéges vacants,
Jars au procès-verbal note les délinquants;
En vain le président, sur sa chaire curule,
Du grave *Moniteur* leur promet la férule ;
Sa voix, qui retentit à travers les cloisons,
Ne peut rendre au devoir ces écoliers grisons ;
Il faut que les huissiers, se levant de leur place,
Du fond des corridors les poussent vers la classe.

Quel vide scandaleux dans le palais Bourbon !
Où sont les Rambuteau, les André, les Cambon,
Les Thil, les Duvergier,[25] tribuns retardataires ?
Dès la pointe du jour, furets des ministères,
Oubliant qu'ils sont faits pour discuter des lois,
Ils montent pêle-mêle à l'assaut des emplois :
Officieux courtiers de leurs compatriotes,
Ils savent à quel prix il faut payer leurs votes.
C'est merveille ! on dirait qu'ils ont fait le serment
De placer en détail tout l'arrondissement.
Aussi, vous les voyez, en père de famille,
Semer à pleines mains leur banale apostille ;
Jusque au pied des commis, protecteurs suppliants,
Ils remorquent à pied leurs affamés clients,
Et jettent au hasard, parmi leurs créatures,
Des bureaux de tabac et des sous-préfectures.

Voilà par quels travaux ils défendent nos droits :
Assignés pour une heure, ils arrivent à trois.
Ils entrent ; des débats ils ne s'informent guère :

Qu'importe qu'on discute ou l'impôt ou la guerre !
Vers le banc du ministre, à l'heure du scrutin,
Ils viendront rappeler l'affaire du matin.
Voyez-vous à l'écart ces graves mandataires,
Qui semblent de l'État combiner les mystères ?
Vous croyez que, chargés d'un important souci,
Politiques profonds, sur le papier noirci
De leur patriotisme ils épanchent les flammes ;
Vous vous trompez : ils font des lettres à leurs femmes,
Annoncent leur retour au maire du canton,
Cotent les prix courants du poivre et du coton,
Et transformant la Chambre en bureau d'écriture,
Font leur correspondance aux frais de la questure.

Mais quels étranges cris détonent à la fois !
La clôture ! écoutez ! silence ! à l'ordre ! aux voix !
Dans les bonds déréglés d'un choc épileptique,
Tourbillonne en tous sens la halle politique ;
L'orageuse dispute aux confus mouvements,
Brasse et pétrit en bloc tous les départements ;
Le Var refoule au Rhin ses ondes mutinées,
Et les monts du Jura heurtent les Pyrénées.
Plus d'ordre, plus de place aux orateurs inscrits ;
La tribune est un fort vingt fois pris et repris ;
Salvandy, par un dol trompant son tour de rôle,
Pour un fait personnel demande la parole ;
His épelle un discours écrit d'une autre main ;
Prunelle et Lemercier, se froissant en chemin,
De leurs amendements parsèment le bagage ;

Tel autre vers l'estrade imprudemment s'engage,
C'est la première fois; mais près d'y parvenir,
Par des amis zélés il se fait retenir ;
Jars, que le double centre appelle une merveille,
Improvise un sermon élaboré la veille.
Qui pourrait au milieu du trouble universel
Soumettre au règlement la moderne Babel !
Vainement la sonnette, à grands coups agitée,
Rappelle à la raison la Chambre tourmentée ;
Son argentine voix se perd dans le chaos,
Et la Chambre a voté cent millions d'impôts.
Parfois de la mêlée où combat le Synode,
Dans ce choc des partis surgit un épisode :
Debout parmi les siens, un fougueux orateur
Jette au banc du pouvoir le gant provocateur ;
Le cas presse : il faut bien qu'un ministre réponde ;
Qui répondra ? Périer ? oubliant sa faconde,
Silencieux de rage il absorbe l'affront,
Comme au jour mémorable où, par un geste prompt,
Le vieux Rouget de l'Isle, au sein de l'Athénée,
Tuméfia sa joue à jamais profanée ; [26]
Qui ? le grand diplomate ? homme sans résultat,
Il se cache abrité sous la raison d'État ;
Qui donc ; Montalivet ? écoutons ! il se tourne,
Cherche de tous côtés l'obligeant Malitourne, [27]
Et veuf de son conseil, il demande un sursis...
Alors, des bancs lointains où Berryer est assis,
Des sommets étagés de la gauche compacte,
Un torrent de haros tombe par cataracte,

Et le juste-milieu, si grave, si massif,
Mêle à ce bruit confus un rire convulsif.

Oh! quel Dieu, tout à coup subjuguant la tempête,
Dira ce *Quos ego* devant qui tout s'arrête?
A ces troubles honteux qui pourra mettre fin?
C'est le temps : il s'avance escorté de la faim ;
Il vient des longs discours clôturer la série.
Tels que sous les barreaux de la ménagerie,
Les voraces captifs qu'alimente Cuvier, [28]
Lion, tigre, chacal, vautour, aigle, épervier,
Avertis par l'instinct de l'heure accoutumée
Où tombe la pâture à leur troupe affamée,
Par des balancements, par des cris, par des sauts,
D'une chair attendue appellent les morceaux ;
Tels, au coup régulier d'un estomac avide,
Nos élus défaillants bâillent, mâchent à vide ;
Sur le parquet poudreux on les voit piétiner,
Ils sont muets et sourds, et l'heure du dîner
A défaut de l'horloge absente des murailles, [29]
Résonne comme un timbre au fond de leurs entrailles.

Mais que sert de poursuivre un enjoûment forcé?
La bouche sourit mal quand le cœur est blessé.
Il est temps que ma voix, organe populaire,
Dicte pour cette page un grave corollaire.
Écoutez donc, marchands, rentiers, agriculteurs,
Hommes de tous les rangs! écoutez, électeurs!
La moitié d'entre vous va, d'une main novice,

Du sénat plébéien rebâtir l'édifice ;
Mais pour cette œuvre immense, à la hâte surpris,
Gardez-vous d'employer des décombres pourris.
Que la gauche aux bancs purs soit votre clef de voûte ;
Prenez pour point d'appui ces hommes hors de doute,
Ces patriotes forts, éprouvés dès long-temps,
La Fayette et Dupont, civiques arcs-boutants.
Surtout, des vieux scrutins épurant la morale,
Repoussez à jamais de l'urne électorale
Ces Lameth, ces Agier, ces Jars, ces Rambuteau,
Que le peuple a déjà frappés de son *veto*.
Aujourd'hui ma justice à peine les effleure ;
Mais vienne le péril, vienne la suprême heure,
Après un examen quarante jours mûri ;
Ils tomberont frappés par le Peuple-Jury ;
Je dirai devant tous par quels indignes votes
Ils ont meurtri neuf mois leurs frères patriotes,
Et sauvant l'avenir des maux que nous souffrons,
De ces Caïns publics je marquerai les fronts.

IV

LA STATUE DE NAPOLÉON

1er MAI 1831.

(Anniversaire du cinq mai.)

Nous aussi, nous voulons un jour expiatoire !
Ils ont bien pour leur roi voté le repentir,
Et leur Janvier funèbre et sa messe oratoire ;
Ouvrons à notre tour l'urne lacrymatoire,
  Pleurons notre Empereur martyr !
Qu'un souvenir de deuil nourrisse notre haine !
Anathème à ces rois vomis par l'étranger !
Tout, dans nos murs conquis, sembla les outrager,
Quand ils vinrent mêlés aux soldats de l'Ukraine :
Sous les hauts monuments par le Peuple bâtis,
Ils passaient tout honteux de se voir si petits ;
Le bronze impérial de la place octogone 30
Se tordait à leurs yeux en face de Gorgone ;
Anathème sur eux ! qu'ils soient anéantis !
Ils ont précipité le dieu de notre histoire
De son beau piédestal, gigantesque canon ;
Crime dont l'univers ne savait pas le nom,
  Ils ont décapité la gloire !

LA STATUE DE NAPOLÉON

Nous qui passions alors par ces tristes chemins,
Nous avons contemplé ton heure d'agonie,
Colonne ! digne sœur des monuments romains !
Un câble t'étreignait avec ignominie,

    Et l'Europe battait des mains !
Ils étaient là, couverts de vêtements fétides,
Avec leurs clous, leurs pieux, leurs rauques chevalets,
Les Pilates du Nord, leurs ignobles valets,
Tous les bourreaux sortis des Palus-Méotides.
Sur les immenses bras de l'infâme échafaud
S'agitaient, à grands cris, ces stupides Vandales ;
Ils guidaient lentement vers les poudreuses dalles
Le cadavre d'airain descendu de si haut.
Quelques vieux compagnons, au visage sévère,
Le contemplaient de loin avec des yeux sans pleurs,
Et la France, à genoux, saignante de douleurs,
    Pleurait au pied du grand Calvaire.

Ainsi, le lendemain, le soleil étonné
Ne trouva plus au ciel le géant détrôné.
Dès lors, comme Sion assise au bord du fleuve,
Paris traîna son deuil sous la Colonne veuve ;
Pour la flétrir encor l'exécuteur tremblant
Avait sur le tronçon planté le drapeau blanc !
Tels vers le Pont-Euxin, les Bourbons d'un autre âge,
Aux corps suppliciés pour imprimer l'outrage,
Quand la tête livide était jetée au loin,
Ornaient le cou saignant d'un vil bouquet de foin.

L'ouragan des Trois-Jours sur la place Vendôme
A déjà balayé ce linceul de fantôme ;
Il est temps que le bras du peuple souverain
Ressuscite le dieu sur son autel d'airain.
Le Peuple ! contre lui qu'un pouvoir se roidisse,
Sa volonté de fer commande la justice ;
Si, dans les hauts Conseils, ses droits sont méconnus,
Sur le forum royal il montre ses bras nus.
De son récent triomphe on garde souvenance ;
Lorsque trois lis honteux, sauvés par ordonnance,
Osèrent refleurir au champ d'une maison,
L'ordonnance du peuple effaça leur blason. [31]
Il n'a pas abdiqué sa puissance de maître ;
On dit qu'impatient de le voir reparaître,
Et d'un trop lent décret rapide avant-coureur,
Le peuple statuaire a fait son Empereur[*] ;
Toute pleine de lui, sa mémoire fidèle
L'a, sur un chêne brut, équarri sans modèle :
Son infaillible instinct, plus sûr que notre goût,
L'a sculpté hardiment tel qu'il vivait, debout :
Il n'a pas consulté la science timide
Qui sur un corps moderne arrondit la chlamyde ;
C'est l'Empereur rêvant quelque large dessein,
Couronné d'un chapeau, les deux bras sur le sein.
Eh bien ! ceux qui l'ont fait le mettront à sa place,
Lui, le roi de l'armée et de la populace ;
Montrez-vous, vieux débris de nos forts bataillons,

[*] Cette statue, improvisée par le peuple, est dans un atelier du faubourg Saint-Antoine ; c'est un chef-d'œuvre d'art et de goût naturels.

Vous que quinze ans de paix ont couverts de haillons ;
Artisans qui passez l'œil morne dans nos rues,
Laboureurs vétérans courbés sur vos charrues,
Redressez-vous! prenez la pose du soldat,
La France vous confie un glorieux mandat :
Prévenez, dans cinq jours, l'édit qui l'inaugure ; **32**
Vous seuls devez toucher à sa grande figure,
Amis de l'Empereur ; rien ne vous le défend,
Sur vos bras tatoués portez-le triomphant :
Dès l'aube du cinq Mai qu'il brille sur le dôme ;
Changez le nom vieilli de la place Vendôme,
Et puisque l'Empereur en fait son Panthéon,
Nommez-la désormais Place Napoléon.

Oh! quand sur nos maisons de têtes inondées
Sublime, il planera grand de quinze coudées!
Quand il reparaîtra pour la seconde fois
Salué par un cri de trois cent mille voix ;
Comme jadis après ses campagnes rapides,
Le canon triomphal qui dort aux Invalides,
Notre-Dame ébranlant le bourdon de sa tour,
Proclameront encor l'Empereur de retour.
Le voilà radieux sur sa base éternelle ;
Veillant pour nous, la nuit, comme une sentinelle ;
Et mesurant de l'œil ce rivage si beau
Où son vœu d'agonie implorait un tombeau!
Là, du septentrion, du sud et de l'aurore,
Les peuples qu'il soumit, et qui l'aiment encore,
Les hommes d'autrefois, les enfants d'aujourd'hui

Qui ne l'ont jamais vù, qui parlent tant de lui,
Viendront pour contempler le monument qu'étale
Paris, noble cité, Médine occidentale.
A toucher la statue ils seront tous admis,
Tous, Barbares, Français, peuples lointains, hormis
Ceux qui boivent l'exil dans une coupe amère,
Ses frères jadis rois, son fils, sa vieille mère;
Sa mère, qu'à travers tant de destins mouvants,
La mort semble oublier au milieu des vivants.

Mais il faut plus encor! la colonne trompée
Nous demande aujourd'hui les cendres de Pompée
Comme sa sœur de marbre isolée au désert,
C'est un tombeau sans âme, un sarcophage ouvert.
Ah! que l'État du moins, ce prodigue économe,
Que l'État, une fois, ait des entrailles d'homme!
Chaque jour, dans nos ports, il équipe à grand frais
Des navires pompeux aux immenses agrès :
Ils vont chercher au loin, sur d'inconnus rivages,
Des os de Pharaons, des crânes de sauvages,
Ridicules objets qui, par faisceaux impurs,
D'un muséum crédule envahissent les murs.
Qu'on cède donc enfin à des vœux légitimes!
Ennoblissons encor nos fastes maritimes!
Qu'un navire argonaute, au mois de messidor,
Parte pour conquérir une autre toison d'or!
Dites au *Marengo* de tourner sa poulaine
Vers le saule français qui pleure à Sainte-Hélène;
Sans carte, sans boussole, et sans compas marin,

Il saura bien trouver son glorieux parrain.
A défaut du *Barnave* et du vieux *Sans-Culotte*,
Équipez le *Muiron*, doyen de notre flotte ;
Le *Muiron*, qui, d'Égypte au sein de notre port,
L'a ramené vivant, le ramènera mort.
Allez, ce n'est pas trop que d'une escadre entière
Pour rapporter en France une once de poussière.
Quand la trirème en deuil sur les sables toscans
Rendit Germanicus, mort au milieu des camps,
Rome entière inonda le rivage de Brindes ;
Jugez de nos transports quand la vague des Indes,
Sous les vents alizés qui soufflent du Brésil,
Poussera vers nos bords le sépulcre en exil ;
Figurez-vous ce jour, où dans le port du Havre
Entrera le vaisseau chargé du saint cadavre :
A l'immense nouvelle, aux éclats du grand nom,
Paris serait désert comme un Herculanum ;
Son peuple de Juillet, vivantes galeries,
Borderait le chemin du Havre aux Tuileries,
Et rendrait le cercueil à ces bronzes luisants
Où ses aigles debout l'attendirent quinze ans.

Là serait notre appui, sous ses portes fermées,
Notre palladium, notre dieu des armées.
Si jamais le canon, tonnant aux bords du Rhin,
Nous forçait à rouvrir les deux battants d'airain,
Si l'ennemi souillait notre saint territoire ;
Dans ces quartiers bénis par des noms de victoire,
Iéna, Mondovi, Rivoli, Mont-Thabor,

Nos soldats en partant reparaîtraient encor;
Debout et dominant la triomphale rue,
L'Empereur passerait la dernière revue;
Il jugerait, d'en haut, en les suivant des yeux,
S'ils marchent vers le Rhin du pas de leurs aïeux,
Et fiers en inclinant leurs guidons vers la terre,
Nos soldats lui rendraient le salut militaire !
Puis, du temple entr'ouvert sortira le cercueil,
Héritage français conquis sur un écueil;
Il marchera, porté sur des essieux sonores,
Avec des crêpes noirs, des drapeaux tricolores;
Là, ne brilleront point ces funèbres joyaux,
Vains hochets, ornements de cadavres royaux;
Mais le chapeau connu, scellé de la cocarde,
Celle qui rayonnait devant la vieille garde,
Et le vieux manteau brun dont les immenses plis
Ont joué dans les vents d'Arcole et d'Austerlitz.
Le cercueil, de l'armée ouvrant la longue marche,
Vers le camp philistin roulera comme l'Arche;
A ce magique aspect, sourds aux ordres des rois,
Moscovites, Saxons, Croates, Bavarois,
Tous les soldats enfants d'une zone sauvage
Viendront, dans notre camp, baiser le sarcophage,
Et par un saint respect terrassés comme nous,
Même avant le combat tomberont à genoux.
Si pourtant quelque jour dans leur ligue féconde
Les rois contre la France entrelaçaient le monde,
S'ils poussaient à la fois leurs innombrables camps,
Des rives d'Archangel aux sommets des Balkans;

Si, débordés par flots dans notre Babylone,
Ils venaient se ruer sur la grande colonne;
Avant que la statue, abandonnant les airs,
Étalât ses débris sur nos pavés déserts,
Avant que l'arche sainte, idole de l'armée,
Au temple de Dagon disparût enfermée; [33]
La France tout entière aurait trouvé la mort
Devant le char funèbre où Napoléon dort.

V

L'EXIL DES BOURBONS

8 MAI 1831.

Comme un soleil perdu qui, dans l'espace vide,
A caché pour toujours son cadavre livide,
Ou comme à Tivoli, dans la tiède saison,
Un globe convulsif levé sur l'horizon,
Des tilleuls du jardin illuminant le faîte,
S'épanouit en gerbe et meurt avec la fête ;
Tel, météore usé, disque artificiel,
Le soleil de Juillet s'est éteint dans le ciel.
Oh ! le soir du combat, quand notre ville entière
S'ouvrait à ses enfants comme un grand cimetière;
Quand, saturée enfin des meurtres de trois jours,

La Morgue s'étendait vers tous nos carrefours ;
Quand le vent chaud du sud, sur ses ailes fétides,
Nous portait la vapeur des cervelles liquides,
Et que fumait encore sur les tièdes charbons
Tout ce grand holocauste offert à nos Bourbons ;
Au centre de Paris pantelant de colère,
Qui nous eût dit alors qu'un sénat populaire
Hésiterait un jour, la douleur dans le sein,
A prononcer l'exil d'un monarque assassin?
C'est ce qu'ont vu nos yeux : en longues doléances
Les deux Chambres en deuil ont usé leurs séances
La funèbre éloquence, éparpillant ses fleurs,
A changé la tribune en un vallon de pleurs.

Oui, qu'un cri de pitié déchire vos entrailles,
Tribuns du peuple! Allez, Bizien, et vous, Noailles,
Psalmodiant en chœur de tristes oraisons,
Réveiller chez les pairs Fitz-Jame et Sesmaisons ; [34]
Pleurez sur les trois jours de la sainte semaine,
D'un roi ressuscité rêvez le phénomène,
Que pour Charle, Angoulême et le jeune Henri Cinq
Le dernier vendredi soit un vendredi-saint.
Tartufes de douleur, aux gestes pathétiques,
Silence! on ne croit plus aux larmes politiques ;
Quand, sous les yeux de tous, le sang coulait à flots,
Que n'avez-vous poussé vos funèbres sanglots,
Et dans notre cité, par le meurtre rougie,
Du monarque bourreau chanté l'apologie ?
Certe! il comptait sur vous pour un meilleur secours :

Il voulait votre épée au lieu de vos discours,
Lorsque sa royauté mourante de faiblesse
Au perron de Saint-Cloud convoquait la noblesse.
Mais, timides amis, loin du royal château,
Vous versiez dans ces jours vos pleurs incognito :
Devant une servante, on vous eût vus peut-être
Au premier chant du coq renier votre maître ;
Ingrats ! vous attendiez jusqu'aux ides d'avril 35
Pour montrer un cœur d'homme et pleurer sans péril.

Eh ! grands dieux ! si pour vous une douleur amère
Change en un sol d'exil la France votre mère,
Si vos yeux sont tournés vers ces heureux climats
Peuplés dévotement par Latil et Damas ; 36
Héroïques martyrs d'une cause si belle,
Qui vous retient ? quittez notre ville rebelle,
Et franchissant la mer, dans votre noble élan,
Vers le parc d'Holyrood allez fonder un clan.
Vos beaux jours renaîtront dans le manoir d'Écosse :
Là sont deux rois déchus, un monarque précoce,
Un pavillon Marsan longtemps inhabité
D'où s'exhale un parfum de légitimité ;
Pour les enfants de France, en âge de tutelle,
La montagne d'Arthur * se change en Bagatelle ;
Les abbés voyageurs de Saint-Thomas-d'Aquin
Arrivent tous les mois pour confesser Tarquin ;
Walter Scott, chaque soir, à la princesse veuve,

* *Arthur's Seat*, montagne d'Édimbourg.

Vient lire, en écossais, un roman sur l'épreuve,
De son œuvre nouvelle il prédit le succès,
Et lui montre la croix qu'un ministre français [37]
Lui remit, comme un don de haute préférence,
Pour avoir tant de fois calomnié la France.
Là, l'étiquette absurde, au sévère compas,
Désigne gravement les gestes et les pas,
Et dans cet Holyrood, aux sombres galeries,
L'ennui majestueux venu des Tuileries
Tombe des vieux lambris comme un air étouffant
Sur le vieillard chasseur et sur l'auguste enfant.
O vous donc, chérubins, qu'un vif amour consume;
Anges, qui convoitez ce paradis de brume ;
Frétez un paquebot dans le port de Calais ;
Trois jours vous porteront au gothique palais ;
Puissiez-vous en ces lieux, tabernacles intimes,
Servir la trinité de vos rois légitimes,
Et dans un chœur d'élus chanter l'hymne sans fin,
Entre Charles de France et son fils le Dauphin !
Ah ! ne les plaignez point ; sur leur terre d'asile
Ils doivent rendre grâce au sort qui les exile.
Étaient-ils plus heureux quand, au sein de Paris,
Dans leur château royal bloqués par le mépris,
Tous, roi, prince, dauphin et royale orpheline,
Sur nos ponts au galop ils passaient en berline,
Flanqués d'un escadron de lanciers aux abois,
Pour aller un instant respirer dans les bois?
C'est alors que sur eux la plainte était permise :
Protégés par la mer où tombe la Tamise,

Ils goûtent aujourd'hui, parmi leurs courtisans,
Un repos d'habitude interrompu quinze ans.
Non, non, ne croyez pas que l'ardente insomnie
Tourmente dans la nuit leur royauté bannie,
Et que, sous le tableau de leurs premiers destins,
Le vautour du regret ronge leurs intestins.
Le géant qu'enferma la barrière de l'onde,
Tendait encor ses bras pour ressaisir le monde;
Il demandait souvent à son astre terni
Si son livre d'histoire était sitôt fini?
Mais eux, que du passé nul souvenir n'effleure,
D'un sublime avenir ne rêvent jamais l'heure;
Dans un calme de glace ils vivent, et leur chair
N'offre point d'aliment aux flammes du cancer;
Tant la royale orgie a pourri cette engeance!
Tant le sang des valets, les nuits de la Régence
Ont mêlé des levains d'atonie et de mort
Au sang de saint Louis et de Robert le Fort!
Eux! ils n'ont même pas cette vigueur du crime
Qui brûlait Charles Neuf, leur aïeul légitime;
Ce hardi pourvoyeur du charnier Montfaucon,
Quand il fit ses Trois-Jours, comparut au balcon;
En face de Paris il chargeait l'arquebuse;
Mais ses fils, assassins par le bras de Raguse,
Des salons de Saint-Cloud contemplant les parois,
A peine s'informaient s'ils étaient encor rois.
Non, rien ne les émeut sur leur molle banquette;
Le battement de cœur n'est pas dans l'étiquette;
La mort même, hideuse avec son appareil,

Ne peut les agiter dans leur pesant sommeil :
Ils tombent, sans surprise, où le hasard les pousse ;
Comme on voit sur un char qui marche par secousse,
Un stupide bétail pêle-mêle gisant,
La tête ballottée et l'œil gonflé de sang,
Tels les Bourbons, sans peur et sans plainte importune,
Suivent tous les cahots du char de leur fortune,
Ruminent en silence, et, presque sans les voir,
Atteignent assoupis le trône ou l'abattoir.

Et voilà ces héros dont les têtes proscrites
Arrachent au sénat des larmes hypocrites !
Allez, l'arrêt d'exil, vote trop généreux,
Inutile pour nous, est un bienfait pour eux.
Si jamais de ces rois l'imprudence fatale
Les ramenait encor sur la terre natale ;
S'ils venaient éprouver une quatrième fois
De quel amour la France idolâtre ses rois,
Et dans quelque recoin de la Gaule affranchie
Rebâtir sourdement leur vieille monarchie ;
En un mot, si, rêvant d'exécrables succès,
Ils s'évadaient encor de leur bagne écossais ;
Le peuple, déchirant son pacte de clémence,
Sortirait de Paris comme une digue immense,
Et sur les grands chemins, royaumes des Bourbons,
Son bras arrêterait ces princes vagabonds.
En vain ils supplieraient notre bonté crédule ;
Il faudrait dénouer ce drame ridicule ;
Car nous sommes tous las de suivre tour à tour

Des Bourbons exilés, des Bourbons de retour,
Acteurs gallo-bretons qui, selon leurs caprices,
Rentrent dans le foyer ou sortent des coulisses,
Et font, à si haut prix, payer aux assistants
Cet insipide jeu qui dura quarante ans.
Que le sang des martyrs retombe sur leur tête !
Alors disparaîtraient, dans la même tempête,
Le vieillard gangrené, sanguinaire chasseur,
Qui déchira la Charte aux pieds d'un confesseur;
Et le prince crétin à la face abrutie,
Royal Diafoirus de cette dynastie,
Qui, dans ses chastes vœux, craignant d'avoir un fils,
Se macère à genoux devant un crucifix ;
Et l'enfant, des trois lis pâle dépositaire,
Dans le sein d'une veuve incarné par mystère, [38]
Ce jeune Éliacin que d'un infâme sceau
Tharin et Frayssinous flétrirent au berceau. [39]

J'ai dit. — Aucun devoir ne m'oblige à me taire ;
La vérité proscrit le ton parlementaire ;
Je suis peuple, et n'ai point de doucereux discours
Pour flétrir poliment le tigre des Trois-Jours ;
Oui, mon âcre colère est juste, quand je raille
Le roi qui sur mon front fit pleuvoir la mitraille.
Que de froids orateurs, Tigellins blasonnés, [40]
Feignant de s'attendrir sur ces rois détrônés,
eurent ce grand festin dont la dernière race
orgeait, à nos dépens, leur appétit vorace ;
Que dans le Luxembourg les pairs agonisants,

Du large milliard éternels courtisans,
Tremblent de proférer le décret d'anathème ;
Moi, qui d'un long martyre ai subi le baptême,
Je ne rétracte point ce prophétique vœu
Que Juillet m'entendit prononcer dans le feu :
Oui, puissent les Bourbons, s'il leur reste une épée,
Tenter de ressaisir la couronne échappée !
Puissent-ils, se livrant au destin orageux,
Se montrer dans leur vie une fois courageux !
Qu'ils paraissent, suivis de leur noble cortége,
Dans les bois vendéens où la croix les protége ;
Ou si leur bras succombe à des travaux si durs,
Dans un port du midi, contrebandiers obscurs,
En fraude de la loi, qu'ils viennent sur la rive
Déposer dans la nuit leur royauté furtive :
Humbles ou menaçants, qu'ils viennent... Cette fois
La France châtierait d'incorrigibles rois ;
La justice du peuple, arbitre souveraine,
Après tant de pardons aggraverait leur peine ;
L'exil d'un roi déchu n'est pas ce qu'il lui faut :
Quand on descend d'un trône on doit monter plus haut.

VI

LES CROIX D'HONNEUR

15 MAI 1831.

En plein jour, au milieu des publiques huées,
On rencontre partout de ces prostituées
Qui, sous un teint luisant de céruse et de fard,
De la foule stupide attendent le regard.
A peine si la croix que l'intrigue ravale
Sur quelques nobles seins tombe par intervalle ;
L'œil qui la voit briller sur tant d'hommes nouveaux,
Craint sans cesse, aujourd'hui, de s'éblouir à faux.
Ah ! de l'Étoile, objet de tant d'idolâtrie,
Qu'on efface les mots d'Honneur et de Patrie,
S'ils ne sont plus, chez nous, que d'harmonieux sons,
Que des mots inconnus sur de vieux écussons.
La rouille a dévoré cette pure médaille ;
Elle perdit d'abord son lustre de bataille
Le jour où les Bourbons, de leur doigt flétrissant,
Ternirent son émail empreint de notre sang :
Partout, au Carrousel, dans nos places publiques,
De l'Empire au cercueil ils semaient les reliques ;
Que de seins avilis sous ce glorieux don !
Impudique hochet, le lis au blanc cordon
Usurpant la moitié du signe militaire,

Consomma sur la croix un infâme adultère.
C'était peu de parer de son splendide émail,
Suisses, moines, voneurs, aumôniers en camail,
Il fallait sous l'horreur couvrir le ridicule :
A ce tableau de deuil l'âme d'effroi recule!
Les prévôtales Cours, marchant avec la faux,
Distribuaient la croix au pied des échafauds;
L'accusateur public présentant sa requête,
Contre la croix d'honneur échangeait une tête;
Marchangy la cueillit sous l'herbe de Clamart, [41]
Le sang de Ney teignit le ruban de Bellart;
Horreur!!! quand Laboulie assassina Vallée,
La croix de ce martyr, noblement avalée,
Extraite de son corps, en face du barreau,
Orna, vingt jours après, le sein de son bourreau. *
O fille de l'honneur! quinze ans d'ignominie
Semblaient d'un souffle impur t'avoir assez ternie;
Tu croyais, au retour du drapeau fraternel,
Ressaisir, comme lui, ton lustre originel;
Eh bien! lui qui jadis, dans la chaude mêlée,
Se ruait, ondoyant, la tête échevelée,
Et rentrait au bivac tout sanglant et meurtri,
Aujourd'hui citadin, par le repos flétri,
Sur le dôme de plomb [42] que tant de pluie abreuve,
Semble un voile de deuil sur le front d'une veuve;
Et toi, rose d'honneur que la gloire cueillait,
Tu n'as pu te rouvrir au soleil de Juillet;

---

* Vallée, assassiné à Toulon, en 1822, avala sa croix après sa condamnation. M. Laboulie, procureur général, et M. le président Cabasse furent décorés.

Comme dans le sillon où passe la charrue,
Un ministre, au hasard, te sème dans la rue ;
Et le passant, honteux comme pour un larcin,
Te ramasse à la hâte et se rougit le sein.

Le réservoir d'honneur a débordé sa digue :
D'Argout, dans son hôtel, comme un enfant prodigue,
Tombant du haut commerce au plus humble métier, ⁴³
De ministre de roi s'est fait passementier :
Les rubans découpés par sa main paternelle
Volent, en tourbillons, de l'hôtel de Grenelle,
Et du poste voisin exigeant les saluts,
Vont, en langues de feu, pleuvoir sur les élus.
Le doux Montalivet, dont la tête enfantine
Songe encore aux plaisirs de la classe latine,
De sa large faveur ombrageant ses menins,
Jette le ruban rouge aux littérateurs nains,
A ses jeunes amis qui, par haut privilége,
L'ont courtisé dix ans sur les bancs du collége.
Périer le publicain, décoré par l'ex-roi,
Du signe impérial à son tour fait l'octroi ;
Le temple de Mammon, la bourse israélite
Des candidats d'honneur lui présente l'élite ;
Patron reconnaissant, il a soin de pourvoir
Gisquet l'agioteur, son fondé de pouvoir ;
En faveur de l'Église opérant un miracle,
Il fait baiser la croix aux Juifs du tabernacle,
Et, pour leur rembourser d'illicites profits, ⁴⁴
Érige en chevaliers les pères et les fils.

Oh! cette fois, du moins, une main protectrice
Des règnes précédents répare l'injustice;
Le mérite modeste et l'honneur clandestin
Ne trouvent plus en France un refuge certain;
Paris, à leur insu, parafe leur diplôme;
L'œil ministériel, furetant le royaume,
Étend sur tous les points son généreux souci :
Que de grands citoyens inconnus jusqu'ici,
Que de noms glorieux, dans sa feuille nouvelle,
L'idiot *Moniteur* chaque jour nous révèle !
Dans son in-folio pullulent par milliers
Tous ceux que l'ordonnance a créés chevaliers;
Les uns, pressés en bloc, parés de leurs insignes,
S'avancent fièrement en formidables lignes;
D'autres, redoutant l'œil du lecteur attentif,
S'abritent, de frayeur, sous un tiret furtif.
Là, vont se confondant les rangs et les services,
Bureaucrates goutteux, secrétaires novices;
Tout ce peuple qu'on voit à travers les barreaux
Dans l'hôtel Mont-Thabor [45] alignant des zéros;
Les poëtes de cour dont les bouches serviles
Chantent pour tous les rois de fades vaudevilles;
Tous ces pâles auteurs, dont l'esprit criminel
Dans sa froide boutique asphyxia Canel; [46]
Tous ces noirs Trissotins aux sciences occultes,
Qu'installa Frayssinous dans son hôtel des cultes;
Les inspecteurs oisifs des chefs-d'œuvre de l'art,
Le frère de Guizot et le fils de Collard; [47]
Le sauveur de Dupin, [48] le traducteur du Dante,

Pradier qui des rasoirs vend la poudre mordante ; [49]
L'ami du dey d'Alger, l'exotique Busnack, [50]
Et le profond Beuchot qui fait un almanach. [51]
Bien ! prodiguez vos croix ; allons, tout la réclame,
Jusqu'au conservateur des tours de Notre-Dame ! *
Si déjà Charles Dix ne l'eût fait de sa main,
Vous auriez même pu décorer Villemain ;
Vous trouverez encor dans les noms historiques
Fumade, l'inventeur des briquets phosphoriques ;
A votre supplément manque-t-il des héros ?
Du *Journal des Débats* furetez les bureaux ;
Des savants étrangers brillent sur votre liste ;
Mais vous avez omis un orientaliste,
Le bey de Tittery ; cet auguste forban
Est digne d'avoir part au butin du ruban.
Vite, des croix pour tous ; que le duc de Tarente, [52]
Pour gagner dignement cent mille écus de rente,
Les mesure à boisseaux de ses prodigues mains
Comme les anneaux d'or des chevaliers romains.

Ainsi, la jeune France à vos pouvoirs livrée,
Se décore en détail de la même livrée ;
On vous accuse en vain de rayer du tableau
Les soldats de la Loire et ceux de Waterloo ;
C'est bien fait : de leur sang si vous leur faisiez compte
Les hommes des Cent-Jours en rougiraient de honte ;
Silencieux témoins de tant d'iniquités,

* Le budget paye cette incroyable place de conservateur des tours de Notre-Dame.

Ils sont fiers aujourd'hui d'être déshérités ;
Et devant les cordons de la tourbe inconnue
Ils passent décorés de leur poitrine nue :
Entre les deux partis, pour établir les droits,
On pourra faire un jour l'épreuve des deux croix ;
Et s'il faut, pour finir notre ère de souffrance,
Qu'un miracle nouveau ressuscite la France,
Si la guerre attendue éclate, nous verrons
Quelle est la croix du juste et la croix des larrons.

AUX VIEUX LÉGIONNAIRES

Il avait bien compris, le monarque des camps,
Tout ce qui dans les cœurs allume des volcans,
Tout ce qu'à des soldats l'enthousiasme inspire !
Un jour, pour les guider dans leur noble chemin,
Cet homme fit un astre, et le mit de sa main
  Au firmament de son Empire.

Du signe qu'il créa pour parer notre sein
Lui-même sur l'émail découpa le dessin,
  Il s'en fit le dépositaire :
Électrique foyer de nos vieux bataillons,
On eût dit que sa gloire éclatait en rayons
  Sur tout son peuple militaire.

Aussi, lorsqu'il passait, dans son brûlant essor,
De ses magiques dons prodiguant le trésor,
Il semblait de l'honneur secouer les parcelles ;

Et du centre aux deux bouts du poudreux horizon
Sa main jetait les croix, comme un rouge tison
    Sème en courant des étincelles.

L'ennemi croyait voir des astres de malheur,
Comètes qu'une flamme à la triple couleur
    Suivait dans l'ardente mêlée ;
Les lourds carrés de fer se fendaient en sillons,
Quand, devant leurs fusils, tombait en tourbillons
    La Garde toute constellée.

Heureux qui par la croix s'était vu rajeuni !
Le pontife des camps semblait l'avoir béni ;
La croix était un culte, il était beau d'y croire !
Quand, après la bataille, il visitait les rangs,
L'Empereur la donnait aux soldats expirants
    Comme un viatique de gloire.

Lui-même, quand, rêveur devant les flots amers,
De la pointe du pied qui foula l'univers,
    Il repoussait l'algue marine ;
Que de fois il bondit d'un sublime réveil,
En appliquant sa croix comme un doux appareil
    Sur le cancer de sa poitrine !

Signe consolateur ! même encore aujourd'hui
Ce n'est pas vainement que ta lumière a lui
    Sur l'Escaut, le Tibre et le Tage ;
Les peuples étrangers, au cœur reconnaissant,
Qui pour te conquérir ont prodigué leur sang,
    Te montrent comme un héritage.

Sur la froide Vistule aujourd'hui tu renais ;
A leur généreux sein quelques vieux Polonais
    Ont replacé la croix ravie ;
Et l'aigle blanc regarde au fond des cieux déserts,
Si l'aigle fraternel qui fatigua les airs
    N'arrive pas sur Varsovie.

Ainsi quand l'univers sous des voiles épais
Se couche, enseveli dans son linceul de paix,
Et dort, insoucieux de sa nouvelle aurore ;
Ainsi quand chaque jour un point brillant s'éteint
Dans ce glorieux ciel que le géant soutint,
    L'astre impérial luit encore !

VII

LE DINER DIPLOMATIQUE

22 MAI 1831

A Monsieur Sébastiani

Il est doux d'habiter l'hôtel des Capucines ![53]
Allongé comme un cap sur les places voisines,
Avec ses frais jardins, son sublime portail,
C'est pour notre vizir la pointe du Sérail.
Là, dans un doux repos, le guerrier diplomate

A l'air brumeux du nord sans peine s'acclimate,
Lui qui, sur le Bosphore, étudia longtemps
La liberté française au palais des Sultans. [54]
C'était neuf mois après notre grande semaine :
L'hôtel brillait de joie ; une feuille germaine
Publiait que, rompant son vol séditieux,
L'aigle blanc de Pologne était tombé des cieux.
Ce soir-là, tout en feu pour les rois légitimes,
La Bourse avait haussé les fonds de vingt centimes ;
C'était un de ces bruits indécis, ténébreux,
Qu'évoquent au besoin les trois frères hébreux [55]
Qui, de Londre à Paris, de Vienne à Parthénope,
Ont fait, depuis vingt ans, la traite de l'Europe ;
Mais le vizir se livre à ce bruit mensonger :
On eût dit que déjà le Baskir messager
Des Hellènes du nord avait porté les têtes,
Tant le sérail français resplendissait de fêtes !

Là sont venus, bardés de rubans et de croix,
Ces agents de police apostés par les rois,
Télégraphes vivants de la diplomatie,
Les deux ambassadeurs d'Autriche et de Russie,
Et le nonce papal que l'or du Vatican
Solde pour insurger le clergé gallican.
De ces princes du nord et du sacré-collége
Deux ministres français forment l'humble cortége ;
Louis qui du budget partage le butin,
Et Casimir-Premier surnommé le Hutin.
Courant au-devant d'eux, le vizir les installe

Dans son *triclinium* de forme orientale,
S'incline avec orgueil, et les invite tous
Au splendide festin médité par Bontoux. *
D'abord chaque convive, élaborant son rôle,
Laisse tomber à peine une oiseuse parole :
Ils échangent entre eux, dans de rares discours,
Ces mots mystérieux, argot des vieilles cours,
Affectant sur leur front empreint de rêverie
La pompeuse froideur de la Chancellerie.
Le repas eût été morne comme un conseil ;
Mais le chef du festin, né sous un chaud soleil,
Despote de la table, à ses augustes hôtes
Prodigue largement des mets compatriotes,
Des plats provocateurs, aux sucs cantharidés,
Qui gonflent d'incarnat les visages ridés.
A ces pesantes chairs qui, saignant toutes vives,
Étouffent sans plaisir l'estomac des convives,
Il mêle les produits nés d'un généreux sol :
Le carrick de Java, le piment espagnol,
L'anchois dont le cinabre a conservé l'arome,
L'oronge du midi chère aux tyrans de Rome,
La moule des écueils, ce coquillage amer
Qui s'ouvre en exhalant les brises de la mer ;
Le homard rétrograde, emblème de la fête ;
Le thon frais d'Incarus venu par estafette,
La sèche aux bras muqueux, amante des rescifs,
Et le rouget qui porte à des songes lascifs.

* Cuisinier de M. Sébastiani et de *Némésis*, galerie Véro-Dodat, n° 30.

Après, il fait un signe, et la main d'un esclave
Verse dans le cristal, comme des flots de lave,
Ces vins dont la Provence et le chaud Roussillon
Ont fait bouillir la grappe encor dans le sillon ;

Ces authentiques vins chaperonnés de l'algue
Que le flot de Toulon jette aux pieds de Lamalgue,
Tous scellés en flacons sous d'humides parois,
Lebrun étant consul pour la première fois.
La bouche des élus fume comme un cratère ;
Le Corse amphitryon, les chefs du ministère,
L'Autriche, la Russie et le saint Vatican,
Dans leur poitrine en feu digèrent un volcan.

Oh ! quel Machiavel, en une telle fête,
Eût gardé froidement le calme de sa tête !
Tous, vaincus par les mets plus brûlants que les vins,
D'un cœur diplomatique, énigme des devins,
Entr'ouvrant une fois le sinueux dédale,
D'une franchise d'homme épanchent le scandale.
Ils se sont tous levés, Russe, Français, Germain,
Jusqu'au nonce papal, son calice à la main.
« Seigneurs, dit Appony, [56] dans cette auguste enceinte,
Réglons l'ultimatum d'une alliance sainte.
Président du Conseil, vous nous avez promis
De tenir quelques mois vos peuples endormis ;
Vous le savez, il faut que l'Europe revienne
Aux pactes solennels de Laybach et de Vienne ;
En vain, pendant trois jours, tous les démons de l'air
Ont armé, dans Paris, les brigands de Schiller :

Cette histoire n'est plus qu'un conte de poëme,
Qu'un rayon de soleil sur les monts de Bohême ;
Les trois jours de Juillet n'ont point de lendemain :
Ma Cour, toujours fidèle au vieux flegme germain,
Sous ombre de sauver Rome, Modène et Parme,
Jette un réseau de fer sur tout peuple qui s'arme,
Et, foulant à ses pieds les rebelles vaincus,
De la France endormie elle fait le blocus :
Or, si j'ai pour appuis, ainsi que je l'espère,
L'ambassadeur du Czar et le fils du Saint-Père,
Croyez qu'avant l'hiver nos régiments hongrois
Montreront à Paris ses légitimes rois. »
— « Seigneurs, dit le légat, à la Cour du Saint-Siége,
J'ai longtemps médité l'art de dresser un piége ;
Prudent, homme de cœur et souple de maintien,
Je me suis infiltré chez le roi peu chrétien ;
Et, tandis qu'à couvert des dangers qu'il amasse,
Le bon Quélen, toujours martyr par contumace,
D'un scandale nouveau préparant le motif,
Refuse d'enterrer un évêque encor vif, [57]
Moi, secondant ses vœux, en secret je m'applique
A soulever partout le clergé catholique :
Déjà les Vendéens, insurgés à ma voix,
Détroussent les passants pour l'honneur de la croix;
Par des agents pieux sourdement je conseille
Le clergé de Toulon, de Nîmes, de Marseille,
D'Arles, de Montpellier, et dans tout le midi
La vigne du Seigneur a déjà reverdi.
Mes frères, c'est ainsi que je dresse ma tente

Pour conduire à ses fins l'Europe militante ;
Oui, le ciel bénira mes charitables soins :
Et quand les rois ligués viendront des quatre points,
Il faudra que la France, oubliant ses frontières,
Rappelle tout à coup ses phalanges entières
Pour sauver le dedans et, sur tous les chemins,
Éteindre l'incendie allumé par nos mains. »
— « Oui, s'écrie à son tour l'ambassadeur tartare,
Pour la cause des rois le destin se déclare ;
La Pologne est vaincue, et j'en suis averti
Par la feuille d'Augsbourg, qui n'a jamais menti.
La liberté du nord expire ou capitule ;
Notre camp a franchi la docile Vistule ;
Il attend aujourd'hui, pour s'asseoir sur le Rhin,
Que l'Autriche se montre aux portes de Turin.
Mais, je dois l'avouer, en ce moment de crise
La France n'agit pas avec pleine franchise ;
Tous ses ambassadeurs me sont suspects, je crains
Leur politique sourde auprès des souverains ;
Au dedans, où Périer étend sa dictature,
J'ouvre un œil alarmé sur la Chambre future ;
Je compte moins que lui sur la majorité ;
En un mot, je crains tout de ce peuple irrité,
Qui, de mon écusson méprisant les hauts titres,
Contre le droit des gens a fracassé mes vitres. » [58]
Il dit, soudain le Corse et l'abbé financier [59]
S'agitent pour répondre au Tartare grossier ;
Mais l'ardent Casimir les invite à se taire :
« C'est à moi de parler, je suis le ministère ;

Je vais de mes secrets ouvrir les profondeurs :
Quoi! l'on se plaint ici que mes ambassadeurs
Des rois contre la France ont suspendu la guerre!
Faut-il répondre? Eh bien! j'ai mis en Angleterre
L'homme qui, par calcul, est toujours au bon vent,
Talleyrand-Périgord, prince de Bénévent.
Pour les justifier il suffit qu'on les nomme :
En Espagne d'Harcourt et Saint-Aulaire à Rome,
Montemart en Russie, en Autriche Maison,
Tous amis dévoués de l'ancienne maison.
Quant à l'intérieur, je brave tout reproche;

Je vois sans frissonner la Chambre qui s'approche;
D'électeurs vaniteux pour acheter les voix,
Sans toucher au trésor j'ai monnayé les croix,
Et, sûr de triompher dans l'urne électorale,
J'ai fait semer le bruit d'une paix générale.
Croyez bien, Messeigneurs, que ce n'est pas en vain
Que la sainte Vendée a gardé son levain;
Si toujours, au dehors, j'aime une paix servile,
Voyez, je favorise une guerre civile;
Je pourrais l'étouffer, mais d'après votre vœu,
Comme un feu de Vesta j'alimente ce feu.
J'ai vu que le midi, trompant notre espérance,
Mollissait de repos, du Var à la Durance;
Qu'Avignon dans la paix avait longtemps langui;
D'un seul coup j'ai cassé Bernard et Larréguy; [60]
Colbert, qui des Bourbons pleure toujours la perte,
Est chargé de veiller sur la frontière ouverte;

Rien ne s'oppose plus à l'Autriche, et Frimont
Demain peut sur le Var entrer par le Piémont.
Grands Dieux! de quels soupçons suis-je donc la victime!
Avez-vous oublié que le roi légitime
A son whist solennel m'avait souvent admis?
Que Charles Dix m'aimait entre tous ses amis?
Faut-il vous rappeler que, pour faveur dernière,
Il mit sa croix d'honneur à cette boutonnière?
Qu'à la porte Maillot j'ai contruit à mes frais
Un riant pavillon sous des ombrages frais;
Que là je me mêlais à d'innocents quadrilles
Quand le duc de Bordeaux dansait avec mes filles?
Si ces faits sont trop loin de votre souvenir,
Sachez que, prévoyant un terrible avenir,
Au premier de Trois-Jours, dans ma bruyante rue,
Ma voix prêcha le calme à l'émeute accourue ;
Sachez que Charles Dix, le dernier de juillet,
Me créa son ministre au camp de Rambouillet. »

A ces mots prononcés dans l'entr'acte d'un asthme,
Le salon retentit d'un cri d'enthousiasme;
Honteux au fond du cœur de leurs soupçons jaloux,
Les barbares du nord tombèrent à genoux;
On vit même, oubliant leur sèche politique,
Dans cette nuit, pleurer un corps diplomatique!
Puis tous, debout, unis dans leurs embrassements,
Ils étendent la main pour d'horribles serments....
Alors se répéta l'épouvantable scène
Qui glaça Balthazar dans son festin obscène ;

4

La vitre retentit comme un coup de tam-tam,
Et soudain apparut le prisonnier du Ham :

Soit qu'un miracle saint, aux plaines d'Abbeville
L'eût arraché vivant de sa tombe civile ;
Soit que des vins mêlés la fumeuse vapeur
Eût jeté sur les yeux un nuage trompeur ;
Il était là, couvert d'un linceul tricolore,
Les épouvantant tous de son rire sonore ;
Quand il s'évanouit, sur la vitre brillait
Cette énigme de sang : Peuple, Trône, Juillet.

VIII

LES ÉLECTIONS

29 mai 1831

Sur des tréteaux publics, pour son œuvre future
Le pouvoir baladin a joué l'ouverture ;
Il a fait voltiger sous des masques hideux
La sainte république et Napoléon Deux,
Sinistres mannequins que, dans les grandes crises,
L'auditoire béant voit descendre des frises.
Aujourd'hui l'heure sonne au timbre électoral ;
Le chef du ministère, habile général,
Pour la grande bataille élève ses redoutes :
Les préfets vagabonds, courant les grandes routes,

LES ÉLECTIONS

Du Finistère au Var fatiguent les relais :
Talleyrand est parti pour défendre Calais;
Dumolard, s'installant sur le mont de Fourvières,
Convertit à Dupin la ville aux deux rivières; *
Bernard dans le repos est allé s'endormir; [61]
Le noble Larréguy, suspect à Casimir,
Va noyer sa ferveur dans la molle Charente; [2]
Le sous-préfet, gagiste à mille écus de rente,
A sa petite cour faisant un brusque adieu,
Son *Moniteur* en main, s'intronise au chef-lieu.
Pour obtenir des voix qu'un ministre mendie,
Ses commis-voyageurs prêchent en Normandie ;
Jubilé politique où, sur des cœurs de choix,
D'Argout plante avec fruit de scandaleuses croix.
De la Durance au Var, dans chaque bonne ville,
On montre aux électeurs le prince de Joinville,
Et la ville sans nom, prête à nommer Tardieu, [63]
Du drapeau tricolore a baisé le milieu.
Hélas ! ce n'est pas tout : Foudras, entrant en lice, [64]
Ouvre tous les chenils de l'errante police.
Pareil au cantinier qui, le jour du combat,
De sulfureux rogomme enivre le soldat,
Le ministre, à longs flots, verse la circulaire ;
Partout le télégraphe, obscur vocabulaire,
Aux préfets attentifs apportant un sens clair,
Comme un serpent coupé se tortille dans l'air.
Ainsi, de l'urne vierge infectant les prémices,

* MM. Talleyrand et Dumolard, nouveaux préfets du Pas-de-Calais et du Rhône.

L'intrigue déhontée aborde nos comices ;
Elle confie encore à de bas courtisans
Ces ressorts de scandale usés depuis quinze ans.
Eh bien ! accourez tous, électeurs patriotes,
Citoyens prélevés sur un peuple d'ilotes ;
Pour soutenir vos droits chèrement escomptés,
Cimentez en un bloc vos fortes volontés ;
Que la France à genoux, dont le cri vous réclame,
Ne trouve dans vos rangs qu'une voix et qu'une âme ;
Venez, vous dont les bras, saintement enlacés,
Après quinze ans d'efforts ne se sont point lassés ;
Vous, que la France en deuil abritait de son aile ;
Qui, dans l'âge de fer inventé par Villèle,
Sur l'arène publique avez tant combattu.
Et vous qui, jeunes d'âges et vieillards de vertu,
Affranchis aujourd'hui de l'enfance stérile,
Paraissez au Forum sous la robe virile ;
Nous vous adjurons tous, car sur vos bulletins
La France avec terreur va lire ses destins :
Répondez noblement à ce haut privilége ;
Il ne faut plus ici, dans les murs d'un collége,
Donner, comme autrefois, un déplaisir mortel
Aux blêmes défenseurs du trône et de l'autel,
Enfants répudiés par la France leur mère,
Qui d'un royal Messie embrassent la chimère,
Et des soldats du nord invoquent le retour,
Comme la fille impure au coin du carrefour.
Laissez même vieillir ces débris d'un autre âge ;
Que ces rares nageurs, sauvés du grand naufrage,

Apparaissent au loin flottant à l'abandon ;
Que nous font les Berryer et les Blin-de-Bourdon ?
Laissez au chêne vert les feuilles parasites,
Pour mes épiques chants conservez des Thersites.
Là n'est point le péril : sur leurs frêles pivots
Souffrez dans vos jardins ces têtes de pavots ;
Sur un autre terrain cherchez vos adversaires,
Nous sommes dans le mois des grands anniversaires ;
Voici le trente-un mai ! [65] que tous les baladins,
Saltimbanques de Cour masqués en Girondins,
Gorgés par *Némésis* d'un calice d'absinthe,
Soient chassés comme impurs de la tribune sainte ;
Eux qui, foulant aux pieds de poignants repentirs,
Ont trafiqué neuf mois du sang de nos martyrs ;
Qui la nuit sont venus avec leur valetaille
Déshabiller nos morts sur le champ de bataille ;
Eux qui, devant l'orgueil des menaçantes Cours,
Ont fait agenouiller le peuple des Trois-Jours ;
Eux qui, pour assouvir des appétits voraces,
Tournent vers le pouvoir leurs judaïques faces,
Et, du large budget voté contre nos vœux,
Inondent, à flots d'or, leurs fils et leurs neveux.
Voilà vos ennemis ! Et malgré tant d'outrages,
Vous allez les revoir harcelant vos suffrages ;
Un vernis libéral enlumine leur front ;
Pour défendre leur cause, à la barre ils viendront
Dérouler sous les yeux des électeurs novices
De longues trahisons comme autant de services.
Ils osent provoquer l'examen rigoureux :

4.

L'heure de la justice a donc sonné sur eux ;
Les voilà sous le sceau d'une tache infamante,
Devant le tribunal du peuple Rhadamante,
Tous, depuis ce Dupin qui de honte chargé
Par les dos fraternels se sentit allégé,
Jusqu'à ce vieux Lameth, éternel Jérémie,
Dont l'urne de Pontoise a gardé la momie ;
Eh bien ! ces renégats, héritiers des Trois-Cents, [66]
Souillés au fond du cœur de parjures récents,
De l'effronté Guizot renouvelant l'histoire,
Sortiront criminels de l'interrogatoire.

Il est des hommes purs que l'enivrant pouvoir
Sous sa baguette d'or n'a jamais fait mouvoir,
Et qui n'ont pas besoin, pour défendre leur vie,
D'extraire leurs vertus d'une biographie :
Vous les connaissez tous ; si pourtant quelquefois
Des candidats douteux sollicitent vos voix,
Écoutez les conseils des feuilles populaires ;
Qu'elles soient, dans la nuit, vos étoiles polaires,
Les astres lumineux levés sur vos chemins
Pour éclairer vos pas et conduire vos mains.
Mais rejetez bien loin ces noms que vous indique
La feuille de Bertin, [67] courtisane impudique,
Qui, livrant ses faveurs aux hommes les plus bas,
Publie effrontément ses ignobles débats.
Quelle main pure, hormis la main du ministère,
Ose, depuis neuf mois, toucher cette adultère ?
Aux fangeux carrefours de la grande cité,

Trente ans elle a vendu son impudicité ;
Déflorée en naissant, elle conserve encore
Les ulcères lépreux des abbés de Gomorrhe ;
Dans son cloaque ouvert on apprend à quel taux
S'achètent, dans Paris, les péchés capitaux :
Vous savez que le jour où tomba notre Charte,
Au visa de Mangin elle soumit sa carte ; [68]
Qu'aux heures de Juillet, quand gronda le canon,
Elle eut soin d'enfouir la honte de son nom ;
Mais, l'incendie éteint, on la vit reparaître
Cousant les trois couleurs à sa robe de prêtre,
Et vers le nouveau roi, sur nos débris fumants,
Traîner à la faveur tous ses hideux amants.
C'est juste, la voilà sultane favorite ;
Le pouvoir a payé sa luxure hypocrite ;
Infâme entreteneur, il compte à cet objet
Cent mille écus par mois qu'il rapine au budget.
Et des mots de vertu sortent de cette bouche !
Feuille infecte ! malheur à quiconque la touche !
L'avez-vous effleurée ? allumez des réchauds,
Semez à pleines mains le chlorure de chaux ;
Trempez-vous tout entiers dans des parfums acides ;
O crime ! on voit partout ses pages homicides !
Même au sein de Paris souillé de son poison
La peste patentée habite une maison !
Mais la main qui peut tout, trop longtemps endormie,
Fermera bien un jour cet antre d'infamie ;
Ses murs ne sont pas loin de Germain-l'Auxerrois,
Et le vent de Juillet doit souffler dans deux mois.

O qu'ils soient à jamais flétris dans tout collége,
Les hommes qu'exalta la feuille sacrilége!
Que notre urne se ferme à leurs noms suppliants;
Un patronage impur condamne ces clients!
Vous donc qui de la France allez fixer l'histoire,
Électeurs parsemés sur tout le territoire,
Montagnards du Jura, Lorrains, Bretons, Normands;
Laboureurs qui peuplez la Saône aux flots dormants;
Marins aventureux du golfe de Bayonne,
Fils de l'Occitanie où le soleil rayonne;
Peuples qui descendez, soit des sommets alpins,
Soit des coteaux du Var tout couronnés de pins,
Soit de tant de cités dont les murailles fières
Se baignent dans les eaux de nos mille rivières,
Écoutez: l'homme pur, digne de votre choix,
Contemple insoucieux les honneurs et les croix;
Sa main, qui vint jurer le pacte populaire,
Du tentateur royal repousse tout salaire,
Se ferme à la faveur, et jamais en chemin
D'un ministre passant ne va presser la main.
Aucun don clandestin n'émeut sa conscience,
A la tribune seule il demande audience;
Digne du rang suprême où le peuple l'a mis,
Il fait tout pour la France et rien pour ses amis:
Le loyal député vote sans commentaire,
Ou bien, quand le devoir lui défend de se taire,
Sa limpide parole est un trait lumineux;
Il n'imite jamais ces pédants caverneux
Qui, pour se conserver une sorte de culte,

Font de la politique une science occulte ;
Si l'étranger nous jette un cartel arrogant,
A toute heure il est prêt à relever le gant.
Il brillera toujours sur la sainte colline
Où siègent les tuteurs de la France orpheline,
Et ne croupira point dans cet infâme égout
Qui va se dégorger sous les pieds de d'Argout.
Voilà le vrai tribun, fort de cœur et de tête,
Le Gracchus qui peut seul haranguer la tempête,
Si jamais, de l'État menaçant le destin,
Le peuple s'insurgeait sur le Mont-Aventin.
Songez bien que les noms, espoir de la patrie,
Ne sont point des hochets qu'on joue en loterie ;
Examinez à nu ces athlètes nouveaux
Qui vous offrent leurs bras pour de si durs travaux :
Que le peuple électeur expulse de l'arène
Quiconque méconnaît sa grandeur souveraine ;
Qu'il songe désormais, en méditant son choix,
Que les élus d'un jour pour cinq ans seront rois ;
Cinq ans ! c'est pour le peuple un siècle politique !
Écoutez donc l'arrêt de mon vers prophétique :
Malheur aux citoyens qui, tant de fois trahis,
A de coupables mains livreraient le pays !
S'il faut que des Judas le règne s'accomplisse,
Déchirons notre robe et prenons le cilice ;
Si l'urne du scrutin nous rejette en détail
De tant de noms maudits le long épouvantail,
Dans cette urne de deuil, tombe de l'espérance,
Il faudra déposer les cendres de la France.

IX

LE TIMBRE[69]

5 JUIN 1831

Sous mes épais rideaux, couché comme un Tityre,
Je méditais un chant de nouvelle satire;
Je croyais voir surgir autour de mon chevet
Les ombres de d'Argout et de Montalivet,
Fantômes brevetés qui, sans aucune trêve,
Troublent, en plein midi, mon politique rêve,
Et retombent la nuit dans les impurs sabbats
Tenus par les démons du *Journal des Débats*.
Alors, je vois entrer mon serviteur unique
Qui m'apporte un billet de forme satanique;
Un frisson glacial s'infiltre dans mes os,
Je regarde le seing, et je lis : Despréaux. *
Despréaux! au transport que ce vieux nom excite,
Je baisai le papier arrivé du Cocyte,
Croyant qu'à *Némésis* le chantre du Lutrin,
En signe d'alliance envoyait un quatrain.
O douleur! ce billet que d'une chaude étreinte
Je pressais sur mon cœur, c'était une contrainte!

* Le dernier exploit que j'ai reçu est effectivement signé Despréaux. Mes lecteurs voudront bien croire que ce nom et cet incident ne sont point imaginés.

Elle me révélait, en style financier,
Que le Roi-Citoyen était mon créancier ;
Que monsieur Despréaux, receveur des domaines,
D'une amende légale imposait mes semaines ;
Et, d'un oubli de timbre accusant *Némésis*,
Invoquait, pour témoins, deux numéros saisis.
Ainsi, lorsque Persil, l'Hercule du prétoire,
Tremble d'incriminer ma poétique histoire,
Mathieu le publicain, [70] du fond de ses bureaux,
Veut gêner dans leur vol mes libres numéros ;
Par un injuste arrêt, son timbre prosaïque
Doit briser de mes vers la pure mosaïque ;
Homme ignare ! il a pris, sans consulter Buffon,
Pour un dos de brebis, le dos de mon griffon ! [71]
Voilà bien le Pouvoir ! sur les pas du poëte
Il n'ose soulever la publique tempête ;
Redoutant le grand jour, du palais en émoi
Il éloigne un duel entre Persil et moi,
Et par d'obscurs agents, à mes Dominicales [72]
Il suscite, à huis clos, des querelles fiscales.
Tantôt il faut courir, pour parler à leur chef,
De la place Vendôme à l'égout Saint-Joseph ; *
Tantôt il faut aller s'offrir en holocauste
Au vérificateur du bureau de la poste ;
Et puis longtemps errer sous les immenses toits
Où Villèle bâtit un dédale crétois,

* Le palais du timbre est près de la place Vendôme ; la direction de l'enregistrement du département de la Seine est à la rue Saint-Joseph, n° 6, rue sale et étroite. L'hôtel Rivoli est le centre où viennent aboutir tous les rayons de la fiscalité parisienne.

Et là, chercher en vain le fiscal Minotaure
Qui, sans songer à moi, chez Laiter se restaure. [73]
C'est ainsi que, coupant ma journée en lambeaux,
Ils étouffent mes vers sous leurs procès-verbaux ;
Ils espèrent qu'un jour, si, par leurs soins distraite,
La Muse est insolvable au terme d'une traite,
Le protêt du public sur une livraison
Éteindra le crédit de ma jeune maison.

Dois-je donc, pour finir ces luttes intestines,
Passer, comme un vaincu, sous leurs fourches caudines,
Et, d'un timbre hideux acceptant le mépris,
Jouir comme Périer d'une paix à tout prix ?
Non, non ! il est trop dur qu'un suppôt de Caïphe
Sur mon vierge vélin vienne apposer sa griffe ;
Qu'un sombre inquisiteur, sous son noir domino,
Imprime sur mes vers l'ongle de Céléno ; [74]
Si la prose docile à cet affront se prête,
Ce profane contact révolte le poëte ;
Jamais le fisc romain, attaquant Juvénal,
Même sous les Nérons ne timbra son journal ;
Sans payer au questeur la flétrissante obole,
Il vendait au Forum sa mordante hyperbole.
Du moins, si les deniers extorqués de ma main
D'un blessé patriote assouvissaient la faim ;
Si la taxe du fisc, changée en œuvre pie,
A sa plaie encor vive appliquait la charpie,
Fière de concourir à ses généreux soins,
Némésis paraîtrait, timbrée aux quatre coins.

LE TIMBRE 73

Mais que la goutte d'huile à ma lampe échappée
Par une vile éponge à l'instant soit pompée;
Qu'elle aille s'infiltrer dans l'égout clandestin
Où Salvandy se vautre à côté de Bertin ! [75]
Oh! j'aime mieux alors d'un seul trait de ma plume
Donner à mon journal la forme d'un volume;
A dater d'aujourd'hui j'élague du fronton
Ce texte indicateur qui déplaît à Viton; *
L'ardente *Némésis*, par qui tout se propage,
Volera désormais sur une libre page,
Et, sur mon titre pur, j'efface aux deux côtés
La prose arithmétique où mes prix sont cotés.

Or, maintenant, vous tous dont la main caressante
A salué d'abord ma *Némésis* naissante,
Et vous qui me gardez vos noms pour l'avenir,
Retenez bien ces mots dans votre souvenir :
« Ce journal poétique, étrange phénomène,
« Paraît par livraisons, une fois par semaine;
« Le prix d'abonnement est, pour les douze mois,
« Quarante francs; pour six, vingt francs; dix francs pour trois
« On vend au prix d'un franc chacun des exemplaires;
« Ayez soin d'affranchir les plis épistolaires
« Pour sauver tout retard ; on s'abonne au bureau
« Dont l'adresse est au bas de chaque numéro. »
Ah! je respire enfin! plus de soin qui m'oppresse!
Je suis libre du fisc, cauchemar de la presse;

*Chef de bureau à la direction des Domaines.

Sans craindre de mollir sous d'ignobles soucis,
Je solderai ma dette à des termes précis,
Et l'on verra toujours dans son allure franche
Scintiller *Némésis* à l'aube du dimanche.

Ils voulaient m'arrêter! quand, au bruit des bravos,
A peine je prélude à mes rudes travaux!
Némésis a flétri des noms impopulaires,
Elle a tiré leur honte à vingt mille exemplaires;
Ses arrêts de vengeance ou ses rires moqueurs
Ont trouvé des échos dans tous les nobles cœurs;
Eh bien! jusqu'à ce jour, ma satire morose
N'a couché le pouvoir que sur un lit de rose;
Laissez faire, attendez : sur un feu dévorant
Je prépare à leur corps le gril de saint Laurent,
Pour que la France en deuil, par eux assassinée,
S'enivre des parfums de leur chair calcinée.
Ils auraient trouvé bon de dormir leur sommeil,
De digérer en paix sur les bancs du Conseil;
D'avoir d'un long ruban la poitrine moirée;
D'étaler leur famille à l'auguste soirée;
D'accueillir la cliente aux heures du matin,
De froisser, à pleins bras, sa robe de satin;
Et, dans un air serein, bienheureuses pagodes,
Humer pompeusement notre encens et nos odes.
Aveugles! voilà donc ce qu'ils s'étaient promis!
Eux qui voyant tomber nos tyrans leurs amis,
Pour saisir le pouvoir, par des ruses subtiles,
Ont marché sur le ventre ainsi que des reptiles,

Et rétifs au combat, au butin toujours prêts,
Ne firent jamais rien, avant, pendant, après.
Et nous qui, dans quinze ans, sous trente ministères,
Avons brûlé le sang qui bat dans nos artères ;
Nous qui pourrons un jour conter à nos neveux
Quel souci politique a blanchi nos cheveux ;
Et nous qui, les premiers, dans la grande décade,
Avons posé le pied sur une barricade ;
Qui laissant aux Dupins l'abri de leurs volets,
Avons suivi trois jours le chemin des boulets ;
Qui depuis, les bras teints d'une sanglante argile,
Apôtres et martyrs du nouvel évangile,
Devant ce peuple fort qui sent sa puberté,
Proclamons son hymen avec la liberté ;
Nous serions des hochets ! des instruments qu'on brise
Quand au noir ouragan a succédé la brise !
Des Parias honteux, sans patrie et sans toit,
Qu'on repousse du pied et qu'on montre du doigt !
Nous voilà devenus un objet dérisoire !
Pareils à nos pavés, piédestaux de victoire,
Sur qui, depuis le jour où fut lavé le sang,
Marche la courtisane et crache le passant !!!
Et devant tant d'affronts il faudrait, pour leur plaire,
Étouffer dans nos seins le ferment de colère !
Et moi, je mollirais dans un lâche sommeil,
Moi, l'enfant du midi, créé par le soleil !
Redoutant pour mon front la foudre que j'attire,
Je fondrais en glaçons mon ardente satire !
J'irais, comme Boileau, dans un jardin d'Auteuil,

Chanter quelque Lutrin assis dans un fauteuil,
Ou ressaisir le fouet qui flagella Villèle !
Villèle, dites-vous ? étrange parallèle !
Villèle par les siens ne fut jamais haï,
Il faisait son métier et n'avait point trahi.
Ah ! vous avez donc cru, par une molle entrave,
Opposer une écluse à mon torrent de lave !
Vous m'avez envoyé Despréaux et Viton ;
Et moi, les foudroyant d'un regard d'Alecton,
Pareil à Marius devant l'esclave Cimbre,
D'entre les mains du fisc j'ai fait tomber le timbre :
Moi, je vous timbrerai, prenant vos fronts pour but,
Mais comme le boulet qui timbra l'Institut. *
Je veux coller sur vous, dans l'accès de mon ire,
La chemise de feu qu'inventa Déjanire ;
Dresser dans vos hôtels mes bûchers albigeois ;
Retrouver le secret perdu des feux grégeois ;
Vos grossiers attentats, vos mesquins ridicules,
Je veux les placarder en lettres majuscules.
Rien ne ralentira ma haine ; grâce au ciel
J'ai pour l'entretenir un réservoir de fiel !
Dût cette feuille atteindre un âge séculaire,
Je n'épuiserai pas mon trésor de colère.
Allez, ne croyez point que ces dieux du pouvoir
De ma jeune ferveur ne puissent s'émouvoir ;
A l'heure du défi, quand ma vengeance gronde,
Ces petits Goliaths tremblent devant ma fronde.

* Nos lecteurs de la province ignorent sans doute qu'un boulet du 28 Juillet a imprimé un creux rond et blanc sur la façade de l'Institut.

Qu'au fond de leurs hôtels, dissimulés acteurs,
Ils accueillent mes vers par des rires menteurs ;
Qu'ils se disent trop grands pour les coups d'un poëte,
Leur teint cachera mal la blessure secrète :
Ils auront dans le sein mon formidable écho ;
Je serai, pour leurs nuits, le spectre de Banco ;
Mes doigts tenailleront leur sommeil ; d'un seul geste
Je glacerai leur chair sur le lit de l'inceste,
Et j'irai, m'asseyant à de larges festins,
De l'arsenic du vers brûler leurs intestins.

X

LA JUSTICE DU PEUPLE

12 JUIN 1831.

Aux Deux Cent Vingt-Un.*

De quoi se plaignent-ils? tant qu'ils ont su nous plaire,
Journaliers de l'État ils ont eu leur salaire ;
Autrefois par le peuple en estime payés,
De son grand-livre d'or un jour les a rayés,
C'est justice : lisez les nautiques annales :

* Je me sers ici du terme générique de 221 ; il est inutile de dire que tout ce qui va suivre ne s'adresse point aux patriotes purs qui sont compris également dans cette désignation d'usage.

Chez les peuples naïfs des îles virginales,
Tant que l'informe idole, attentive à leurs vœux,
Des guerriers ennemis leur livre les cheveux ;
Tant que la chasse est belle et que les flots dociles
Argentent de poissons le sable de leurs îles,
Ils viennent, chaque soir, déposer à l'autel
Les fruits mûrs du palmier, l'arack et le bétel ;
De l'équitable idole ils parent les narines ;
Mais si le filet dort sur les plages marines,
Si la venaison manque à la flamme du pieu,
Écumant de colère, ils soufflettent le dieu.
Tel est, jusqu'à nos jours depuis le siècle antique,
Le rigoureux destin de l'homme politique ;
Il a dans chaque ville un trône pour s'asseoir ;
La flûte et les flambeaux l'accompagnent le soir ;
Il reçoit, comme un dieu, l'encens pur du lévite ;
A ses royaux banquets tout un peuple l'invite ;
Il se tait, on l'admire ; il parle, on bat des mains ;
Sous les arceaux de fleurs plantés sur les chemins,
Sous les balcons brillants de lueurs éphémères,
Il passe en saluant les préfets et les maires ;
Sur le papier huileux des larges transparents
Il lit de longs quatrains rimés par ses parents ;
S'il veut passer un fleuve, une fraîche gondole
Arrondit ses rideaux sur le front de l'idole ;
Au théâtre, où son nom éveille un vif écho,
Les murs vont s'écrouler comme dans Jéricho ;
Son blason s'écartelle aux armes de la ville ;
On ajoute un couplet au final vaudeville ;

Dans l'excès du bonheur, l'orchestre, jouant faux,
Exécute pour lui tous ses airs triomphaux;
Distrait, inattentif à l'opéra qu'on joue,
La sueur de la joie illumine sa joue;
Il rentre à son hôtel, et ses bras étouffants
Serrent, sur l'escalier, sa femme et ses enfants.
Dans son mol édredon qu'il dorme d'un doux somme!
Demain, à son réveil, venez voir le même homme;
Le reconnaissez-vous? Quoi, sitôt dans le deuil!
L'éclair n'anime plus son rapide coup d'œil;
Son laurier s'est fané; sa gloire populaire,
On l'a jetée au vent comme le blé sur l'aire;
Son nom, en vifs éclats, ne monte plus aux cieux;
De son char de triomphe on brise les essieux;
Cette fois, il entend un concert de risées,
De sifflets ennemis et de vitres brisées.
Qui sait quels maux encor lui garde l'avenir?
La main qui le flatta commence à le punir :
Point de fond dans l'abîme où sa chute s'arrête;
On promena son buste, on portera sa tête.

Eh bien! je le répète encor, c'est équité!
Du jour qu'il la quitta la France l'a quitté :
Allez, le peuple est juste; il rend avec usure,
Il centuple les biens qu'on lui fait; il mesure
Le cercle d'une vie à son grave compas;
Tout change autour de lui, lui seul ne change pas.
Si de vous maintenant la faveur se retire,
Si vous servez de but au plomb de la satire,

C'est que votre pied faible, aviné par l'orgueil,
Sur la mer populaire a rencontré l'écueil;
C'est qu'avant de franchir la borne de l'arène,
Vous avez écouté la royale Sirène,
Qu'à l'air pur du Forum où tonnaient vos discours,
Vous avez préféré l'atmosphère des Cours.
Il est temps de venger d'un ridicule outrage
Le peuple d'autrefois et celui de notre âge :
Quand vous êtes déchus, dans vos regrets amers
Vous comparez le peuple à la vague des mers,
A ces légers signaux que, sur leurs tiges frêles,
Le vent fait tournoyer aux pointes des tourelles;
Et puis, pour adoucir le fiel de vos chagrins,
Fouillant les jours anciens et les contemporains,
Vous citez, avec art, plus d'un terrible exemple
De grands hommes tombés du pinacle du temple,
Et devant l'avenir, juge des morts fameux,
De l'arrêt du moment vous appelez comme eux.
Pourquoi ressusciter de vieilles calomnies?
Taisez-vous : quand sa main vous traîne aux gémonies,
Le peuple a toujours droit : vos cris sont impuissants,
Respectez l'ostracisme écrit par le bon sens :
Tous ces triomphateurs dont vous contez l'histoire,
Renversés en un jour de leur char de victoire;
Tous ceux que, dépouillant du nom de favori,
Le grand exécuteur fouette à son pilori,
Savez-vous si jamais, dans un sentier oblique,
Ils n'ont justifié la vengeance publique?
S'ils n'ont pas méconnu, dans les suprêmes rangs,

Ces obscurs citoyens qui les avaient faits grands ?
Que nous importe à nous votre histoire en volumes,
Roulée en papyrus, écrite avec des plumes,
Fille, dans tous les temps, d'apocryphes auteurs,
Tous vendus au pouvoir, sténographes menteurs,
Qui, toujours inspirés par la liste civile,
Sacrifiaient aux grands la populace vile,
Tous compilant l'histoire avec la même main,
Depuis le vieux Strabon jusqu'au froid Villemain ! [76]
Ah ! si nous pouvions lire à des dates certaines
Les journaux inédits du grand peuple d'Athènes,
Ces jugements publics qu'un écrivain sans nom
Affichait tous les soirs aux murs du Parthénon,
Tout ce qu'on rédigeait sur une libre page
Contre les Girondins du docte aréopage,
Tous les joyeux propos, les sarcasmes badins
Qu'entendit Académe en ses vastes jardins,
Chronique fugitive en naissant expirée,
Qu'emportait au néant la vague du Pyrée ;
Si nous savions encor tout ce qu'en vieux latin
L'autre peuple disait sur le Mont-Aventin,
Les distiques brutaux qu'un tiers état esclave
Décochait, en passant, au front d'un laticlave ;
Tout ce que le Forum, en cris accusateurs,
Adressait aux consuls, aux tribuns, aux préteurs,
Quand le peuple, en courroux, venait demander compte
Du sang des alliés ruisselant à Sagonte ;
Alors on connaîtrait l'histoire ; et ces récits
Que faisaient les anciens sur leurs portes assis

Guideraient mieux nos pas dans le chaos des âges
Que tous les vieux recueils compilés par les sages.
C'est alors seulement que l'on verrait à nu
Ces hommes dont le cœur est encor inconnu,
Ces martyrs de l'État, hypocrites victimes,
Que le peuple a frappés de coups illégitimes,
Ces classiques héros dont les traits familiers
Font couler chaque jour les pleurs des écoliers.
Mais moi qui, recueilli dans mes graves pensées,
Ai médité longtemps sur les choses passées;
Qui, de l'âge moderne au siècle des Solons,
Ai remonté, vingt fois, les trois mille échelons,
J'ai vu, j'ai découvert, d'une âme moins candide,
Ce que n'osèrent voir Plutarque et Thucydide,
Et d'une vertu fausse écartant les dehors,
A l'aspect des vivants j'ai pu juger les morts.
Aristide le Juste est le Collard antique,
Il fut élu sept fois dans les bourgs de l'Attique; 77
Le peuple le bannit : c'est que ce demi-dieu
Inventa la doctrine et le juste milieu;
Thémistocle acheté par la cour des satrapes,
C'est notre Dumouriez rebelle après Jemmapes;
Le noble Miltiade expirant en prison
Fut sans doute un Raguse atteint de trahison;
Le verbeux avocat, l'exilé Démosthènes,
Par le peuple maudit, fut le Dupin d'Athènes :
Ce sauveur de la Grèce, intrépide en discours,
Chaussa des brodequins pour fuir dans les Trois-Jours,
Et grossit largement son mince patrimoine,

Grâce aux philippes d'or du roi de Macédoine.
Que Camille en exil, aux cieux levant les mains,
De leur esprit volage accuse les Romains ;
Que Scipion, pleurant sur sa gloire flétrie,
Refuse son squelette à l'ingrate patrie,
Laissons le bon lecteur s'attendrir sur leur sort ;
En les répudiant le peuple n'eut pas tort :
Le pillage de Véïe avait gorgé Camille ;
Scipion respectait la pudeur d'une fille,
Mais des deniers publics détenteur odieux,
Du budget de l'État il rendait compte aux dieux.
Oh ! si, comme Guizot, faisant un cours d'histoire, [78]
J'ouvrais à d'autres noms mon sévère prétoire,
Pour nos traîtres du jour parallèle importun,
J'en pourrais exhumer plus de deux cent vingt-un,
Et mes contemporains renégats politiques
Auraient tous un patron dans les héros antiques.

O vous qui, si longtemps, vierges de tout affront,
Montiez à la tribune une couronne au front,
Vous que la liberté consacra pour son culte,
Qui depuis, façonnant votre cœur à l'insulte,
Lévites oublieux des miracles récents,
Sur l'autel du Veau d'or avez brûlé l'encens :
Si le peuple aujourd'hui, reniant ses idoles,
Sur vos coupables fronts brise les auréoles,
Devant le tribunal de ce juge irrité
Si vous paraissez tous, vous l'avez mérité.
Allez donc, comme au temps de vos pures années,

Cueillir les fruits amers de vos gloires fanées ;
Allez dans vos foyers : ceux qui vous ont élus
Gardent à vos retours de terribles saluts.
C'est votre sort à tous : dans les flots de la Loire
Dupin a vu tomber ses paillettes de gloire ;
Prunelle de Lyon a détourné les yeux ; [79]
Guizot se souviendra des juges de Lisieux ;
Les Périer de Vizille, Atrides de l'Isère,
Coupables tous les deux du grand nom de leur frère,
Sur la place Grenette entendant un tocsin,
Ont traîné leurs comptoirs dans les cryptes d'Anzin. [80]
Partout, mêlant le fiel au fond de ses calices,
L'ironie a trouvé de comiques supplices ;
Tribuns infortunés ! vos sonores plafonds
Se lézardent au bruit des orchestres bouffons ;
Dans la rue, aux clartés de cent torches flambantes,
Les électeurs trahis, nocturnes corybantes,
Comme un timbre infernal mêlent jusqu'au matin
Les tintements du cuivre au tam-tam de l'étain.
Voilà le cri du peuple ! il grince à votre porte,
C'est le glas solennel de votre gloire morte ;
Dans ces rires moqueurs, dans ces lugubres sons,
Puissiez-vous recueillir d'imposantes leçons !
Que vos noms proclamés dans la scène nocturne
Ne contaminent plus la sainteté de l'urne ;
Dans le temple des lois vos titres sont ravis ;
En tuniques de deuil restez sur le parvis ;
Laissez entrer les purs, frappez votre poitrine,
Abjurez les erreurs de l'impure doctrine ;

A la face de tous quand vous aurez, sept ans,
Imprimé le cilice à vos reins pénitents,
Quand l'eau de Siloë, dans la piscine ronde,
Aura coulé sept ans sur votre lèpre immonde,
Peut-être alors la voix qui sort des cieux amis
Vous dira : Levez-vous, vos péchés sont remis !

XI

AU ROI

10 JUIN 1831.

Autrefois dans Bagdad, la ville aux mille dômes,
Pour entendre le vrai dans la bouche des hommes,
Le calife, suivi de Mesrour ou d'Hassan,
Le soir quittait sans bruit son pavillon Marsan :
Déguisé sous l'habit d'un marchand de Surate,
Souvent dans les bazars, sur les ponts de l'Euphrate,
Aux caravansérails, sous le figuier des puits,
il venait écouter les longs propos des nuits :
Et si la voix publique, infaillible interprète,
Dénonçait d'un vizir l'iniquité secrète,
Le lendemain Bagdad voyait à son réveil
Une tête coupée, aux portes du Conseil.
Fable des anciens jours ! histoire imaginaire !

Ainsi, pour découvrir un prince débonnaire
Qui montre à la franchise un visage riant,
Hélas! il faut ouvrir les contes d'Orient.
Mais aujourd'hui, qu'un roi soit l'élu de la foule,
Qu'il consacre ses droits sous une sainte ampoule,
Qu'il donne à ses sujets une Charte en octroi,
Qu'il soit usurpateur ou légitime roi,
Qu'il règne à Westminster ou sur le Pausilippe,
Qu'il s'appelle François, Ferdinand ou Philippe,
Sitôt que sur son front une couronne a lui,
Jamais la vérité n'arrive jusqu'à lui.
Que vas-tu donc chercher aux confins de l'Alsace?
Un sceptre pour bourdon, vingt landaws pour besace;
Penses-tu découvrir, fastueux pèlerin,
L'acerbe vérité sur la Meuse ou le Rhin!
La vérité n'est point à la porte des villes
Où viennent t'accueillir ces échevins serviles
Qui, depuis Pharamond, mannequins louangeurs,
Gorgent de plats discours tous les rois voyageurs.
Inévitable écueil! sitôt que le roi passe,
Mille drapeaux levés tricolorent l'espace;
Un bras municipal ramollit le chemin
D'un édredon de fleurs, fumier du lendemain;
Pour la garde du roi, quatre chevaux à l'amble
S'avancent, effrayés de se trouver ensemble;
On s'enroue en *vivat*; des pavés jusqu'aux toits
Se croisent mille chants d'indigènes patois;
Et du canon bourgeois la culasse enrhumée
Tousse et jette dans l'air mille francs de fumée.

Tu trouveras partout, déroulé sur tes pas,
Ce programme, le seul qu'on ne transgresse pas ;
Il est déjà bien vieux, car Néron et Galère
Ont aussi voyagé dans l'encens populaire.
Oh ! si de cris sans fin tu veux être assourdi,
Viens, révèle ta face aux peuples du Midi ;
Viens donc, je te promets, sur leurs arides côtes,
Le délirant amour de mes compatriotes :
Visite tour à tour, sous nos brûlants climats,
Le papal Avignon, Aix et le Port-Thomas : *
Là, règne un proconsul [81], fils du nouveau régime,
Que madame Guizot enfanta comme un crime ;
O scandale ! son nom est, dans notre cité,
Le synonyme impur de la lubricité :
L'histoire de ses nuits eût fait rougir Pétrone ;
Dans son cabinet noir, connu de la matrone,
Avare de son or, l'avocat bas-alpin
Marchandait la pudeur pour une once de pain.
Eh bien ! si quelque jour tu viens dans cette ville
Qui meurtrit de baisers ton bien-aimé Joinville,
Dans un drame bouffon acceptant un emploi,
Cet immonde préfet danserait devant toi.
Partout tu trouveras un complot d'impostures ;
Les hommes et les murs sont couverts de tentures :
Souris à ce tableau ; le cortége passé,
Que voit-on ? l'homme triste et le mur crevassé ;
Quand le drame est fini, les ignobles comparses

---

* Marseille, chef-lieu de M. Thomas.

Rendent au régisseur leurs dépouilles éparses.
Tout passe devant toi, mais rien ne t'est connu :
O roi, tu frémirais si tu voyais à nu
La France de Juillet portant dans ses entrailles
L'étouffant anévrisme aux actives tenailles,
Triste, jaune, les traits par le mal décrépits,
Dévorant sur le sol quelques maigres épis ;
La France telle enfin que Périer nous l'a faite ;
Aussi la parent-ils sous des habits de fête ;
Aussi pour te cacher l'ulcère qui l'atteint,
Quand tu lui rends visite, on lui farde le teint.

Oh ! si tu veux un jour sur le Rhône ou l'Isère
Prendre en flagrant délit la publique misère,
Et loyal médecin d'un peuple languissant,
Dans un corps appauvri régénérer le sang,
Voyage comme nous : vieux soldat de Jemmapes,
Coupe subitement tes royales étapes ;
Romps le fil conducteur que tient ta cécité ;
Laisse dans l'horizon la bruyante cité
Où, depuis quatre jours, l'œil fixé sur l'horloge,
Le mensonge en frac noir médite ton éloge ;
Revêts des habits d'homme, et dirige tes pas
Vers la cité paisible où l'on ne t'attend pas ;
Et là, sous les remparts aux fraîches avenues,
Où passeront pour toi des faces inconnues,
Sous les grossiers treillis où discute parfois
Le bon sens accoudé sur des tables de bois,
Ton oreille entendrait, en phrases peu fleuries,

L'austère vérité muette aux Tuileries.
Viens, calife moderne, au caravanserail
Où boit la populace en veste de travail ;
Là nos graves journaux, populaire chronique,
Sont traduits chaque soir en langage cynique ;
Là tous ces favoris dont le pas familier
De ton palais bourgeois ébranle l'escalier,
Nocturnes tisserands de frauduleux systèmes,
Comparaissent chargés de rauques anathèmes ;
Ce peuple les dénonce ; il sait que le Pouvoir
De la sueur du pauvre a fait son abreuvoir ;
Qu'ils procèdent entre eux, dans le conseil aulique,
Au pillage réglé de la caisse publique ;
Que dans tous leurs hôtels, réceptacles impurs,
La sourde iniquité filtre à travers les murs ;
Il a gardé les noms de ces hideux convives
Qui de nos saints martyrs ont mangé les chairs vives,
Et, depuis, sont venus dans ton palais ducal
Avec un masque humain sur leur front de chacal ;
Il sait que de Franchet la meute reparue [82]
Flaire la liberté qui vague dans la rue ;
Que sur le tabouret où fume le réchaud
Les soldats des Trois-Jours sont marqués d'un fer chaud ;
Que de tout zèle pur les flammes sont éteintes,
Depuis que la faveur, jouant des choses saintes,
Promenée en public dans un char suborneur,
Sur des seins avilis éclabousse l'honneur. [83]
Et puis, si l'estafette a semé sur leur route
Ces bulletins de mort que toute oreille écoute ;

Si les cris fraternels d'un peuple agonisant
Nous somment de payer une dette de sang ; [84]
Si le pape, abjurant sa puissance mondaine,
Vend ses chères brebis au boucher de Modène ;
Si le long des deux mers, l'exécuteur des rois,
Metternich a planté la potence et la croix ;
Si l'Italie entière, où tout cri noble expire,
Livre un foie immortel au vautour de l'Empire ;
A ces bruits désastreux, tout un peuple debout
Offre à ses alliés son jeune sang qui bout ;
Rien ne comprime plus son énergique plainte :
Ses regards attachés sur la frontière sainte,
Il demande à son roi si l'hymne marseillais,
Qu'il entonna lui-même au balcon du palais,
N'est plus qu'un souvenir, une vieille ballade
Que chante une nourrice à son enfant malade ;
Il déchire en lambeaux, dans un transport guerrier,
La chemise de force où l'enferme Périer.

Ose donc une fois, oubliant l'étiquette,
De ton peuple unanime entendre la requête :
Vain espoir ! comme un songe il est passé le temps
Où ta grille de fer s'ouvrait à deux battants,
Quand, noblement rebelle à l'orgueil de ta race,
Tu passais en famille au bord de ta terrasse.
La franchise aujourd'hui parle à des cœurs glacés ;
Dès qu'elle ouvre la bouche, on lui répond : Assez !
Pourtant ils méritaient une courte audience,
Ces généreux Lorrains, [85] si purs de conscience,

Qui, bravant de leur roi le sévère coup d'œil,
De la France à genoux portaient le cri de deuil;
Un ordre impérieux, dicté par la doctrine,
A refoulé leur voix au fond de leur poitrine,
Et d'un regard sévère expulsé l'orateur
Comme un huissier brutal chasse un solliciteur.
Certes, ce n'étaient point des valets d'antichambre,
Ces hommes qui, debout sur la Meuse et la Sambre,
Veillent, en déployant le vieux drapeau lorrain,
Sur la virginité de nos villes du Rhin.

Si donc la vérité, proscrite par tes gardes,
Entre le peuple et toi trouve des hallebardes; [86]
Si ton orgueil, peu fait à nos rudes façons,
Demande des respects et non pas des leçons, [87]
Que sert de parcourir, pour trouver le mensonge,
Cette ornière de fleurs qu'un ministre prolonge!
Rentre dans ton Paris; déjà sur l'horizon
D'un sol brûlé de feu flotte l'exhalaison;
Le vingt juin va briller; le soleil de justice
Marque à la liberté son terrible solstice;
Ton ministre, effrayé de se voir si puissant,
N'ose toucher du doigt un peuple incandescent:
Et ce peuple, fuyant le toit qui le réclame,
Erre, semble chercher le plan de quelque drame;
Une grave pensée entretient ses ennuis:
Sous la chaleur du jour, dans le calme des nuits,
On dirait, à le voir, abaissant ses paupières,
Qu'il médite des mots imprimés sur les pierres;

C'est l'émeute vivace, hydre des carrefours,
Que le galop disperse, et qui renaît toujours :
L'émeute! je l'entends, et ce mot que je trace
Tremble au bruit du tambour qui m'appelle et qui passe;
Les chevaux des dragons, par l'émeute bravés,
Sous leurs bonds imprudents réveillent nos pavés;
Et les flots populeux élancés par rafales
Heurtent du boulevard les portes triomphales :
Et maintenant où sont ces imposantes voix
Que le chaos nocturne entendit autrefois?
Où sont ces chefs connus dont la main pacifique
Était pour tout Paris une garde civique?
Qui nous garantira l'avenir du matin ?
Est-ce Royer-Collard, ou Guizot, ou Bertin?
Ou ces femmes de cour qui, quand rugit l'hyène,
Invoquent dans Saint-Cloud leur vierge italienne?
Ou tes vingt serviteurs, catholiques récents,
Qui parfument Saint-Roch de cierges et d'encens?
Toi seul tu peux calmer, sans que notre sang coule,
Cette irascible mer où fermente la houle;
Apaisée aujourd'hui, craignons-la pour demain;
Laisse, laisse à d'Argout les fêtes du chemin;
Reviens seul, qu'une fois ta volonté hardie
Chasse tes conseillers, moteurs de l'incendie;
Retourne de Varenne,[88] il est temps : souviens-toi
Que Paris s'habitue à dormir sans un roi.

XII

LE POËTE ET L'ÉMEUTE

26 juin 1831.

Moi-même aussi, la honte et le remords dans l'âme,
Poëte de Juillet, je mens à mon programme !
A mon hôtel Cléry quand je prêtai serment,
Dans un long prospectus j'annonçai hautement
Que, *désertant parfois l'arène politique,*
D'accusateur public je deviendrais critique;
Que le même scalpel qui tortura d'Argout,
Ouvrirait l'épiderme aux Marsyas du goût;
Que *Némésis*, terrible à toute forfaiture,
Fouetterait les Dupins de la littérature,
Ou que parfois sa main, sur l'autel du bon sens,
Brûlerait au génie un grain de pur encens.
Oh ! sans doute, au milieu du drame qui m'obsède,
J'aurais voulu glisser un tranquille intermède,
Et, sous le vent de flamme où passe *Némésis*,
Rencontrer, vers le soir, l'ombre d'une oasis :
Car j'aime les loisirs de ma zone natale ;
J'aime sur les divans la vie horizontale,
Quand j'aspire, à longs flots, noyé dans mon coussin,

Le tube de rosier, présent du noble Hussein ; *
Ou qu'à midi, berçant mon hamac de Créole
Dans un air agité qui me tient lieu d'Éole,
D'une fraîcheur d'emprunt semant mon corridor,
Je poursuis un long rêve en arabesques d'or.
Si je les avais eus, ces loisirs de poëte,
Ma main aurait cueilli, dans nos jours de disette,
Quelques rares épis, quelques rayons de miel
Qu'au désert littéraire a fait tomber le ciel.
J'ai lu cette chronique [89] écrite avec tant d'âme,
Sous le porche noirci des tours de Notre-Dame,
Iliade gothique, où vers des murs géants
Fourmillent à l'assaut le peuple des Truands,
Quand, sur ses larges mains, le héros du poëme
Emporte au front des tours la vierge de Bohême,
Celle qui, secouant sa robe et ses cheveux,
Dans une chair de prêtre alluma tant de feux,
La vive Esméralda, la scintillante fée
Qui meurt pure à seize ans, à la Grève étouffée.
Amoureux de tout nom par la gloire ennobli,
Je n'aurais pas laissé dans un injuste oubli
Nodier, jeune vieillard, poëte de la prose,
Qui mêle sur son front l'ancolie et la rose,
Enfant aux cheveux gris, penseur aérien
Qui cisèle un atome échafaudé sur rien,
Et dans les *Souvenirs*, qu'avec grâce il récite, [90]

---

* L'infortuné Hussein, dey d'Alger, m'envoya une pipe magnifique après la publication du poëme dont il était le héros.

Mélange les couleurs de Sterne et de Tacite.
Eh! quel cœur généreux eût applaudi mes vers,
Si dans ce drame en feu qui brûle l'univers,
A l'aspect des gibets dressés pour l'Italie,
J'étais venu sourire aux fêtes de Thalie?
A peine si j'ai vu l'effroyable Satan
Que l'enfer de Poissy révélait à Fontan ; [91]
Et ce noble Antony qui, devant le parterre,
Sans classique rideau consomme un adultère,
Épouvantable scène où Bocage et Dorval
Ont fait pâlir l'orgueil d'un théâtre rival.
Jamais, depuis trois mois, les lèvres déridées,
Détendant l'arc de fer où vibrent mes idées,
Sur les frais boulevards, dans un cirque bouffon,
Je n'ai pu diriger le vol de mon griffon ; [92]
Jamais je n'ai franchi la solitaire porte
Où Langlois, chaque nuit, meurt auprès d'une *Morte* ; [93]
Jamais l'hôtel Lubbert ne m'abrita le soir ; [94]
Jamais, depuis trois mois, on ne me vit m'asseoir,
Oubliant notre lutte étrangère et civile,
A côté de Pageot, pasteur du Vaudeville, *
Et cahoté par lui, de sa poudre couvert,
Applaudir la gaîté d'Arnal et de Duvert. [95]
Eh! comment aujourd'hui, quand la fièvre nous ronge,
Quand un brûlant souci sans trêve se prolonge,
Quand l'État est battu par le flot des hasards,

---

* Pageot, spectateur inamovible et quotidien de Vaudeville ; sa place éternelle est à l'orchestre. C'est de lui qu'on peut dire : *Sedet œternumque sedebit.*

Comment donner une heure au doux culte des arts?
Que le pâtre grossier des vallons du Vésuve,
Tandis que sous ses pieds gronde l'immense cuve,
Contemple, insoucieux, son pâturage vert,
Moi, j'ai cloué mon œil sur le cratère ouvert.
Mon volcan, c'est l'émeute : elle n'est point calmée
Tant que sa tête garde un réseau de fumée,
Et qu'on entend frémir, sur le sol encor mou,
Des bruits mystérieux sortis on ne sait d'où.
Toujours à mon oreille un bruit d'émeute tonne.
Voyez Paris ; Paris dans un jour monotone,
Quand un rare soleil, doux présent de l'été,
Sème les boulevards d'un parfum de gaîté ;
Lorsque son pavé, pur de l'éternelle boue,
Ne garde, en aucun point, l'empreinte de la roue ;
Pour retremper sa vie à l'air incandescent,
Vers l'éclatante rue un peuple entier descend ;
Le pénible travail est joyeux sur sa natte ;
L'orgue du Savoyard nasille une sonate ;
Sur le trottoir futur, par Bondy projeté, [96]
L'industrie en passant heurte l'oisiveté.
La nuit tombe : Vivien déchaîne ses Cerbères ; [97]
A l'avare clarté des rouges réverbères,
Les phalènes d'amour montrent, sous le satin,
Leurs appas frelatés, désespoir du matin ;
Dans les antres vineux les criminels novices
Préparent à Darmaing trois colonnes de vices ;*

* M. Darmaing, rédacteur en chef de la *Gazette des Tribunaux*.

Dans les antres dorés, le Conseil à huis clos
Prépare aux citoyens d'homicides complots ;
Partout, à pas pressés, la foule régulière
Sillonne, avec la nuit, l'immense fourmilière ;
Le Satan des *Débats* convoque ses démons ;
C'est bien ! Paris est calme, il va dormir : dormons.

Je sors le lendemain, et, dans la ville immense,
Le tableau de la veille à mes yeux recommence ;
Seulement j'aperçois quelques hommes pressés
Qui passent devant moi par la foule éclipsés ;
En même temps surgit, vers le cap d'une rue,
Comme une tache noire avec l'aube apparue ;
Elle rappelle aux yeux ce point sombre et lointain
Que le navigateur voit sur un ciel d'étain,
Nuage qui, formé par le pic aux deux crêtes,
Médite un ouragan sur le cap des tempêtes.
C'est un groupe isolé d'où s'exhalent parfois
Des murmures confus, de menaçantes voix ;
C'est l'orateur, debout sur la borne angulaire,
Qui verse aux assistants sa fièvre de colère ;
Le cercle s'agrandit et voile le pavé ;
Bientôt, sur un seul point, Paris est enclavé ;
Chaos prestigieux ! mosaïque vivante !
Tourbillon convulsif dont le bruit épouvante !
C'est le centre où chacun arrive pour tout voir ;
Et vers ce confluent immense réservoir,
Plus grondants, plus pressés que dans les jours de fêtes,
Descendent, à pleins bords, de longs fleuves de têtes.

Voilà qu'on voit paraître, en galop nivelé,
Les centaures luisants au casque échevelé ;[98]
L'homicide cheval, complice du carnage,
Fend le flot populaire et le passe à la nage ;
Les roides fantassins, immobiles jalons,
Bordent le carrefour de rouges échelons :
Vivien, le grand veneur, a déchaîné sa meute ;
Elle va furetant les taillis de l'émeute ;
Refoulés en entrant, ils se lancent encor
Comme de vieux limiers excités par le cor ;
Ténébreux argousins, à la honteuse épée,
Ils marchent l'œil oblique et l'oreille occupée ;
Milice de chenil, qui, d'un pas maraudeur,
Se glisse et reconnaît un complot à l'odeur.
Cependant, le tambour, au roulement sonore,
A dénoncé l'émeute au peuple qui l'ignore ;
Il nous invite tous à traîner un fusil
Pour défendre d'Argout, Villemain et Persil.
A ce pressant appel tous les cœurs sont de glace ;
Quelques rares amis se groupent sur la place,
Et l'obstiné tambour, ce tocsin ambulant,
Dans les quartiers lointains s'enfonce en grommelant

Voilà donc quels soucis dévorent nos semaines !
Quelle cause a produit ces tristes phénomènes ?
Aux veilles de gaîté quelle invisible main
Prépare dans la nuit le deuil du lendemain ?
Quel mage, quel devin, quel prophète biblique
Expliquera ce mot ? Est-ce la République,

Ou le pâle jeune homme, impérial tison,
Qui des cercles d'Autriche a brisé la prison?
Eh! qu'avons-nous besoin de subtils interprètes?
Que sert de recourir à des causes secrètes?
La cause est sous nos yeux; cette émeute sans fin,
Ce vivace géant, qui le nourrit? la faim.
La faim! c'est le fléau méconnu par nos sages;
Voyez, sa main de plomb sillonne ces visages;
Quand l'atelier se ferme et que, dans les faubourgs,
L'artisan n'obtient plus son pain de tous les jours,
Alors, les bras pendants, l'œil creux, la barbe inculte,
Il vient pour travailler au chantier du tumulte.
Et pourtant voilà ceux que l'infâme journal
Nous montre tout flétris des fers de l'arsenal;
Des forçats libérés, que la honte accompagne,
Qui tous portent aux pieds les stigmates du bagne.
Taisez-vous, dépouillez ces faux airs de grandeur,
Hommes de calomnie et de lâche impudeur :
Ce peuple incriminé par vos plumes vénales,
De ses trois jours de règne explorez les annales;
Vous étiez dans sa main comme des passereaux;
Il pouvait vous broyer, vous, vos fils, vos bureaux;
Eh bien! tous ces forçats altérés de pillage
Ont-ils de vos comptoirs effleuré le grillage?
Aujourd'hui, grâce enfin à l'ordre revenu,
C'est vous, pillards publics, qui les mettez à nu.
Et voilà ceux pourtant que votre orgueil blasphème!
Des forçats libérés, dites-vous? et quand même!
Quand la grande cité nourrirait dans son sein

Tous ceux qu'après leur temps renvoya l'argousin ;
Auriez-vous donc le droit d'interroger leur vie,
Vous que le ministère à ses pontons convie ?
Savez-vous qu'à Paris il est plus d'un salon
Où l'air est plus infect qu'au bagne de Toulon ?
Chez vous, plus bassement l'iniquité se vautre :
Eux, ils ont fait leur temps, et vous faites le vôtre.

Pour moi, qui ne frémis de toucher et de voir
Que les hommes ferrés au bagne du Pouvoir,
Toujours, quand une voix, s'élevant de la foule,
Viendra me révéler qu'un sang généreux coule ;
Dans ses heures de gloire ou de calamités,
Quand le peuple au forum tiendra ses comités,
Toujours je nagerai dans la foule mouvante
Pour buriner au vol son histoire vivante ;
Toujours, quand sous mes yeux l'orage né du sol
Montera vers la nue en brûlant parasol,
Pour peindre le volcan, bravant le sort de Pline,
J'accourrai du vallon sur la haute colline,
Et dans le choc public aventurant mon nom,
Je verrai de mes yeux si je suis libre ou non.

XIII

A M. CASIMIR PÉRIER

3 juillet 1831.

Je te vis une fois : pour toi ni pour tes œuvres
Ma *Némésis* alors n'avait point de couleuvres ;
Je t'aimais entre tous ; mes poëmes naissants
Devant ton pur autel montaient comme l'encens ;
C'était aux jours de gloire, où, massue éternelle,
Ta logique enclouait la bouche de Villèle,
Où, du trône oratoire immuable voisin,
Ton regard fascinait l'épervier toulousain.
Je vins ; aucun huissier ne barra mon passage,
Ta maison me parut la demeure d'un sage ;
Et comme j'admirais ton salon ravissant
Qu'a meublé le pinceau de Téniers et d'Hersent,
Par un geste amical, bannissant l'étiquette,
Le tribun financier accueillit le poëte.*

Alors ta vertu mâle était notre entretien ;
Aucun nom ne brillait aussi pur que le tien ;

---

* Comme on pourrait tirer de ces vers certaines inductions contraires à mes goûts d'indépendance et à mes habitudes de retraite et d'isolement, je me hâte d'expliquer à mes lecteurs le motif de cette visite que je fis à M. Périer, il y a trois ans environ. C'était à l'époque où la librairie com-

Notre France d'alors, par tant de pleurs flétrie,
Citait, avec orgueil, ta féconde industrie,
Ton hôtel, le rival du palais Mont-Thabor,*
Et l'hospitalité de tes pénates d'or.
Oh ! que n'es-tu tombé dans ta gloire sereine,
Aux jours où, près de toi sur la publique arène,
Le pouvoir spadassin égorgeait en duel
Tes généreux amis, Foy, Jordan, Manuel !
Impérissables morts que tout un peuple envie !
Pleure sur toi, le ciel t'a laissé trop de vie ;
Dans la lice où l'on court sur le char de l'orgueil,
La borne du triomphe est souvent un écueil.
Ah ! tu connaissais mal cette liberté fière
Que demanda quinze ans ton aveugle prière ;
De rêves enfantins berçant ton âge mûr,
Tu croyais voir, sans doute, une vierge au front pur,
Blonde, à l'œil caressant, de guirlandes parée,
Comme dans l'âge d'or de Saturne et de Rhée ;
Dégagée, en son vol, des terrestres liens,
Jetant sa chevelure aux vents éoliens,
Ses pieds roses posés sur la flottante nue,
Et de sa chaste main voilant sa gorge nue.
Tu la sollicitais de tes vœux imprudents,

---

mençait à perdre son crédit commercial, et où les écrivains patriotes étaient aussi malheureux qu'aujourd'hui ; les billets de librairie étaient refusés par tous les banquiers ; j'en avais pour six mille francs, dont personne ne voulait : je me présentai chez M. Périer, qui me les prit sur-le-champ avec une grâce infinie. Je lui en ai gardé reconnaissance tant qu'il a été député ; je la lui continuerai quand il ne sera plus ministre. Bientôt.

* Le palais du Trésor.

Eh bien! elle parut, mais le salpêtre aux dents
Mais rouge de sueur, de carnage repue,
Secouant, dans ses mains, une chaîne rompue,
Ses pieds noircis de boue et par le sang lavés,
Comme deux socs de fer labourant les pavés :
Sur le trône fangeux où fumait l'hécatombe,
Sa grande voix tonnait comme un mortier de bombe;
Sublime d'impudeur, reine du peuple-roi,
Elle te reconnut, et te dit : Viens à moi!
Alors, comme Saül aux pieds de la sibylle,
Tu sentis défaillir ta poitrine débile,
Ton oreille tinta ; dans sa rouge vapeur
Le fantôme évoqué te foudroya de peur.
Ainsi ne trembla pas devant la femme forte,
Pour elle, à deux battants, il fit ouvrir sa porte,
Ton opulent rival dont les splendides toits
Reflétaient leurs rayons sur le quartier d'Artois;
Son portique toscan, sa cour, ses galeries,
Au peuple des Tois-Jours servaient d'hôtelleries ;
LAFFITTE! dès qu'il vit la liberté debout,
Pour embrasser la vierge il abandonna tout :
Tout, ses nombreux clients, et sa fille adorée,
Et son parc sur le fleuve, et sa maison dorée ;
A l'appel du canon, il fut homme, il prouva
Que son sang répondait au sang de Moskova; [99]
Du dévouement civique il consacra l'exemple;
Lui-même il démolit les cèdres de son temple,
Ses lames d'or, ses murs, ses fastueux lambris,
Et sur la barricade il jeta ces débris ;

Fortune de vingt ans en trois jours disparue,
Il n'en reste qu'un nom sur l'angle d'une rue!!! 100
Toi, tu ne perdis rien; à travers tant de maux,
Ton arbre domestique a gardé ses rameaux;
Le soleil des Trois-Jours n'a pas brûlé ta tête;
Toi, tu n'as pas jeté ton lest à la tempête;
Ton aire est abondante et tes greniers sont pleins;
On dit de toi : Cet homme est riche; je te plains.
Et toi-même, aujourd'hui, dans ton poste sublime,
Du regret corrosif tu sens la sourde lime;
Richesse, honneurs, rubans, que ne donnerais-tu
Pour avoir de trois jours prolongé ta vertu,
Et comme ton rival, dans la grande tourmente,
Épuisé tes trésors pour doter ton amante?
Au sommet du pouvoir, tu le sens, il ne faut
Que des citoyens purs qu'a manqués l'échafaud;
Tu subis aujourd'hui ta faute originelle :
Car tu vois accourir, à l'abri de ton aile,
Tous ceux qui, spéculant sur un double pardon,
Du parti terrassé méditaient l'abandon,
Et qui, dans le combat, brillant par leur absence,
Ont commis avec toi le crime d'innocence.

Ils assiégent ta cour, ces complices honteux,
Ils dévorent ta vie en sa fleur; ce sont eux
Qui, près de toi, pareils aux infernaux génies,
Soufflent dans tes linceuls le feu des insomnies,
Qui, te fermant les yeux, t'ont conduit par la main
Sur la montagne à pic où cesse tout chemin.

Là-bas, pas un rameau, pas une faible tige
Pour arrêter ta chute au moment du vertige :
L'œil constamment penché sur cet abîme noir,
Tu frémis et tu tords tes mains de désespoir.
Ainsi te voilà donc suspendu sur deux gouffres ;
Je te plains, je suis homme et je sens que tu souffres ;
Eh! comment ton regard pourrait-il soutenir
L'optique transparent d'un sinistre avenir ?
Écoute : Mazarin, au bord du précipice,
Des bizarres tarots consultait l'aruspice ;
Au ministre étendu sur un coussin de mort
Une femme expliquait les énigmes du sort ;
Et lui, crédule enfant du pays des augures,
Suivait sur les cartons les errantes figures :
Eh bien! tu vas ouïr une voix et des mots
Qui suspendront ton souffle et gèleront tes os ;
Écoute *Némésis*, la sibylle à l'œil fauve,
Qui trouble les mourants au fond de leur alcôve :
« Toi qui, des coups du peuple incrédule témoin,
« Oses dire à son flot : Tu n'iras pas plus loin ;
« Et vous tous, qui voulez, par un horrible pacte,
« Arrêter dans les airs l'eau de la cataracte ;
« Écoutez, chefs du peuple : onze mois de délais
« N'ont pu porter nos voix au fond de vos palais ;
« Dans les iniquités de vos œuvres humaines,
« Vous avez dévoré cinquante-une semaines,
« La dernière s'approche, elle est toute pour nous :
« Nous sommes fatigués de prier à genoux ;
« En parlant de trop bas notre voix s'est perdue ;

« Levons-nous! de plus près qu'elle soit entendue
« Dans ce mois triomphal malheur aux hommes sourds!
« Le sang du Louvre crie, et voici les Trois-Jours!!! »

A M. DE LAMARTINE

CANDIDAT A LA DÉPUTATION DE TOULON ET DE DUNKERQUE.

Je me disais : Donnons quelques larmes amères
Au poëte qui suit de sublimes chimères,
Fuit les cités, s'assied aux bords des vieilles tours,
Sous les vieux aqueducs prolongés en arcades,
Dans l'humide brouillard des sonores cascades,
  Et dort sous l'aile des vautours.

Hélas! toujours au bord des lacs, des précipices,
Toujours comme on le peint devant ses frontispices,
Drapant d'un manteau brun ses membres amaigris,
Suivant de l'œil, baigné par les feux de la lune,
Les vagues à ses pieds mourant l'une après l'une,
  Et les aigles dans les cieux gris.

Quelle vie! et toujours, poëte suicide,
Boire et boire à longs flots une existence acide;
Ne donner qu'à la mort un sourire fané;
Se bannir en pleurant loin des cités riantes,
Et dire comme Job en mille variantes :
  O mon Dieu! pourquoi suis-je né?

Oh! que je le plaignais! ma douleur inquiète
Demandait aux passants : Où donc est le poëte?
Que ne puis-je donner une obole à sa faim!
Et lui dire : Suis-moi sous mes pins d'Ionie,
Là tu t'abreuveras d'amour et d'harmonie;
  Tu vivras comme un séraphin.

Mais j'étouffai bientôt ma plainte ridicule;
Je te vis une fois sous tes formes d'Hercule,
Courant en tilbury, sans regarder le ciel;
Et l'on disait : Demain il part pour la Toscane,
De la diplomatie il va sonder l'arcane
  Avec un titre officiel.

Alors je dis : Heureux le géant romantique
Qui mêle Ézéchiel avec l'arithmétique!
De Sion à la Banque il passe tour à tour;
Pour encaisser les fruits de la littérature,
Ses traites à la main, il s'élance en voiture
  En descendant de son vautour.

D'en haut tu fais tomber sur nous, petits atomes
Tes *Gloria Patri* délayés en deux tomes,
Tes Psaumes de David imprimés sur vélin;
Mais quand de tes billets l'échéance est venue,
Poëte financier, tu descends de la nue
  Pour régler avec Gosselin.*

---

* Quatrième et dernier libraire de M. de Lamartine.

Un trône est-il vacant dans notre Académie,
A l'instant, sans regrets, tu quittes Jérémie
Et le char d'Élisée aux rapides essieux ;
Tu daignes ramasser avec ta main d'archange
Des titres, des rubans, joyaux pétris de fange,
    Et tu remontes dans les cieux.

On dit même aujourd'hui, poëte taciturne,
Que tu viens méditer sur les chances de l'urne ;
Que, le front couronné d'ache et de nénuphar,
Appendant à ton mur le cithare hébraïque,
Tu viens solliciter l'électeur prosaïque,
    Sur l'Océan et sur le Var.

Oh ! frère, cette fois j'admire ton envie,
Et tu pousses trop loin le dégoût de la vie :
Nous avons bien permis à ton modeste orgueil
D'échanger en cinq ans tes bibliques paroles
Contre la croix d'honneur, l'amitié de Vitrolles[102]
    Et l'académique fauteuil ;

Mais qu'aujourd'hui, pour prix de tes hymnes dévotes,
Aux hommes de Juillet tu demandes leurs votes,
C'en est trop, l'Esprit-Saint égare ta fierté ;
Sais-tu qu'avant d'entrer dans l'arène publique,
Il faut que, devant nous, tout citoyen explique
    Ce qu'il fit pour la liberté ?

On n'a point oublié tes œuvres trop récentes,
Tes hymnes à Bonald en strophes caressantes,

Et sur l'autel Rémois ton vol de séraphin;[10]
Ni tes vers courtisans pour les rois légitimes,
Pour les calamités des augustes victimes
　　Et pour ton seigneur le Dauphin.

Va, les temps sont passés des sublimes extases,
Des harpes de Sion, des saintes paraphrases;
Aujourd'hui tous ces chants expirent sans écho;
Va donc, selon tes vœux, gémir en Palestine
Et présente sans peur le nom de Lamartine
　　Aux électeurs de Jéricho.

XIV

LE MOIS DE JUILLET

ou

LA FÊTE DU SOLEIL.

10 JUILLET 1831.

　　　　« Le Soleil entre dans le Lion. »
　　　　　　　　Calendrier.

Oh! ne méprisons pas le vieux culte des Mages;
Sans doute le soleil mérita leurs hommages;
En voyant aujourd'hui ce qu'il a fait pour nous,[104]
On devient idolâtre et l'on tombe à genoux!
Non, tout n'est pas visible à l'œil de l'astronome:

Une chaîne de flamme unit le ciel et l'homme ;
Non, le soleil n'est point, tel que nous le voyons,
Un aveugle cadran hérissé de rayons,
Une meule de feu dans les airs balancée ;
C'est l'astre intelligent, à l'ardente pensée ;
C'est le foyer qui verse aux peuples abattus
Le germe chaleureux des sublimes vertus :
La terre est son épouse, elle en reçoit la vie,
Six mille ans de baisers ne l'ont point assouvie ;
A l'astre qui s'étend sur ses durs mamelons,
La planète lascive entr'ouvre ses vallons,
Et, ce que n'a point dit la trompeuse science,
Elle a comme Saturne un anneau d'alliance.
Oh ! si nous avons vu naître de leur hymen
Les perles du Bengale et l'encens d'Iémen ;
Si les rayons du ciel, condensés en filières,
Sèment d'argent et d'or le flanc des Cordilières,
Il est un fruit plus beau que l'épouse a porté,
Un fruit que le soleil mûrit : la LIBERTÉ !
O fille du Soleil, immortelle Androgyne,
Qui pourrait aujourd'hui nier ton origine ?
Ton acte de baptême, éclatant désaveu,
Est sur le zodiaque écrit en traits de feu :
Le peuple peut dormir onze mois de l'année ;
Mais quand de chauds rayons sa tête est couronnée,
Quand les feux du soleil entrent dans ce lion,
Sublime de vengeance et de rébellion,
Il agite ses crins ondoyants de colère,
Écarte sur le sol sa griffe musculaire,

Roidit son cou nerveux, fait palpiter les monts
Sous le tonnerre sourd de ses rauques poumons,
Et près de se jeter dans l'orageuse lice,
Il cherche et trouve au ciel son lumineux complice.
Le peuple! il brise alors la chaîne aux lourds anneaux,
Son cilice oppresseur de tours et de créneaux
Comme une femme au bal, de sueur étouffée,
Dénoue en badinant sa ceinture agrafée.
C'est alors qu'apparaît le géant inconnu ; [105]
Dans la flamme et le fer il se roule tout nu,
Mâche les gonds d'airain, courbe les fortes grilles
Comme un champ de roseaux où passent les faucilles ;
Au front des monuments, sur les angles des toits,
Il laisse, dans ses jeux, l'empreinte de ses doigts ;
Il emporte, en courant, sur ses bras athlétiques,
Les coupoles de plomb et les flèches gothiques ;
Ouragan animé, trombe qui, dans son vol,
Ramasse les palais déracinés du sol,
Et sur le pâle front des royaux satellites
Les laisse retomber en flots d'aérolithes.

O mes pères, venez, prenez-moi par la main.
De la Bastille encor savez-vous le chemin ? [106]
Répondez-moi : le lieu de cette grande scène,
Est-ce bien ce canal qui tombe dans la Seine ?
Avez-vous vu comment le peuple des faubourgs
Entre ses bras velus fit craquer les huit tours ?
Oh! dites, contentez ma jeunesse envieuse ;
Le soleil dorait-il la ville pluvieuse ?

Sentiez-vous dans les airs ces germes échauffants,
Ces parfums qu'aujourd'hui respirent vos enfants?
Entendiez-vous aussi, dans la grande semaine,
Ces bruits mystérieux qu'aucune langue humaine,
Aucun témoin, ne peut traduire avec la voix
A ceux qui n'ont point vu les choses d'autrefois?
Vous qui dans vos récits parlez mieux que l'histoire,
Dites, car nous avons assez vu pour tout croire.

Et les vieillards m'ont dit : « Oui, ce banc de gazon
« Touchait le pont-levis de la grande prison ;
« Il ne reste plus rien, rien que le vide espace ;
« Dans son fossé bourbeux cette eau limpide passe ;
« Le talus menaçant de son large glacis,
« C'est la pelouse verte où nous sommes assis,
« Et les immenses blocs, sortis de ses entrailles,
« Nos femmes, pour leur sein, en ont fait des médailles.
« Oh! ce fut un beau jour! le temps était pareil ;
« Sur les toits de Paris ruisselait le soleil :
« Le matin nous trouva courbés de rêverie ;
« C'était fête à Marly, fête à l'Orangerie :
« Une imbécile Cour dansait à Trianon,
« Quand le vent lui porta notre premier canon.
« Oui, sans doute, ils vibraient à notre jeune oreille
« Ces bruits mystérieux d'un peuple qui s'éveille ;
« Du ciel qui nous versait un éternel éclair
« Des miasmes de feu passaient dans notre chair.
« A ces grands souvenirs notre vieux sang petille ;
« Nous entendons encor ces cris : A LA BASTILLE !

« Nous voyons devant nous le peuple souverain
« Démantelant ces murs comme un bélier d'airain,
« Et cent mille chapeaux ornés de feuilles vertes[107]
« S'engouffrant, à la fois, dans les voûtes ouvertes.
« Ah! le soir notre front fut libre de souci,
« La Cour ne dansait plus, et l'on dansait ici. »

Bien! vos mains au saint temple ont mis assez de pierres!
Vous pouvez, sans regrets, clore enfin vos paupières :
O surcroît de bonheur! vieillards, mourez contents,
Vous avez vu deux fois ce jour en quarante ans!
Nous aussi, pleins du feu qu'un grand souvenir laisse,
Nous aurons, comme vous, une chaude vieillesse.
Quand, au banc des Nestors à notre tour assis,
A vos faits glorieux nous joindrons nos récits,
Nos enfants rassemblés en cercle de famille
Compareront souvent le Louvre et la Bastille,
Et si ce double exemple embrase leur désir,
Entre les deux juillets ils auront à choisir.
Et si jamais un jour ce fragile colosse
Que le peuple deux fois a jeté dans la fosse,
Si le noir despotisme, en ses bras étouffants,
Revient de son tombeau ressaisir nos enfants,
Peut-être ils souffriront sa criminelle atteinte,
Dans ces hivers brumeux, sous l'atmosphère éteinte,
Aux heures de torpeurs, filles des soleils froids,
Qui viennent enhardir l'insolence des rois,
Tant que sur la cité, dans de longs jours nocturnes,
Orion versera ses abondantes urnes.

Mais sitôt que Juillet dardera du zénith
Sur nos dignes enfants la flamme qui brunit,
Dans la lice où des rois seront leurs adversaires,
Quand ils viendront guidés par deux anniversaires,
Quand l'astre paternel, comme un tauréador,
Piquera ces taureaux de son aiguillon d'or ;
Alors ressuscitant nos héroïques fêtes,
Aux glaives ennemis montrant leurs larges têtes,
La sueur au poitrail et la flamme aux naseaux,
Des vivaces tyrans ils briseront les os.
Glorieux supplément de nos éphémérides !
Ce jour de leur triomphe effacera nos rides,
Et de ces jeunes fronts les rayons réfléchis
Retomberont encore sur nos cheveux blanchis.

Eh bien ! en méditant sur ces grandes images,
Est-il honteux d'aimer le vieux culte des Mages ?
Oh ! si ma voix parlait au suprême Conseil,
Je fonderais demain la fête du Soleil.
Au jour où l'astre saint fuyant le Capricorne
Toucherait du Cancer l'étincelante borne ;
A ce point du solstice où le bleu firmament
Donne des jours si longs et des nuits d'un moment ;
Le peuple pour bénir sa rayonnante idole,
Irait au Panthéon, moderne Capitole ;
Paris verrait alors, à des temps révolus,
Ces tableaux des Incas que notre enfance a lus :
Aspect miraculeux ! quand la lumière éclose
Argentait les vallons où coule le Potose,

Sous les palmiers sacrés tout un peuple béant
Attendait à genoux le céleste géant,
Qui, près de s'élancer dans les brûlantes zones,
Brisait ses lames d'or dans l'eau des Amazones.
Oh ! je crois voir déjà, dans mon sublime vœu,
La ville de Juillet idolâtre du feu !
A l'aube du grand jour, de ma voix sibylline,
J'ai convoqué Paris sur la haute colline ;
Le temple protecteur de la grande cité
S'ouvre, montrant ses murs beaux de leur nudité,
Et l'éternel témoin du vieux culte héliaque,
La pierre ou Tentyris grava le zodiaque.
Tout un peuple dévot se presse aux deux battants;
Le porche trop étroit regorge d'assistants ;
Jusqu'aux frontons aigus que l'oiseau seul fréquente,
Des enfants sont groupés dans les feuilles d'acanthe
Les prêtres cependant parfument le saint lieu
Des fleurs d'héliotrope, encens du nouveau dieu
Les vierges du Soleil, comme aux nuits éleusines,
Recourbent vers le ciel leurs claires tibicines ;
Elles chantent en chœur, et le sublime chant
Accompagne le dieu de l'aurore au couchant.
C'est l'heure solennelle où la ville étonnée
S'unit à l'astre saint par un grand hyménée ;
Pacte mystérieux, symbolique tableau,
Qu'inventa la cité fille et reine de l'eau ;
Jeux sacrés d'autrefois, que, sur l'Adriatique,

Créa dans ses beaux jours un peuple poétique :
Sur ses quais, sur ses ponts qui se courbent en arc,
sur les marbres polis de la place Saint-Marc,
Ce peuple saluant une mer qu'il adore
Suivait avec orgueil le vol du Bucentaure;*
Là, Venise épousait avec solennité
La mère de sa gloire et de sa liberté,
Et le Doge courbé sur la profonde vague,
Prêtre de cet hymen, laissait tomber la bague.
Un spectacle plus grand se présente à mes yeux :
Sur le large escalier flotte un globe soyeux,
On lit sur l'anneau d'or qui sous lui se balance :
Au soleil de Juillet qui protége la France!
Au bruit sourd des canons, aux battements des mains,
Le navire de l'air fend les vierges chemins ;
On croit du Panthéon voir monter la coupole ;
Longtemps on suit des yeux le sphérique symbole,
Qui noyé dans l'azur, messager triomphal,
Va porter au soleil notre anneau nuptial.
Et le soleil couchant a compris notre fête ;
Sur le bord de l'abîme on dirait qu'il s'arrête ;
O prodige! il nuance au fond de son ciel bleu,
Le blanc de son opale et le rouge du feu ;
En signe d'alliance au peuple qui l'implore
Il peint comme un drapeau l'horizon tricolore, [108]
Et montre à la cité digne de le servir
Ce grand Palladium que rien ne peut ravir !

---

* Vaisseau du Doge.

XV

AUX ÉLECTEURS DU JUSTE-MILIEU

17 JUILLET 1831.

Laissez-moi dans l'arène avant de redescendre,
Que mon immense deuil se roule dans la cendre ;
Laissez-moi déchirer ma tunique ; je veux
Souiller de vils parfums ma barbe et mes cheveux,
Pétrir l'impure fange avec mon pain azyme,
Maudire de Juillet le second millésime,
Et ployant sous le poids d'un inutile effort,
Pavoiser *Némésis* d'une écharpe de mort.

Ainsi, la voix du peuple et le conseil des sages
Et nos libres journaux, populaires messages,
Et d'un triste passé les sanglantes leçons,
Tout s'est évanoui dans l'air, comme des sons !
Il a fallu revoir sortir de l'urne infecte
Tous ces froids prédicants de la moyenne secte :
Un Dupin, qui vers nous reporte avec fierté
Son incommensurable impopularité :
Collard, qui, des Bourbons autrefois le complice,
Peut-être aujourd'hui même est leur chef de police,

Somnolent professeur, de modestie enflé,
Qui vit depuis quinze ans sur un discours sifflé;
Le renégat Bertin, voyageur diplomate,
Du pèlerin de Gand ambitieux Achate,
Qui, digne de son frère, importe aux Pays-Bas
Le choléra-morbus du *Journal des Débats*;
Le ténébreux Persil que le soleil offense:
L'ami de Cazalès, l'homme à la double enfance,
Lameth, que tous les ans les électeurs dévots
Au marché de Pontoise accueillent de bravos;
Et de tant d'autres noms la série éternelle,
Chartrouse, Rambuteau, Jars, Chastellier, Prunelle,
Hydropique bétail, marécageux troupeau
Que chaque ministère a marqué sur la peau.
Puis, grâce aux doubles choix, il faudra bien qu'on nomme
Et le beau Salvandy, femme changée en homme,
Et le laid Villemain, professeur aux longs cours,
Qui vendit sa jeunesse et son premier discours
Le jour qu'à l'Institut, lauréat néophyte,
Il brossa de baisers la botte moscovite;[109]
Qui depuis, sous les yeux des colléges souffrants,
Dans l'Université broute vingt mille francs.*
Ainsi la vérité qu'à vos yeux on fit luire,

---

* Le moment est venu où tout censeur politique doit dépouiller ce prétendu ton des convenances dont s'accommoderaient trop bien les plats intrigants qui se gorgent du budget. Quel est l'homme au cœur de glace qui, après s'être vu traqué, emprisonné, fusillé, mitraillé, ruiné, consentirait encore à garder l'urbanité, le ton décent de la discussion avec ses spoliateurs et assassins? Cette vertu n'est plus de saison.

Électeurs endurcis n'a donc pu vous instruire ?
Ainsi les cris sauveurs des apôtres fervents
Aujourd'hui sont encore emportés par les vents !
Vous avez pris pour guide, en approchant de l'urne,
Le fanal tremblotant du *Messager* nocturne,[110]
Qui répète le soir ce que chaque matin
Prêchent les lourds pédants du journal de Bertin.
Eh quoi ! sans que la honte embrasât votre joue,
Vous avez déployé l'in-folio de boue ;
Ce mannequin hideux que Périer fait mouvoir,
Passif exécuteur des œuvres du Pouvoir,
Qui, lisant chaque jour ses mielleuses sentences,
Pend la liberté sainte à ses douze potences.[111]
Vous n'avez pas compris qu'un ministre aux abois,
Quand il n'a pour écho que cette impure voix,
Quand sur un bras pourri sa faiblesse se fonde,
Doit être repoussé comme un lépreux immonde.
Candides citoyens, électeurs ingénus,
Oh ! le Pouvoir subtil vous avait bien connus !
Dans un prisme idéal noyant votre paupière,
Il vous a fait surgir Marat et Robespierre,
Et vous, hallucinés par ce miroir trompeur,
Vous avez tous voté sur l'autel de la peur.

Votre triomphe est beau, votre fortune faite,
Électeurs ; ceignez tous vos couronnes de fête ;
En agitant le thyrse et les branches de pin,
Chantez tous *Evohe*, chantez *Io* Dupin ;
Que des rochers du Var aux herbages de l'Oise,
Tout cellier soit riant, tout comptoir se pavoise ;

Durrieux et Monjau, ces dieux du Languedoc,
Dans les champs paternels activeront le soc ;
Toulouse en leur ouvrant son pompeux Capitole,
Dans sa liqueur de feu trouvera le Pactole :
L'avorton des *Débats*, l'ombre des Girondins,
Fonfrède va changer les Landes en jardins ;
De Malthus et de Say [112] ressuscitant l'école,
Il va noyer dans l'or le peuple vignicole ;
Marchands, industriels, montrez un front joyeux,
Vendez vos fers, vos draps et vos tissus soyeux ;
Riverains de la mer, faites des pacotilles,
Guizot va vous rouvrir le chemin des Antilles ;
Vos vaisseaux, entassés dans les ports trop étroits,
Cesseront de dormir avec les bras en croix ;
Et vous rentiers bourgeois, inscrits sur le grand-livre,
Qui touchez par quartiers ce qu'il vous faut pour vivre,
Du tiers-consolidé ne craignez plus le choc.
Le destin de l'État est bâti sur le roc.
La *sage* liberté sera notre patronne,
Vous l'apprendrez bientôt par le discours du trône,
Et le saint *Moniteur*, d'un bras officiel,
Sur l'orage passé jettera l'arc-en-ciel.

Pauvres gens ! ainsi donc jusques au dernier acte,
Vous voulez sur vos yeux garder la cataracte !
Quoi ! vieillards écoliers, imbéciles esprits,
Après tant de leçons vous n'avez rien appris !
Ignorez-vous qu'aux jours de tempête où nous sommes,
Le timon appartient à de robustes hommes ?

Vous avez cru dans l'urne, avec votre billet,
Fermer pour l'avenir l'abîme de Juillet,
Et subtils endormeurs d'un peuple qu'on obère,
Par un gâteau de miel assoupir le Cerbère.
Oh! que ne puis-je aussi, comme vous complaisant,
D'un avenir de rose embellir le présent!
Pauvres gens! quelquefois, dans un long soliloque,
Vous avez dit : « Il faut la paix à notre époque;
Confions le pouvoir à des hommes prudents,
Qui sauront étouffer les troubles du dedans ;
Dans leurs bras paternels nous vivrons à notre aise,
Plus de sang, plus de deuil, plus de quatre-vingt-treize,
Et les bouts opposés des extrêmes partis
Dans un juste milieu tomberont amortis. »
Eh! ne voyez-vous pas que ce pouvoir fragile
N'est qu'un buste de plomb avec des pieds d'argile;
Que ces ministres vains, par vos mains applaudis,
Sont des corps souffreteux, malingres, engourdis;
Qu'en dépit des juleps et des sucs doctrinaires
Ils meurent lentement comme des poitrinaires;
Étançons lézardés, arcs-boutants de roseaux,
Sous le poids de l'État qui fait craquer leurs os
Ils fléchissent; pareils à ces Cariatides
Qui, le front sillonné de veines et de rides,
Sous les balcons saillants, aux façades des cours,
Semblent, d'un œil éteint, demander du secours.
Et pour les soutenir, ces hommes de faiblesse
Qu'un souffle fait pâlir, qu'un cri de peuple blesse,
Vous avez replacé dans le rang des élus

Des soutiens crevassés, des tribuns vermoulus
L'un par l'autre appuyés, sur un terrain qui tremble
Ils vont tenter de vivre et de marcher ensemble,
Et, d'une faible voix, sur la sellette assis,
Aux tribunaux du Nord demander un sursis ;
Vain espoir ! comme un timbre, annonce de leur chute,
Le canon sonnera leur dernière minute ;
Ils s'obstinent encore à nier l'ennemi
Qui s'avance immobile et qui veille endormi,
Resserrant chaque jour nos frontières disjointes
Dans un cercle de fer aux trois cent mille pointes ;
L'oreille dans la France et la mèche au canon,
Il n'attend pour entrer que le cri de Sinon.
Alors le jour luira pour les âmes viriles :
Alors vous les verrez tous ces hommes fébriles,
Confiant leur salut à de lâches moyens,
Sortir de leurs hôtels, masqués en citoyens,
Tous, se mêler, par peur, aux hommes de courage,
Eux-mêmes reniant leur nom comme un outrage,
Ou cherchant sous la terre un refuge certain,
Comme ont fait, aux trois-jours, les soldats de Bertin.[113]
Et qui viendra s'asseoir aux bouches du cratère,
Qui voudra repeupler le désert ministère,
Et, par des soins tardifs, combattre le poison
Qu'infiltra goutte à goutte un an de trahison ?
Sans doute, il faudra bien qu'une main souveraine
Dans les chairs de la France incise la gangrène ;
Les hommes généreux en qui le peuple croit,
Sur vos siéges vacants s'installeront de droit ;

Elle reparaîtra la terrible assemblée [114]
Dont, après quarante ans, votre tête est troublée;
Colosse qui, sans peur, marche d'un pas puissant,
Le front dans la tempête et les pieds dans le sang ;
Qui, n'ayant d'autre but que de sauver l'empire,
Écrit sur l'échafaud : MALHEUR A QUI CONSPIRE !
Et quand les étrangers l'appellent au tournoi,
Leur jette, comme un gant, une tête de roi.
Si par ses propres fils notre France est trahie ;
Si l'Ouest est en feu, la frontière envahie;
Si du Nord au Midi fond l'ennemi commun;
Si Brunswick tombe encore aux portes de Verdun; [115]
Si le prêtre, exhumant de fanatiques haines,
Sonne, vers Quiberon, les vêpres vendéennes; [116]
Alors, dans ce grand deuil, quand vos yeux reverront
Descendre nos faubourgs, le bonnet rouge au front,
La terreur confiée à des mains jamais lasses,
Le triangle d'acier promené sur nos places,
La France, ouvrant partout de funèbres linceuls,
Timides citoyens, n'accusez que vous seuls.
N'accusez que vous seuls, électeurs doctrinaires;
Vous aurez préparé ces drames sanguinaires ;
Ceux mêmes dont le cœur jusqu'ici fut humain
Monteront au pouvoir une hache à la main;
Ils seront durs et froids, dans leur terrible office,
Comme le fer poli qui sert au sacrifice;
De tout ce qu'ils feront d'avance ils sont absous;
Le crime et les remords ne tombent que sur vous.
Allez, nous connaissons notre moderne histoire,

Aux enfants d'aujourd'hui vous pouvez faire accroire
Que nos fiers Montagnards, voluptueux bourreaux,
Pour s'abreuver de sang suivaient les tombereaux,
Que Danton, Desmoulins ou Fabre d'Églantine,
Dans leur soif de plaisir léchaient la guillotine ;
Oh ! vous les jugez mal ces hommes : comme nous
Ils étaient tolérants, pacifiques et doux ;
L'indomptable Danton, l'effervescent Camille
Idolâtraient les arts, les banquets de famille,
Les rayons de soleil qui tombent d'un ciel pur,
Et les rêves d'amour dans les bois de Tibur.*
Ah ! s'ils ont fait verser tant de larmes amères,
S'ils ont livré la France au fer des victimaires,
C'est que bien avant eux l'intrigue ou le hasard
Avaient mis au pouvoir des Guizot, des Collard,
Des Périer, des d'Argout, des Dupin, des Decazes :
Héros de cabinet, aux douceureuses phrases,
Qui, desséchant les cœurs sous des systèmes froids,
Préparaient la Vendée et la ligue des rois.
Ceux dont le bras puissant sauva la République
Arracheront l'État à cette route oblique,
Et leur vie eût été pure de sang humain,
S'ils eussent les premiers ouvert le droit chemin.

---

* On a écrit dernièrement encore que Danton et Desmoulins étaient les véritables massacreurs du 2 septembre ; les vrais massacreurs du 2 septembre les voici : le comte d'Artois, le prince de Condé, et ses cinq mille émigrés marchant à la solde de la Prusse vers nos frontières. Les massacreurs du 2 septembre sont les royalistes qui firent éclater tant de joie après la prise de Longwy, quand Brunswick courait sur Paris par la route de Verdun.

Il en est temps encor, législateurs inertes,
Profitez du moment, vos portes sont ouvertes;
Fuyez : pour disparaître et rentrer dans la nuit,
Le peuple généreux vous donne un sauf-conduit;
Laissez nos hommes forts restaurer notre France;
N'attendez pas le jour qui chaque jour s'avance,
Où l'huissier, aux bras nus, qu'aujourd'hui vous bravez,
Vous montrera le juge assis sur des pavés :
Que vos noms trop connus, chargés de bandes noires,
N'affligeant plus nos yeux, sortent de nos mémoires;
Aux heures de terreur, songez que ces noms-là
Sont dans nos carrefours les listes de Sylla.

XVI

L'ANNIVERSAIRE DES TROIS-JOURS

24 JUILLET 1831

Paris était sanglant et libre : pour ses frères
Le peuple improvisait des couches funéraires;
On respirait partout une odeur d'abattoir,
Parfum que la victoire évapore le soir :
Le vieux Louvre baignait ses pieds dans le carnage;
La Tour de l'Auxerrois, cloître du moyen âge,
Où Charles Neuf venait oublier ses remords,
Sur ce tableau de deuil versait le glas des morts.

Chose étonnante à voir! à Paris, à cette heure
Où tout pavé frémit sous un char qui l'effleure,
Rien, rien, ni bruit d'essieux, ni fracas de chevaux;
Seulement on voyait courir vers les caveaux
Le char du boulanger qui, faisant sa tournée,
Apportait à la mort son horrible fournée.*
O que de pleurs alors! et la foule à genoux
Disait : « Nobles enfants, vous êtes morts pour nous ;
Vos yeux, en se fermant à la douce lumière,
De la liberté sainte ont vu l'aube première ;
Ce jour, qu'à son lever vous avez applaudi,
Arrivera sans vous à son brillant midi ;
Vous ne la verrez pas, dans sa robe de fête,
Cette France d'azur que vous nous avez faite ;
Vous ne la verrez pas, avec ces jours si beaux,
Cette ère de bonheur qui part de vos tombeaux !
Oh ! quand à pareil soir, l'astre qui nous protége
Viendra nous réunir au funèbre cortége ;
Quand, après douze mois, Juillet resplendissant
Ramènera ce jour ou coula votre sang,
Quel nouveau deuil pour nous dans cet anniversaire !
Vous ne pourrez percer le tombeau qui vous serre,
Et, mêlés avec nous, sur le même chemin
Fêter la grande époque une palme à la main !
Ainsi parlait le peuple ; et sur la froide voûte

* Pour l'intelligence de ce vers, il faut savoir que c'était le char de la boulangerie mécanique qui portait les cadavres aux tombes du Louvre ; j'ai eu l'honneur de m'y atteler moi-même et de rendre les derniers devoirs à mes frères morts.

Un prêtre prodiguait l'eau sainte de l'absoute ;
Nous étions à genoux : sur les cadavres chauds
Nos larmes se mêlaient avec la vive chaux ;
Le drapeau saint livrait sa flamme toute neuve
Aux baisers de nos fils, à la brise du fleuve,
Et le soleil, perçant l'arcade du milieu,
Semblait glisser aux morts un éternel adieu.
Bon peuple ! a-t-il pleuré sur la scène touchante !
Et moi, moi-même aussi, poëte qui les chante,
Combien je les plaignais de n'être plus vivants !
O pleurs irréfléchis ! ô regrets décevants !
Heureux, trois fois heureux ceux que la terre couvre !
Heureux les morts tombés sur les gazons du Louvre !
Ceux qui, bravant trois jours le choc universel,
Vinrent le dernier soir tomber au Carrousel !
Heureux ceux qui, des nuits rompant la longue trêve,
Ont livré leur sang pur aux bourreaux de la Grève,
Ou sur l'angle brisé du quartier de Rohan !
Heureux ceux que porta la Seine à l'Océan !
Ils se sont endormis dans un rêve illusoire,
Ils sont morts embaumés d'espérance et de gloire,
Et la sérénité de leurs regards éteints
A prédit à leurs fils de merveilleux destins :
Ah ! s'il existe encor quelques larmes amères
Dans les yeux des enfants, des vieillards et des mères,
Désenchantés enfin des biens que nous rêvons,
Pleurons sur notre France et sur nous qui vivons !
Maudite soit du ciel la cruelle ironie :
Il nous a refusé cette belle agonie !

Maudit soit le hasard qui conduisit nos pas
Dans les sillons de l'air où la mort n'était pas ;
Qui fit glisser nos corps dans le libre intervalle
Que ne déchirait point le rayon de la balle !
Et maudit soit l'ami qui, pâle sur mon sort,
Me serra dans ses bras et dit : Il n'est pas mort !
Oh ! si dans ces trois jours d'ineffable délire,
Dans l'avenir d'un an nos yeux avaient pu lire,
Qui de nous, prévenant de mortels repentirs,
N'eût pas voulu tomber à côté des martyrs ?
Oh ! si devant le Louvre ou sur le pont d'Arcole,
Amis, nous fussions morts avec notre auréole,
Nul de nous n'aurait vu monter sur l'horizon
L'astre du déshonneur et de la trahison ;
N'aurait vu nos soldats pleins d'une sainte envie,
De loin, sous son linceul, contemplant Varsovie ;
Le belge fraternel qui se donnait à nous,
D'un vice-roi de Londre embrassant les genoux ; [117]
Ni Metternich chargeant, par son omnipotence,
L'arbre chéri du peuple en arbre de potence ;
Ni l'aigle de François, du haut des Apennins,
Abritant sous son vol tous les monarques nains ;
Notre liberté jeune en douze mois ridée ;
Pas un cri généreux ! pas une noble idée !
L'accusateur public foudroyant d'un mandat
Quiconque eut en Juillet une âme de soldat ;
Sous un roi fait par nous, les ministres de Charle *

* Il est presque inutile de rappeler que Charles X à Rambouillet nomma ministres MM. Périer et d'Argout : ils ont été confirmés.

Étouffant du bâillon toute bouche qui parle ;
Les sbires de Foudras [118] traînant dans le ruisseau
La cocarde où Juillet mit son glorieux sceau ;
Leurs valets, enhardis par la solde reçue,
Sur de civiques fronts abattant leur massue,
Et le Pouvoir, rebelle aux publiques rumeurs,
Décorant de la croix le chef des assommeurs !
Mare d'iniquités, égout d'ignominies
Qu'un long cri de vengeance appelle aux gémonies ;
Forfaits que *Némésis*, formidable aux pervers,
Dénonça, quatre mois, en quatre mille vers.
Oh ! si l'esprit de Dieu, le souffle qui ranime,
Descendait cette nuit dans le terreux abîme ;
S'il disait, en rendant la vie à des lambeaux :
LAZARES DES TROIS-JOURS, SORTEZ DE VOS TOMBEAUX !
Sur le sol des vivants ressuscités une heure,
Et lisant cette page où leur poëte pleure,
Et voyant autour d'eux les fronts endoloris,
Et cet immense deuil qui plane sur Paris ;
Oh ! reprenant soudain leur humide suaire,
Ils redescendraient tous au fond de l'ossuaire,
Et ces mots solennels passeraient dans les vents :
PAIX ÉTERNELLE AUX MORTS ET MALHEUR AUX VIVANTS !

Eh bien ! qui troublera ces reclus de la tombe,
Le jour où de juillet l'anniversaire tombe ?
Quel fossoyeur viendra, d'une impassible main,
Toucher ces ossements à l'aube de demain ?
O crime ! on leur prépare une ironique fête !

Le Pouvoir a mûri dans sa puissante tête
Un romantique drame en trois jours divisé,
Un sermon en trois points longtemps improvisé ;
Cortége où l'on verra, sous les sacrés portiques,
Marcher l'enthousiasme à pas mathématiques,
Et nos Janus, nouant avec les trois couleurs
Leur masque théâtral pour le rire et les pleurs.
Quel bouffon a conçu ce drame près d'éclore ?
C'est d'Argout, qui brûla l'étendard tricolore,*
L'Érostrate impuni du drapeau de Juillet,
Qui fut créé ministre au camp de Rambouillet,
Le jour que Charles Dix, dans sa Cour solitaire,
Forma de ses amis son dernier ministère.

Pour escorter d'Argout et marcher sur deux rangs,
La parade grotesque aura ses figurants ;
Représentants menteurs de la grande famille,
Ils se prélasseront au Louvre, à la Bastille :
Les voyez-vous déjà ces lâches courtisans,
Au front aristocrate, aux visages luisants ;
Ces Thersites dorés qui, pendant la bataille,
Dans les étroits caveaux rapetissaient leur taille :
Ils passent aujourd'hui, suivis de leurs valets,
Fiers devant les canons qui tirent sans boulets,
Fiers de l'immensité que projette leur ombre,

---

* C'est un fait, comme chacun sait, de la plus grande authenticité. *Némésis* a imprimé déjà une fois cette accusation dans son premier numéro. C'est pour y répondre que M. d'Argout me retira le lendemain le brevet d'une aumône qu'on m'avait envoyée après les trois-jours. Cette fois M. d'Argout n'a rien à me retirer.

Hardis en plein soleil, courageux de leur nombre,
Et du ruban conquis par l'artisan vainqueur,
Décorant en relief leurs poitrines sans cœur ;
Ils traîneront partout leur sale parodie
Par le peuple sifflée et par eux applaudie ;
Ils auront avec eux le podagre Institut *
Qui, devant le canon, s'endormit et se tut ;
Qui, d'un pas magistral que la glace modère,
Remorque avec fierté sa gloire abécédaire :
Puis chanteront en chœur leurs poëtes élus,
Auteurs gélatineux que personne n'a lus,
Qui, tourmentant à froid leur nullité notoire,
Viennent, après un an, fanfarer la victoire.
Vous les verrez aussi prendre part au festin,
Les scribes du journal que préside Bertin ;
Aujourd'hui, revenus d'une mortelle transe,
N'ont-ils pas l'impudeur de régenter la France ?
Eux qui, le même jour où paraîtront ces vers,
L'an dernier, par Mangin ont fait river leurs fers ; [119]
Soldats de feuilleton, qu'un bruit d'atome effraie,
Qui n'ouvrent qu'à la nuit leurs paupières d'orfraie,

---

* L'Académie a été convoquée, par lettres closes, à la fête des morts ; l'Académie !!! et notre jeunesse littéraire, la seule vraie, la seule honorée, la seule connue du public ; la jeunesse tout à fait en dehors d'une absurde corporation, est ainsi insultée par un oubli bien digne de M. d'Argout, de ce ministre qui croit encore à l'Académie, de ce ministre choisi, comme le plus ignorant des hommes, pour diriger les lettres et les arts. Cinq ou six noms académiciens par hasard, mais que je révère avec toute la France, ne me paraissent pas suffisants pour mettre ce corps inutile et ridicule à l'abri des coups de la satire. L'Académie formera bientôt le sujet spécial d'une livraison de *Némésis*.

Ils viendront hardiment toiser de haut en bas
Ce soleil de Juillet qui ne les connaît pas.
Eh ! comment finira la fête tridienne?
Qui sait, quand ils viendront de leurs ongles d'hyène
Exhumer du tombeau la poussière des saints.
S'ils ne la gardent pas pour d'infâmes desseins;
S'ils n'iront pas le soir de la dernière orgie
Porter ces ossements à Sainte-Pélagie! *

Et nous irions grossir ce convoi de jongleurs !
Ah ! soldats des trois-jours, hommes des trois couleurs,
Quelle honte pour vous, si vos mains triomphantes
Allaient se joindre aux mains de ces hiérophantes
Qui, pour se faire grands, montés sur des tombeaux,
Ont piétiné vos corps comme des escabeaux !
Vous que dans ce beau mois la liberté protége,
Ah ! ne vous mêlez point à l'indigne cortége,
Où vous embelliriez, sur le même chemin,
Dupin, Royer-Collard, d'Argout et Villemain.
Qu'ils promènent tout seuls leur sacrilége culte;
Frères, ne soyez pas complices de l'insulte :
Laissez leurs doigts impurs, avides de trésors,
Trier avidement la poussière des morts;

---

*Cette supposition n'est peut-être pas hyperbolique, quand on songe que nos prisons sont pleines d'hommes de Juillet. On les amnistiera peut-être par politique dans ces trois jours, mais pour les ressaisir après au moindre prétexte de conspiration. Si cette grâce tardive n'arrive pas, il sera glorieux pour le ministre de retenir dans les fers, entre autres héros, ce brave général Dubourg, que nous avons vu, le 28, à cheval sur la place de la Bourse, organisant le premier notre insurrection.

Qu'ils consomment tout seuls ce festin de harpies ;
Vampires de cercueils, dévastateurs impies,
Pélopides nouveaux, seuls dans nos carrefours,
Qu'ils fassent reculer le soleil des trois-jours,
Et surtout, écoutez mes dernières paroles :
Au jour anniversaire il faut changer de rôles ;
Laissez, laissez la rue à ces hommes nouveaux,
C'est à vous maintenant de chercher des caveaux ;
Et comme ils ont, trois jours, caché leur épouvante,
Enfouissez, trois jours, votre gloire vivante :
Pour quitter vos abris, volontaire prison,
Attendez que Juillet s'éteigne à l'horizon.
Allez, peut-être un jour que le destin nous garde,
Nous reparaîtrons tous avec notre cocarde ;
Les proscrits d'aujourd'hui marcheront aux convois,
Les morts tressailleront à l'appel de nos voix ;
Alors, à notre tour, acteurs d'un nouveau drame,
Nous improviserons des fêtes sans programme ;
Nous chanterons en chœur à nos morts endormis
Les cantiques pieux des poëtes amis ;
Nos fraternelles mains soutiendront les reliques ;
Nos drapeaux, promenés sur les places publiques,
Porteront pour blason, épouvantail des rois,
La tête des martyrs avec leurs os en croix.

XVII

RÉPONSE A M. DE LAMARTINE*

31 juillet 1831.

Tu ne me connais pas : de colère saisie,
Ta muse juge mal un frère en poésie ;
Tu sais mesurer l'âme à ton brillant compas,
Oui, mais le cœur humain, tu ne le connais pas.
A l'emblème infernal que ce fronton indique,
En entendant rugir mon vers périodique
Qui, pareil au reflux que le ciel fait mouvoir,
Vient miner, en grinçant, le rocher du Pouvoir,
Au retentissement de mes sauvages rimes,
Tu crois que, me jouant des vertus et des crimes,

---

* La *Némésis* n'est point un journal de polémique quotidienne ; il m'est donc impossible de répondre aux attaques qui se multiplient contre *Némésis* dans les journaux carlistes. Le temps est si précieux pour moi que je ne puis me jeter, en dehors de ma publication, dans une controverse perpétuelle ; je trahirais la touchante confiance que m'ont témoignée mes nombreux souscripteurs ; mon temps est tout à eux, et il ne m'est pa permis d'en distraire une minute pour des affaires personnelles : c'es déjà bien assez de consacrer deux jours de chaque semaine à faire de prosaïques mémoires contre la Direction du Timbre, et à réfuter quinze procès-verbaux consécutifs. S'il fallait, en outre, convaincre, par mes lettres, d'insigne mauvaise foi les journalistes qui osent isoler vingt de mes vers pour me représenter comme anarchiste, je verrais arriver la fin de la semaine sans avoir écrit un seul distique de ma livraison. Je saisis avec plaisir l'occasion qui m'est offerte par M. de Lamartine, pour faire une profession de foi de mes principes calomniés, et répondre à tant de perfides insinuations.

Ennemi de tout nom par sa gloire abrité,
Je marche, en Érostrate, à la célébrité,
Et sans que ma justice un instant délibère,
Sur l'honneur désarmé je me rue en Cerbère ;
Tu crois que vil forban, sans patrie et sans port,
J'ai cloué sur mes mâts une tête de mort ;
Que, pareil au Malais des îles de la Sonde,
Criant *Amock*, courbant ma tête vagabonde,
Gorgé de l'opium qui fascine mes sens,
De mon double poignard j'éventre les passants.
Va, ton luth, cette fois, a vibré de colère ;
Avant d'incriminer ma muse populaire,
D'infliger à mon nom d'injurieux délits,
Médite mieux sur moi, prends cette feuille et lis.

Non, tu n'as point sondé les secrets de mon être ;
Poëte aérien, tu n'as pu me connaître,
Ni moi, ni cet ami, mon complice fervent, 120
De mon vers implacable hémistiche vivant :
Jumeaux prêts pour la palme et prêts pour le martyre,
Romulus et Rémus de la haute satire,
Un pâtre insoucieux, dès notre âge enfantin,
Ne nous égara point sous le mont Aventin ;
Ce n'est pas le poison qui dans nos veines couve,
Nous n'avons pas sucé des mamelles de louve ;
Une femme robuste, au sein jaspé d'azur,
Nous abreuva tout deux d'un lait suave et pur ;
L'harmonieuse mer, dans son vague caprice,
Nous endormait le soir comme un chant de nourrice ;

Le premier souffle d'air entré dans nos poumons
Fut embaumé des fleurs qui tremblent sur les monts,
Brise de promontoire, haleine enchanteresse
Qui n'arriva jamais aux vallons de la Bresse.
Et maintenant, depuis qu'en ses fantasques jeux
Le sort nous transplanta sous un ciel nuageux,
Parfois un souvenir de nos plages marines,
Comme un vent d'archipel dilate nos poitrines;
Alors, tout rajeunis par ces rêves touchants,
Nous murmurons aussi de poétiques chants,
Fils de nos visions qui, dans leur vol agile,
Ne charment qu'un instant nos pénates d'argile,
Parfums qui, s'exhalant de nos doux entretiens,
Aux abîmes du ciel vont rencontrer les tiens.
Non, nous ne jouons pas avec les funérailles;
Non, l'appétit du sang n'est pas dans nos entrailles;
Nous cherchons ce repos que les soucis cuisants
De notre âme orageuse ont éloigné quinze ans,
Et notre jeune lyre a conservé la corde
Qui frémira de joie au jour de la concorde :
L'an dernier, même à l'heure où ces vers sont écrits,
Bien souvent accourus vers de funèbres cris,
Sur le sanglant forum nos prières intimes
Au lion des trois-jours arrachaient des victimes :
Non, nous n'appelons point, par d'exécrables vœux,
Cette époque de sang qui roidit nos cheveux;
On ne nous vit jamais, comme en souvenir d'elle,
Construire en acajou notre échafaud modèle.
Insoucieux de bruit, de gloire, de cordons,

C'est le pain d'Habacuc qu'ici nous demandons ;
La moitié de ce pain que chaque jour apporte,
Nourrit la faim du pauvre assis à notre porte.
Le monde nous invite en vain sous ses lambris ;
La Thébaïde sainte est pour nous dans Paris ;
Trop de flamme nous brûle : ainsi que saint Jérôme,
Il nous faut à tous deux ou le désert ou Rome.
Ces secrets du foyer, qu'un pudique dessein
Nous a fait jusqu'ici clore dans notre sein,
Permets que notre bouche aujourd'hui les propage ;
Des hommes généreux signeraient cette page ;
Car nous ne manquons pas d'amis : nous invoquons
Plus d'un nom glorieux sur les deux Hélicons ;
Nul qui le désavoue et nul qui ne le signe ;
Hugo, Dumas, Fontan, Étienne, Delavigne, [121]
Hommes de probité, véridiques témoins,
Je vous invoquerais, si je m'estimais moins. *

C'est assez : abaissons le rideau poétique
Qui voila si longtemps notre seuil domestique ;
De ce pénible aveu mon cœur est en émoi,
Et je plains l'accusé qui prononce le MOI :
J'aurai plus de courage à défendre mon œuvre.
Ton imprudente main a blessé ma couleuvre,
Elle monte en spirale, elle siffle dans l'air,
Son affront est le mien, *Némésis* est ma chair.

---

* J'aurais pu ajouter encore le nom d'un grand poëte, le nom de madame Tastu ; cette véritable muse si pure, si patriotique, si française dont le silence étonne et afflige.

Eh! crois-tu que, poussé par le démon du Dante,
J'embrasse avec plaisir une furie ardente?
Est-ce une volupté de travailler debout
Au bord de la fournaise où ma vengeance bout;
De tenter, à pieds nus, de sanglantes sorties
Sur un rude sentier tout parsemé d'orties;
D'avoir dans les cheveux un éternel frisson,
Et de sentir la nuit les dards du hérisson?
Va, né pour le repos, nul penchant ne m'attire
Vers ce métier de feu qu'on nomme la satire;
Que ne puis-je, un beau soir, éteindre avec mon nom
Ma lampe suspendue à son triple chaînon,
Dormir de longues nuits, et, libre de secousses,
Recommencer ma vie en des choses plus douces !
Oh! parfois, quand, mêlé dans les groupes houleux,
J'aborde le théâtre au passage anguleux;
Quand sur un siége obscur je respire à la gêne,
Sous la blanche lueur du soleil hydrogène;
Quand du sol au lambris circulent dans les rangs
Des miasmes de femme, atomes enivrants;
Quand je compte, en levant mes paupières tendues,
Trois couronnes de peuple aux gradins suspendues,
D'où tombent, en torrents, par d'abruptes chemins,
Des murmures, des cris, des battements de mains;
Surtout, quand à la foule attentive et muette
L'acteur aux trois saluts lance un nom de poëte :
Oh! que de fois alors, dans mon sublime élan,
J'ai créé d'un seul jet un dramatique plan!
Que de fois j'ai brûlé d'inscrire au répertoire

Quelque fait imposant de la moderne histoire,
Germe né dans mon sein, compagnon de mes nuits,
Que n'a point étouffé le poids de mes ennuis !
Aussi quand vint le jour de notre nouvelle ère,
Je me dis : Trêve enfin à mes chants de colère ;
Je vais réaliser, sous des astres amis,
Ce rêve poétique à mes destins promis ;
Inutile soldat, rentrons dans notre tente :
Mais l'orage obscurcit l'atmosphère éclatante :
Neuf mois, muet témoin, arrêté sur le seuil,
De notre liberté je vis passer le deuil,
Se hisser au Pouvoir, comme sur leur domaine,
Tous les grands déserteurs de la grande semaine ;
Les hommes tour à tour vendus ou suborneurs ;
La doctrine repue au banquet des honneurs ;
Mes amis de Juillet, dispensateurs d'un trône,
D'une livre de pain sollicitant l'aumône ;*
Un ministre orgueilleux, par nos mains établi,
Frappant tout homme pur de dédain ou d'oubli ;
Alors moi-même aussi, broyé par l'injustice,
Lacérant de ma main le traité d'armistice,

* De quoi se plaint-on ? demande le ministre. Allez le demander à tant de jeunes écrivains pleins de talent et de patriotisme qui, après avoir rendu à la liberté les plus grands services, sont aujourd'hui réduits à l'indigence par l'abandon du gouvernement et les désastres de la librairie. Je suis prêt à prouver que des hommes dont les noms seraient écrits en première ligne dans l'histoire des trois-jours, qui ont été ruinés par cette révolution qu'ils ont faite, ont demandé en vain, pour vivre, les plus modiques emplois, lorsque tant de places ont été données au népotisme, à l'intrigue, à la faveur, à la nullité ; lorsque M. d'Argout prend la peine d'écrire des lettres autographes en province pour imposer les protégés de Mlle ***. J'y reviendrai : je tiens mes renseignemens d'une source haute et pure...

J'invoquai *Némésis*, patronne de mes vers ;
Non pas cette furie exécrée aux enfers,
Qui, sur le lit d'airain où la torture habite,
Roule un œil égaré dans sa profonde orbite,
Et dont le fer aveugle immole au même autel
Le contempteur des dieux et le juste mortel ;
Mais cette *Némésis*, auguste vengeresse,
Qui frappe le méchant dans sa coupable ivresse,
Celle qu'André Chénier, poëte aux rêves d'or,
Invoquait dans la nuit du sanglant Thermidor.
De la Grèce idolâtre elle n'est point la fille ;
Sur le berceau des temps son premier culte brille ;
Sous les traits de Typhon l'Égypte la rêva ;
Elle est au livre saint dicté par Jéhova :
Quand Aaron, le chef de la tribu d'élite,
Violait au désert la charte israélite ;
Quand, devant le veau d'or, sous le mont Sinaï,
Tombait le Décalogue, œuvre d'Adonaï,.
Dieu même, qui parlait par la bouche d'un homme,
Révéla *Némésis* dans le Deutéronome,
Satire formidable où la voix du Dieu fort
Flétrissait le parjure et le frappait de mort.
Eh ! qui mieux que le Christ, le dieu sous forme humaine,
De l'austère critique agrandit le domaine ?
Aux scribes, aux docteurs d'épouvante saisis,
Il lançait, chaque jour, sa sainte *Némésis;*

> *Chanterait Némésis, la tardive déesse,*
> *Qui frappe le méchant sur son trône endormi.*
> André Chénier.

Il leur disait : « Malheur sur vous et sur vos pères,
« O sépulcres blanchis, ô race de vipères,
« Maudits ! vous descendrez dans les gouffres ardents
« Où l'on verse des pleurs, où l'on grince des dents. »
Heureux l'auteur qui marche avec un tel exemple !
On dit qu'un jour, debout sur l'escalier du temple,
Ce sage, humble de cœur, l'évangélique Dieu,
Surprit l'agiotage assis dans le saint lieu,
Qu'il vit même, au milieu des trafics mercenaires.
Les prêtres de la loi, types des doctrinaires ;
Tout à coup, agité d'un sentiment haineux,
Il saisit un long fouet aux satiriques nœuds,
Et mêlant le sarcasme à la colère sainte,
Il chassa les impurs de la divine enceinte.

Voilà ma *Némésis;* celle qui suit mes pas,
Qui me dicte ma haine et ne m'égare pas.
Quant à ma liberté, qui de loin t'épouvante,
Que ton erreur transforme en Alecto vivante,
Si je puis te trouver un jour sur mon chemin,
Je veux qu'en souriant tu lui serres la main.
Va, ce n'est point le monstre aux guerres intestines,
Qui court boire le sang au pied des guillotines,
Qui choisit pour amants les valets du bourreau,
Et pour char de triomphe un hideux tombereau
La mienne, la voici : par les peuples gardée,
Sur un lion qui dort elle veille accoudée ;
Aux lèvres de ses fils arrache les bâillons ;
Regarde du même œil la pourpre et les haillons ;

Sa tente est suspendue à la voûte éternelle;
Le monde tout entier palpite sous son aile;
Chaque empire est le sien; elle ne connaît pas
Ces cloisons de pays que marque le compas :
Si quelque cri de peuple à son oreille arrive,
Elle brise leurs fers et la main qui les rive;
Rien ne peut altérer son immuable front;
Insensible aux clameurs des vieillards qui s'en vont,
S'élevant, de son vol, au-dessus des tempêtes,
Qu'importe qu'en passant elle froisse des têtes!
Elle sait bien qu'un jour, de sa baguette d'or,
Elle doit affranchir ce monde jeune encor.
Alors nous la verrons secouant sur le globe
Les trésors amassés dans les plis de sa robe;
Elle parsèmera son immense moisson
De la zone torride aux glacières d'Hudson;
Pour nourrir l'industrie accourue après elle,
Son bras fort bâtira la paix universelle,
Empire ou république, où tous auront des droits,
Règne qu'en six mille ans n'ont pu fonder les rois:
Oh! viennent les beaux jours, précurseurs de cet âge!
Que je puisse compter sur ce grand héritage!
Que mon front soit doré d'un rayon d'avenir,
Poëte! et tu verras si j'aime à le ternir;
Ma lyre, fille aussi de la muse chrétienne,
Chantera la concorde aussi haut que la tienne;
Quel bonheur, de son char en brisant les essieux,
De dire à *Némésis :* Remonte dans les cieux!

XVIII

LES MYSTIFICATIONS

SCÈNE D'INTÉRIEUR. — LE CABINET DE M. D'ARGOUT

7 AOUT 1831

MYSTIFICATEURS : M. d'Argout.— M. Périer.— M. de Montalivet.— M. Sébastiani
L'abbé Louis. — M. de Sémonville. — Mlle ***.

(22 JUILLET)

Mlle ***.

Pardon, je me retire....

M. D'ARGOUT.

Ah! restez, je vous prie ;
De mon secret conseil vous êtes l'Égérie
Madame, à vos beaux yeux d'Argout s'accoutuma
Depuis qu'il est acteur dans l'emploi des Numa.
L'abbé Louis, qui joue un rôle dans ma pièce,
Fort souvent, comme moi, va consulter sa nièce ;
C'est notre usage en cour....

L'ABBÉ LOUIS.

Eh, monsieur! par hasard,
Auriez-vous oublié la phrase de Collard ?

Nous sommes citoyens, notre vie est murée.*

Mais quittons ce discours : ma tête tonsurée
Fléchit depuis longtemps sous le poids d'un souci ;
Les insolents trois-jours approchent : les voici ;
Je pressens des périls : il serait nécessaire
D'édifier un plan contre l'anniversaire ;
De nos trois jours aussi disposons les apprêts,
Sauvons-nous de la crise, et nous verrons après.

M. PÉRIER.

Messieurs, j'ai dans la main un ressort que rien n'use :
C'est la ruse, la ruse, et puis encor la ruse ;
Écoutez : entre nous, je vous dois des aveux ;
Le peuple est un enfant que j'endors quand je veux ;
Il lui faut des hochets ; pourvu qu'on lui révèle
Juste au moment précis quelque fausse nouvelle,
On l'apaise : aujourd'hui, dans le péril urgent,
Que chacun de nous tous donne son contingent.
Parlons à tour de rôle ; et d'abord, toi qui gères
Le noir imbroglio des choses étrangères,
N'as-tu pas recueilli, sur le Tage ou le Rhin,
Un de ces bruits qu'on jette au peuple souverain ?

M. SÉBASTIANI.

Aucun. Vous le savez, parmi vos subalternes,

---

* MM. Collard a proclamé le premier cette belle maxime que la vie privée du citoyen devait être murée. Honte à celui qui dévoile les secrets du foyer domestique! mais ce serait une assez grande absurdité de vouloir, par extension, appliquer cet adage conservateur à la vie intérieure des hauts personnages qui nous gouvernent, lorsque nous portons la peine de leur immoralité. Si un Saint-Pouange donnait encore aujourd'hui des places aux favoris de sa maîtresse, faudrait-il qu'il se retranchât derrière la maxime de M. Collard ?

Je suis seul étranger aux affaires externes ;
J'apprends, tous les matins, du *Journal des Débats*,
Ce qu'on fait en Pologne et dans les Pays-Bas.
Je puis vous garantir la paix universelle ;
Hier Saxe-Cobourg s'est fait roi dans Bruxelle ;
Le choléra-morbus, qui suit son droit chemin,
Vient d'entrer en triomphe à Francfort-sur-le-Mein.
Je vais à don Miguel, en ministre économe,
Ravir mes flagellés Sauvinet et Bonhomme ; [122]
La Pologne est toujours destinée....

M. PÉRIER.

Ah ! c'est bien !
Nous voyons clairement que vous ne savez rien.
Inventons : pour passer nos trois mortelles fêtes,
J'ai dans mon arsenal deux ruses toutes prêtes :
D'abord, pour réjouir le peuple du faubourg,
Je vais faire venir don Pedro de Cherbourg ;
J'affuble d'un frac vert cet empereur fantôme,
Et le livre aux *vivat* de la place Vendôme.

TOUS.

Admirable !

M. PÉRIER.

Écoutez, écoutez ; pour demain,
Le discours d'ouverture est écrit de ma main,
Et là, je me bâtis un avenir superbe,
Un effet colossal sur un petit adverbe,
Vous allez voir ; jugez vous-mêmes du succès :
J'annonce avec fracas que le drapeau français

Flotte, dans ce moment, sous les murs de Lisbonne.
Sous, admirez, messieurs, comme la ruse est bonne;
C'est de l'inattendu; je parie, à coup sûr,
Qu'au lieu d'entendre *sous*, le peuple entendra *sur*.
C'est le sens naturel qui d'abord se présente;
Mon idée....

TOUS.

Est sublime, et même assez plaisante!

M. PÉRIER.

Je crois que pour ma part en voilà bien assez;
Maintenant c'est à vous, collègues, commencez.

M. SÉBASTIANI.

Moi, je tiens sous ma main une agile estafette
Qui tombera du ciel au dernier jour de fête;
Elle nous portera ce pompeux bulletin
Que mon chef de bureau m'a dicté ce matin;
Lisez, et puis jugez si je suis diplomate;
Voyez, c'est de Francfort; j'ai fait mettre la date.
Tous les généraux morts sont cités par leurs noms:
« Vingt mille Russes pris et quatre-vingts canons;
« Devant les Polonais l'armée est en déroute. »
Il ne tenait qu'à moi de la détruire toute,
Mais je me suis restreint dans un juste milieu.
Ainsi le dernier soir, avant l'heure du feu,
Sur tous les boulevards ma nouvelle semée
Enchantera les cœurs du peuple et de l'armée.

TOUS.

Bravo, le général! le tour est d'un bon goût!

M. PÉRIER.

A Montalivet.

M. MONTALIVET.

Rien, moi, rien.

M. PÉRIER.

A toi, d'Argout

M. D'ARGOUT.

Moi, je puis ajouter un fil à votre trame ;
Attendez mes Trois-Jours, vous verrez mon programme.

M. PÉRIER.

Sémonville, parlez.

M. DE SÉMONVILLE.

Vous êtes des enfants.
Je ris au fond du cœur de vos airs triomphants :
La finesse de cour sied mal à la roture ;
Chez moi, messieurs, la ruse est une autre nature.
Chaque jour de franchise est un jour que je perds,
Je double Talleyrand à la Chambre des Pairs.
Ma preuve, la voici : Vous avez vu sans doute
Les drapeaux d'Ulm, que j'ai suspendus à ma voûte?

M. PÉRIER.

Oui, certes! Ah! monsieur, vous nous avez surpris ;
Ces poudreux étendards ont enchanté Paris.

Vénérable vieillard, de quelle obscure armoire
Avez-vous exhumé ces reliques de gloire?
Quelle pieuse main les garda jusqu'ici?
D'où sortent-ils enfin?

M. DE SÉMONVILLE.

Du carrefour Bussy.
Il faut dire entre nous la chose toute crue :
Chez un marchand de soie, à l'angle de la rue,
Aux deux Magots, je pris, avec l'or des questeurs,
Vingt drapeaux en coupons de toutes les hauteurs;
Je les taillai chez moi selon toutes les règles;
Metternich m'envoya les patrons et les aigles;
Ce fut fait en trois jours : leur lustre était trop neuf;
Comme ils devaient dater de l'an mil huit cent neuf,
J'eus recours à mon chef; admirez l'artifice :
Il me les exposa sur l'âtre de l'office,
Aux toits de mon hôtel, dans les temps pluvieux,
Et mes jeunes drapeaux en trois mois furent vieux.

M. D'ARGOUT.

Vous êtes notre maître!

M. PÉRIER.

Homme subtil et calme,
O grand référendaire, à vous revient la palme!
S'il faut mystifier, vous êtes mon recours,
Et je dormirai bien mes trois nuits des Trois-Jours.

A M. VICTOR COUSIN *

> *En queis consevimus agros !*
> Voilà pour quelles gens nous payons le budget
> (VIRGILE, *traduction de Delille.*)

Une seule pensée obsède notre vie!
Que nous font aujourd'hui Lisbonne et Varsovie,
Et la peste lointaine, ou le Belge voisin?
De ses rêves de gloire oubliant la chimère,
La France des Trois-Jours, comme une jeune mère,
    A soif du bonheur de Cousin.

Aussi le *Moniteur*, son fidèle interprète,
A toujours pour son fils une colonne prête,
Répertoire de croix et de bons du trésor;
Pour nous consoler tous de la publique gêne,

---

* M. Victor Cousin est ce philosophe qui se faisait louer si souvent par la *Gazette*, sous Charles X, et qui recevait de ce roi des places et la décoration de la Légion d'honneur. Depuis le gouvernement de Juillet, peu de semaines se passent sans que le *Moniteur* nous annonce une nouvelle dignité accordée à M. Cousin, par conséquent sollicitée par lui. Avec sa modestie de philosophe et son intrigue psychologique, il est aujourd'hui académicien, inspecteur de l'éducation en Prusse, membre du conseil d'instruction publique, commis-voyageur de l'Université, officier de la Légion d'honneur et conseiller d'État. M. Cousin est un de ces obscurs rêveurs, fléaux des libraires, dont personne ne parlerait, s'ils n'avaient eu soin de se faire cent articles dans leur *Journal des Débats*. N'est-il pas temps qu'un ministère national arrête toutes ces jongleries, toutes ces intrigues de fausse bonhomie philosophique, toutes ces ruineuses déprédations?

Il construit le tonneau du pâle Diogène,
    Et le garnit de cercles d'or.

Dans notre siècle athée, heureux qui se confie
Au modeste repos de la philosophie!
Heureux qui lit Platon mieux qu'un Grec de Péra,
Danse aux joyeux salons où le monde l'invite,
Professe un cours public que le public évite,
    Et se macère à l'Opéra!

Ah! que tes devanciers de Rome ou de l'Attique
Avaient bien mal compris la pensée éclectique,
Grand Victor! ils jeûnaient de misère à leurs cours:
Sur les fonds de l'État ils n'avaient point de rentes;
Des disciples suivaient leurs doctrines errantes,
    Et payaient bien mal leurs discours.

Pour apaiser leur faim, digne des temps d'Homère,
On leur donnait parfois une laitue amère;
On glissait, dans la nuit, sous leurs modestes toits,
L'huile dont les écrits sentent toujours l'empreinte,
Le miel du mont Hybla, les figues de Corinthe,
    Et l'amphore de vin crétois.

Et joyeux de ces dons, aux frais de l'auditoire,
Ils adoptaient pour chaire un' roc du promontoire;
Tous leurs biens se bornaient à ces humbles profits;
L'âge seul éteignait leurs éloquentes flammes,

Et ces chastes rhéteurs mouraient vierges de femmes,
Et ne laissaient rien à leurs fils.

Quand l'archonte venait dresser leur inventaire,
Il trouvait pour tout bien la robe héréditaire,
Une tasse hydraulique et le noueux bâton;
O Cousin! avec l'or que ton âme dévore
On eût nourri cent ans Socrate et Pythagore,
Et ton divin maître Platon.

Voilà les vrais progrès de la psychologie!
Oh! que tu nages bien dans ta sphère élargie!
Déjà ton œil rusé lorgne un septième emploi;
Poursuis, rhéteur doré; dans nos jours de souffrance
Il faudrait seulement, pour affamer la France,
Dix philosophes comme toi!

Ainsi pendant quinze ans de jeunesse flétrie,
Nous avons labouré le champ de la patrie,
Nous avons insurgé tout un peuple soldat,
Pour te couvrir de croix, pour payer tes mystères,
Tes nébuleux sermons, tes courses sédentaires,
Pour t'asseoir au conseil d'État.

Et nos grands citoyens qu'un peuple déifie,
Sont mangés au festin de la philosophie,
Eux qui montrent des bras noircis par le canon!
Oh! devant ces tableaux qui brûlent la paupière,

Crions, en aiguisant le poignard sur la pierre :
O vertu, tu n'es plus qu'un nom !

CRI DE GUERRE

4 août, 5 heures du soir.*

Que l'horizon est noir ! à notre cri de guerre
Le ciel a répondu par cent coups de tonnerre.
O prodige ! l'éclair, électrique chaînon,
Tombe pour allumer notre premier canon.
Nous acceptons l'augure : en avant ! l'heure sonne
Où tout cœur d'homme vibre, où toute chair frissonne ;
Bats la charge, tambour ! grande armée, en avant !
Vexillaires, livrez les enseignes au vent !
Que sous le ciel du Nord les strophes marseillaises
Éclatent dans les bois de pins et de mélèses ;
Que les peuples amis de l'Escaut et du Rhin
Répètent tous en chœur le magique refrain.
Oh ! ce n'est point ici l'élan d'un semaine,
Un duel singulier pour un royal domaine ;
C'est une guerre immense, un choc universel :
Nos coups retentiront plus loin que le Texel.

* Au moment où le cri de guerre retentissait dans Paris, le ciel, depuis longtemps si serein, nous versait un orage épouvantable accompagné de tonnerre et d'éclairs.

CRI DE GUERRE

Oui! quand le drapeau saint sort de son enveloppe,
De clochers en clochers il visite l'Europe;
Alors la liberté réveille aux jours promis
La grande Josaphat des peuples endormis.
Que d'éclat nous attend! dans l'avenir immense
On dirait qu'aujourd'hui notre histoire commence!
Oh! que je m'applaudis, moi, poëte des camps,
D'être né dans cet âge où s'ouvrent les volcans!
Trop de fois le Pouvoir sentit ma pointe aiguë;
Il a déjà vidé la tasse de ciguë ;
Ne jetons plus les yeux sur ce cadavre froid:
Dans l'oublieux cercueil qu'on le cloue à l'étroit.
Némésis, laisse là ces ministres pygmées ;
Prends ton sublime vol, plane sur nos armée ;
Celle dont la parole a glacé les méchants
Aura pour nos héros de magnifiques chants.
Monte au char druidique, agrafe à tes épaules
Le lin blanc qui parait la prêtresse des Gaules;
Tu n'es plus aujourd'hui la sibylle d'Endor ;
Coupe le gui sacré sous ta faucille d'or,
Mêle ta voix de fer à l'ouragan qui tonne;
Et puis, comme autrefois, dans la forêt bretonne,
Prenant pour piédestal la pierre des Dolmins,
Crie avec les Gaulois: Anathème aux Germains!

XIX

AUX SOLDATS DE LA FRANCE

14 AOUT 1831.

Non, la France par vous ne sera pas trompée !
Vous êtes fils de ceux qui sont morts par l'épée ;
Vos mères, en songeant à leurs époux lointains,
Autour de vos berceaux chantaient nos bulletins ;
C'est l'airain du canon qui sonna vos baptêmes ;
Vous fûtes en naissant promis à mes poëmes ;
Si déjà j'ai suivi, dans mon épique essor,
Vos pères glorieux de Mantoue à Luxor ; *
Si, retrouvant des pleurs sous mes sèches paupières,
Du triste Waterloo j'ai ramolli les pierres, [123]
Comptez que cette fois, et j'en ai fait le vœu,
Némésis, pour vous voir, marchera dans le feu.
Vos triomphes vivront en rimes triomphales :
Je veux fondre en un vers chacune de vos balles ;
Le papier sulfureux, déchiré par vos dents,
Servira de vélin à mes hymnes ardents :

---

* *Napoléon en Égypte,* par BARTHÉLEMY et MÉRY. Le libraire Perrotin vient de mettre sous presse une édition de cet ouvrage, auquel il a joint le *Fils de l'Homme* et *Waterloo.*] Ces trois poëmes formeront un volume in-8°.

A tous les noms obscurs que l'orgueil pourrait taire,
J'inaugure un feuillet, Panthéon militaire ;
Ma muse plébéienne accepte ce mandat ;
Elle voit du même œil le chef et le soldat,
La torsade d'argent, l'épaulette de laine ;
Vous serez tous égaux sur la brûlante plaine.
Pour ceux qui tomberont dans le péril commun,
Ma pieuse épitaphe aura quelque parfum :
Et sans doute qu'un jour d'inconsolables mères
Rouleront dans leurs yeux des larmes moins amères,
Quand, songeant à leur fils, le soir, près du tison,
Elles liront ici sa funèbre oraison.

Partez ; ne jetez point vos regards en arrière !
LA VICTOIRE EN CHANTANT VOUS OUVRE LA BARRIÈRE ;
Criez tous, vers le ciel, en élevant les yeux :
Nous reviendrons ici dignes de nos aïeux !
Partez ; pour accomplir votre sublime rôle,
Vous avez avec vous le glaive et la parole ;
Soldats intelligents, apôtres citoyens,
Baptisez par le feu tous les peuples païens ;
Que notre liberté, déesse au vol agile,
Les armes à la main prêche notre évangile ;
Portez la vérité dans les stupides Cours ;
Et puisqu'après trente ans les rois sont encor sourds,
Qu'à ces débris caducs de la Sainte-Alliance
La bouche du canon demande une audience.
Voilà votre destin ! Certes, ne croyez pas
Qu'Anvers doive borner vos gigantesques pas ;

Quoi ! vous seriez venus pour combattre un Guillaume
Eh ! vous manqueriez d'air dans son étroit royaume !
Une œuvre plus ardue est remise à vos mains :
La Belgique est un point rayonnant de chemins ;
Il faudra devant vous pousser les étincelles
De ce grand incendie allumé dans Bruxelles ;
Il vous faudra rouvrir tous les sentiers connus
Où vos pères vaillants imprimaient leurs pieds nus :
Douze mois de repos ont aigri votre attente ;
Non, non, vous n'avez pas abandonné la tente
Pour passer la revue, amusement d'un jour,
Et rentrer dans la ville à l'appel du tambour.
Aujourd'hui que vos pieds ont touché la Belgique,
Quand même les regrets d'un conseil léthargique,
Quand la diplomatie aux versatiles plans
Arrêterait bientôt vos généreux élans ;
Quand la voix de vos chefs, glaçant votre âme altière,
Vous dirait dès demain : Halte sur la frontière !
Gardez-vous de briser sur le sol ennemi
Ce fer que votre bras n'a tiré qu'à demi ;
Laissez s'évanouir leur pacifique rêve ;
Vous accordez au Nord quelques heures de trêve ;
Quand la voix du destin aura dit : Je le veux !
Tous ces hommes de cour, incertains dans leurs vœux,
Qui fabriquent la paix dans leur laboratoire,
En pleurant de dépit subiront votre gloire.

Ils tomberont bientôt, tous les bandeaux épais
Que serrent sous leurs yeux nos ministres de paix !

Celui que nos Rotschilds gardent comme un otage[12]
Pour maintenir le calme à leur agiotage,
Vaincu par le destin, plus puissant qu'un banquier,
Fera marcher les tours du sanglant échiquier.
Des bords de la mer Blanche aux colonnes d'Hercule
L'Europe est en douleur d'une paix qui la brûle ;
Elle ne peut nourrir dans son sein désastreux
Deux principes rivaux qui se heurtent entre eux :
Le Rhin est libre à gauche, et sur l'autre rivage
Le despotisme écrit : TERRE DE L'ESCLAVAGE !
Et d'un pont de bateaux la flottante cloison
De la gothique erreur sépare la raison.*
La France seule, objet d'une crainte haineuse,
Élève comme un point sa tête lumineuse ;
La Prusse, la Russie et leur germaine sœur
Épaississent vers nous un brouillard oppresseur ;
De trente nations à genoux inclinées
Ces trois Parques du Nord filent les destinées.
Et maintenant, croit-on que le jour soit venu
De résoudre une fois ce problème inconnu ?
Qui doit sur nos chemins s'avancer la première,
La trombe de brouillard ou celle de lumière ?
Quel dieu forcera l'homme à ployer le genou ?
Quel est le bon génie, Arimane ou Wishnou ?
Tant que la liberté fera rouiller sa lance,
L'Europe oscillera dans sa vieille balance,

---

* Le pont de bateaux jeté à Kehl entre la frontière de France et le pays de Bade.

Et les peuples tremblants goûteront dans leur nuit
Ce repos cahoté qui fatigue et détruit.

Il faut donc que la France avant d'être entamée
Jette dans son bassin tout le poids d'une armée.
Soldats, à son appel vous ne faillirez point;
Décidez le destin : quand sur un même point
Cent mille comme vous marchent au pas de guerre,
Sur son axe d'aimant ils font pencher la terre.
Donnez aux rois ligués des déplaisirs cuisants;
Continuez ce livre interrompu quinze ans,
Ce feuillet du combat, la page devancière
Qu'un soleil toujours beau sablait de sa poussière :
Copistes glorieux, calquez ces vieux exploits;
Donnez le vol de l'aigle à notre coq gaulois;.
Cette carte d'Europe à vos yeux déroulée
Sous les pieds paternels avant vous fut foulée ;
L'empreinte est vive encor sous ces pieds de Memnon
Tous ces rocs ont servi de mire à leur canon;
Tous ces clochers aigus ont porté leurs bannières,
Leurs fourgons ont crié dans toutes ces ornières;
Sous l'abri des châteaux, sous le toit des forêts,
La France à l'univers publia ses décrets ;
Cette sombre Hollande où la guerre s'engage
Fut par nos cavaliers conquise à l'abordage; [125]
Tous ces fiers roitelets, gazouillant sur le Rhin,
Ont fait hommage-lige à l'aigle suzerain;
Ce fastueux Berlin, qui d'orgueil se prélasse,
C'était notre relais quand l'armée était lasse;

Le Danube a reçu de nos vieux régiments
Ces lourds chaînons de fer ravis aux Ottomans ;*
Quand, vers le Nord, la guerre allumait sa fournaise,
Nous avions pour abri la France polonaise,
Et l'Europe soumise ouvrait son grand chemin
A ce grand général dont la fête est demain. **
Oui, quand les froides nuits et les soleils arides
Auront plissé vos fronts de belliqueuses rides ;
Quand vous aurez couché sur le sol ennemi
Dans les mêmes bivacs où la France a dormi,
Vous reviendrez : alors les maisons pavoisées
Ouvriront, pour vous voir, leurs joyeuses croisées ;
Sous cet arc triomphal, ¹²⁶ digne des temps anciens,
Que le grand Empereur a fondé pour les siens,
Nous verrons déborder vos vieilles compagnies
Avec leurs habits vieux et leurs faces brunies ;
Le bois élyséen, que nous dépouillerons,
De couronnes de chêne embellira vos fronts :
Puis, vous irez appendre au dôme des victoires
Les drapeaux ennemis blasonnés d'aigles noires ;¹²⁷
Les vôtres, dentelés par le fer et le feu,
Où ne restera plus qu'une frange de bleu,
Comme de vieux bourdons au retour des croisades,
Vous en décorerez la rue aux six façades,***

---

* On m'a montré dans le magnifique arsenal de Vienne la chaîne colossale que les Turcs avaient jetée sur le Danube pour empêcher la navigation dans une de leurs guerres avec l'Empire.
** Demain, 15 AOUT !!!
*** La place Vendôme.

Et devant la colonne, inclinés, à genoux,
Vous direz, en passant : Es-tu content de nous ?

Adieu donc, dignes fils d'une héroïque race ;
Sur le seuil, en partant, le peuple vous embrasse :
Votre destin est beau ; soit qu'un jour, arrivant,
Vous portiez de vos faits le bulletin vivant,
Soit qu'un sol étranger vous garde un cimetière.
Heureux les citoyens qui vont à la frontière !
Plaignons ceux qui, de loin, saluant nos drapeaux,
Trouveront sous leurs toits un vulgaire repos ;
Hélas ! il nous faudra dans nos maisons oisives
Dévorer, sans combat, des heures corrosives ;
Il faudra contempler nos insolents commis
Gorgeant d'or et de croix leurs complices soumis ;
Le *Journal des Débats*, sur la chaise curule,
A la France écolière infligeant la férule ;
Les lévites du centre, à cinq heures du soir,
Sur Guizot-Damoclès suspendant l'encensoir ;
Notre Corse Lebeau buvant jusqu'à la lie
La honte que Frimont lui verse en Italie ;
Il nous faudra souffrir, avec leurs airs moqueurs,
Les vaincus triomphants en face des vainqueurs ;
Ces égoïstes froids dont la cohue errante
Croit régler notre pouls sur le pouls de la rente,
Qui, pour faire hausser ou le cinq ou le trois,
Font manger la Pologne au grand festin des rois.

Est-il dit qu'au milieu de ces ignominies

Nous traînerons longtemps nos turpes agonies ?
Quand donc brûlerons-nous ces ulcères lépreux ?
Hélas ! notre courage est impuissant contre eux :
Leur chute tant prédite est presque une chimère.
Soldats ! pour consoler la France votre mère,
Créez-lui de grands jours chez les peuples lointains,
Ajoutez une page à nos vieux bulletins ;
Tous ces hommes d'État au pacifique rôle,
Le bruit de vos canons couvrira leur parole ;
Trop longtemps au sénat ils furent absolus :
Gagnez une bataille, ils ne parleront plus !

XX

L'ARCHEVÊCHÉ ET LA BOURSE

21 août 1831.

Avant l'ère du peuple et du juste-milieu,
Quand Charles Dix régnait par la grâce de Dieu,
La crosse était un sceptre, et l'église dorée
Serrait dans son anneau la France restaurée.
Alors régnait Quélen, ce vivace martyr,
Ce prophète insolent de la chute de Tyr ;
Temps heureux, où l'église, aujourd'hui militante,
Promenait dans Paris sa bannière flottante,

Et passait, comme un roi qui veut être obéi,
Avec ses châsses d'or et ses *Agnus Dei.*
L'humble troupeau de Dieu, sur une double file,
De son luxe chrétien éblouissait la ville ;
Partout, dès le matin, le mobile arrosoir
Mouillait le sable fin qui mène au reposoir ;
Comme un tapis jeté sur la dalle grossière
Partout on étendait le gazon en poussière,
Édredon des jardins que nos municipaux
Cardaient pieusement aux pieds des saints troupeaux ;
Les Gobelins, ouvrant leurs arsenaux gothiques,
Sur les cloisons de bois, éphémères portiques,
Sur l'autel du repos cousu de soie et d'or
Jetaient la nudité d'Angélique et Médor ;
Les sbires de Mangin, les dévots Commissaires,
Les Suisses huguenots, les royaux janissaires,
Protégeant Dieu, chantaient les répons du Missel
De l'île Notre-Dame au lointain Carrousel.
Puis venait, son camail de cygne sur l'épaule,
Monseigneur de Quélen, vivante métropole,
Qui, digne successeur du prélat de Créteil,
Au monarque dévot présentait son orteil. ¹²⁸
Et l'orgueilleux pasteur marchait, tenant en laisse
Ce limier de Compiègne, usé par la vieillesse.
Aussi le lendemain, quand, parfumé d'encens,
Tout fier, tout enivré des triomphes récents,
Arrivait dans Saint-Cloud le prélat faux prophète,*

---

* On n'oubliera jamais que M. de Quélen a prédit dans des paroles

Le grand parc déchaînait ses cascades de fête ;
Comme si du Thabor l'auréole avait lui,
La décrépite Cour s'inclinait devant lui :
Il fouillait le carton des archives secrètes ;
Sa sagesse inspirait le Conseil aux sept têtes,
De la Charte jurée il rompait le serment,
Et glissait dans la loi l'esprit du mandement.
Ainsi vivait la Cour, et le sénat docile
Sous l'occulte pouvoir se changeait en concile :
L'antre saint d'où partaient les ordres absolus,
La secrète officine ouverte aux seuls élus,
L'atelier clandestin de la pieuse trame
Était ce vieux palais qu'abrite Notre-Dame,
Doux manoir, aujourd'hui désert et crevassé,
Où deux fois, dans un an, la colère a passé.[129]
Là, venaient chaque soir, sous de frais vestibules,
Tous les primats gaulois dispensateurs des bulles ;
Des vicaires obscurs, ceux qui, dans le saint lieu,
Font, à deniers comptants, le commerce de Dieu ;
Des prêcheurs vagabonds, éditeurs de cantiques,
Semant du nord au sud leurs prônes politiques ;
Des Pairs, des Députés, jésuites clandestins,
Tous unis en conseil, maîtres de nos destins.
De là, vers quatre points, la circulaire sainte
Prenait son vol, timbrée aux armes d'Hyacinthe,[130]
Et du sein de Paris jusqu'aux derniers hameaux

claires, quoique mystiques, la destruction de Paris et le triomphe des ordonnances.

L'arbre théocratique étendait ses rameaux.
Puis la foudre brisa l'arbre jusqu'à la tige,
Les tours du grand vaisseau perdirent leur prestige ;
Le boulet de la Grève, au dernier jour des trois,
Abattit sur ces mâts le drapeau de la croix.*
Et Quélen disparut. Le vent de la victoire
A changé son beau parc en désert promontoire ;
Ce palais fastueux, ce mystique jardin,
N'est plus qu'un champ public où passe le mondain.

Eh bien ! après Juillet, une ligue nouvelle
Dans un temple profane à nos yeux se révèle ;
Cet occulte pouvoir, exclu de l'Évêché,
Dans la nef de la Bourse aujourd'hui s'est caché ;
Sous l'habit des Colbert que l'égoïsme endosse
La Banque a remplacé l'orgueilleux sacerdoce ;
Des hymnes, des sermons, des croix, des bénitiers
Nos froids agioteurs se sont faits héritiers.
Sur cette place neuve où s'engloutit la foule
Qui du quartier Vivienne au boulevard s'écoule,
Voyez ce temple grec aux angles déjà gris,
Qui semble frissonner sous le ciel de Paris ;

---

* Voici un fait que je n'ai vu cité nulle part, et dont j'ai été le témoin ; il caractérise très-bien la glorieuse étourderie du peuple dans les entr'actes des combats des trois jours. Quand les canons de la Grève furent tombés aux mains des Parisiens, une pièce fut chargée à boulet et pointée par un amateur d'occasion sur le drapeau blanc qui flottait encore le 29 sur la tour vexillaire de Notre-Dame ; le blanc ne fut pas touché, quoique la pièce eût été admirablement servie, car le boulet s'incrusta sous la corniche de la tour, quelques pieds trop bas. Le *Quasimodo* actuel montre encore aux visiteurs ce stigmate ineffaçable.

Là, lorsque midi sonne au front de l'édifice,
Le pontife Rotschild vient entonner l'office,
Messe de l'agio que la voix des huissiers
Colporte par versets aux lointains coulissiers ;
Les prêtres de Mammon, la foule délirante
Chantent avec effroi le psaume de la rente,
Et les agents de change, à l'autel du milieu,
Notent sur leur missel les paroles du dieu :
Des reports cahotés l'hébraïque harmonie
Roule sur les arceaux du temple d'Ionie ;
C'est un tableau mouvant de têtes et de mains,
C'est un fracas de voix et d'aboîments humains,
De cris mystérieux, de blasphèmes, de râles,
De sanglots étouffés sous les nefs latérales,
Et tous ces bruits, frappant les sonores plafonds,
Proclament le triomphe ou la chute des fonds.

C'est là que le Pouvoir créa sa métropole,
Son culte hérésiarque et son nouveau symbole.
La plume du comptoir, sur un obscur feuillet,
Balance les destins du peuple de Juillet ;
Un ministre banquier, en apurant son compte,
Écrit dans son *avoir* ses recettes de honte ;
Sur les traites d'honneur qu'un grand peuple souscrit
Il laisse subsister le protêt qui flétrit ;
Tout est dans ses bureaux affaire de commerce :
Il escompte le sang que la Pologne verse,
Et pleurant ses deux fils comme une autre Rachel,
Pour ses vingt mille francs pardonne à don Michel. [131]

Oh! plaignons le pays! la jeune dynastie
A trouvé dans la Banque une autre sacristie ;
Absolu comme lui, comme lui peu guerrier,
L'archevêque Quélen s'incarne dans Périer :
Périer, dans le sénat, d'un geste a fait éclore
Les trois cents de Villèle au masque tricolore ;
Ceux-là, comme autrefois devant Rome à genoux,
Pour voter ne vont plus consulter Frayssinous ; [132]
Leurs lèvres, chaque soir, ne baisent plus l'étole,
Ils ont changé de temple, ils ont changé d'idole ;
Le spectre de la baisse, apparu devant eux,
Détermine d'un mot leurs bulletins douteux.
Pauvre France! toujours sur l'écueil suspendue,
A l'encan du parquet te voilà donc vendue !
Des choses de l'honneur le Pouvoir négligent
A confié ta gloire à des hommes d'argent,
A des croupiers, tailleurs de la passe et la manque, [133]
Dont le cœur est ridé comme un billet de banque,
Et qui tous font des vœux pour qu'à la fin du mois
Varsovie en tombant fasse monter le Trois.
Mais un espoir soutient la France, notre mère,
Du règne des banquiers elle attend le brumaire ;
Dès que la liberté saisira le timon,
Le sceptre sortira des tribus de Mammon.

A CEUX QUI RETOURNENT

Vous ne goûterez pas les fruits de la victoire,

Tantales des combats, à l'héroïque vœu !
Le vent frais de ce fleuve où vous brûliez de boire
N'a glissé qu'un moment sur vos lèvres de feu :
Oubliez dans le Nord la liberté qui pleure :
Vers nos tristes foyers reprenez vos chemins :
    Dès que votre haleine l'effleure,
Le laurier triomphal échappe de vos mains.

D'armes et de soldats la Hollande épuisée
Croyait d'une révolte étouffer le levain ;
Les marchands du Texel, les fils du Zuyderzée
Semaient leurs bataillons aux portes de Louvain.
Déjà les cavaliers passaient au vol les fleuves,
Les coursiers aspiraient la flamme des naseaux,
    Mais devant vos trois couleurs neuves,
Ce peuple de castors est rentré sous les eaux.

Braves amis ! qui sait où votre bond immense,
Qui sait où votre vol eût porté nos drapeaux ?
Faut-il sitôt finir, quand si tard on commence,
Sitôt vous endormir sur votre arme au repos ?
O regret ! on dirait que le destin vous raille !
Le doigt à la détente et la mèche au canon,
    Vous auriez pu livrer bataille
Le jour victorieux de Saint-Napoléon !

Eh bien ! le frein glacé d'un vieillard diplomate [134]
Du coq, ami de l'aigle, a retenu le vol ;
Talleyrand, Philidor d'une armée automate, [135]

Vous a fait manœuvrer sur les cases du sol.
Vous attendrez longtemps la fin de l'intermède ;
Dans son cabinet froid l'égoïste au cœur sec,
    Habile au jeu de Palamède,[136]
A pris nos fantassins pour des pièces d'échec.

Du moins, votre valeur, en naissant étouffée,
Laisse une trace encor sur le sol ennemi ;
Vos mains ont abattu cet insolent trophée,
Sous qui, pendant quinze ans, notre gloire a gémi.
C'est bien ; à l'avenir l'orgueilleuse Angleterre
Ne paradera plus devant ce grand tableau,
    Et de ce hochet militaire
La chute a réjoui les morts de Waterloo.

Rassurez-vous ; bientôt on vous fera justice ;
Il faudra bien un jour rappeler nos soldats ;
Ce baiser qui des rois consacre l'armistice
N'est entre eux aujourd'hui qu'un baiser de Judas.
Vous vengerez un jour la liberté flétrie,
Et quand vous reviendrez de l'Adige ou du Rhin,
    Vous aurez droit que la patrie
Vous dresse, à votre tour, un monument d'airain.

Notre colonne ici ne doit pas rester seule ;
Celle qui, confiée aux aigles triomphants,
Garde sur son airain la grande armée aïeule,
Nous demande une sœur pour ses nobles enfants ;
Elle a raison ; il faut qu'un jour on vous burine

Comme ces vieux héros tombés au Mont-Saint-Jean,
  Et que la colonne Antonine
Prenne place à côté de celle de Trajan !

L'affaire du cautionnement de *Némésis* a été ajournée pour la seconde fois; elle est renvoyée au vendredi 26 août, à la sixième chambre de police correctionnelle, où l'on juge les voleurs. Le renvoi a été demandé par le ministère public ; Me Claveau et Barthélemy étaient prêts à parler.

XXI

LE CHOLÉRA-MORBUS.

28 AOUT 1831.

Oh! vous méritez bien toute reconnaissance,
Ingénieux docteurs, qui dès notre naissance
Infiltrez dans nos bras, sur la pointe du fer,
Le bienfaisant poison recueilli par Jenner ; [137]
Vous, fléaux de la mort et des épidémies,
Qui gardez nos santés dans vos académies ;
Qui, par de longs calculs, des mémoires savants,
Augmentez chaque jour le nombre des vivants,
Et grâce à la vertu de vos électuaires,
Frustrez de tant de noms les listes mortuaires!
Honneur, gloire à vous tous qui pour le genre humain
Consumez tant de nuits une plume à la main,

Philanthropes rêveurs qui, poussés d'un beau zèle,
Avez bâti pour nous la paix universelle!
Oh! qu'un dieu paternel récompense vos soins!
Mais, hélas! que nous font quelques tombes de moins?
Vous ne casserez pas la grande loi ; personne
N'ébrèchera la faux du spectre qui moissonne ;
La nature et la mort ensemble ont fait un bail :
Celle-ci doit livrer tant d'hommes en détail ;
Quand un siècle finit, et que dans son domaine,
La nature, en comptant cette monnaie humaine,
Trouve un grand arriéré dans le total promis,
Elle appelle la mort, son oublieux commis :
« Tu fais mal ton métier, lui dit-elle en colère ;
« D'où vient ce déficit au livre séculaire ?
« Je devrais voir pourtant, à l'article trépas,
« Un million de plus que je ne trouve pas ;
« Sais-tu bien qu'un retard dans la mort d'un seul homme,
« Qu'avant son temps prescrit la chute d'un atome,
« Une goutte de moins dans le bassin des mers,
« Qu'un rien peut, sur son axe, arrêter l'univers? »
Et la mort lui répond : « Ah! je n'ai pu mieux faire ;
« On lutte contre moi dans le double hémisphère ;
« L'homme se fait rusé, je crois, en vieillissant ;
« Dans des veines de glace il réchauffe le sang ;
« Il rajeunit les os ; chaque jour il invente ;
« Radoube, met à neuf sa carène vivante ;
« Et le temps arrivé, si je viens le saisir,
« Je le trouve bardé de baume et d'élixir ;
« Chaque jour il enlève un sapin à mon trône :

« On fait des lazarets contre la fièvre jaune,
« Et la peste classique, esclave du savant,
« A peine m'obéit dans un coin du Levant.
« Encor, si dans ces jours de cruelle disette,
« Je pouvais sur la guerre établir ma recette !
« Mais on ne se bat plus sur les deux Océans ;
« Les peuples sont bénins et les rois fainéants ;
« Je me meurs ; sous mes yeux la belliqueuse Europe
« Abjure son erreur et se fait philanthrope ;
« Tous les fléaux mortels désertent mes drapeaux,
« Et le gazon maigrit dans les champs de repos. »

Quand ces êtres puissants, suspendus sur nos têtes,
Ont ainsi compulsé leurs archives secrètes ;
Ils méditent longtemps quelque horrible projet
Pour remplir d'un seul coup leur atroce budget.
Imprimant à ses os un cliquetis de rage,
La mort part ; elle va combler son arrérage ;
L'Être exterminateur a promis cette fois
Que sa froide balance aura son juste poids.
Jadis, elle appelait dans ces moments de crise,
Tamerlan, Attila, Genseric ou Cambyse,
Puissants dévastateurs qui, dans leur grand chemin,
Comme sous un marteau, broyaient le genre humain,
Et, poussant au hasard leur course vagabonde,
Rendaient à leur insu l'équilibre à ce monde.
Mais le siècle n'est plus où, comme des volcans
Des monts Himalaya, sortaient les Gengiskans ;
Le casque d'Attila, comme une armure usée,

Ne trouve plus de tête et dort dans un Musée :
Partout la vie abonde, et les peuples voisins
Pullulent, sans frémir, au nom des Sarrasins.
N'importe ; pour avoir son bien qu'elle réclame,
L'ingénieuse mort ravive un Abdérame,
Un exterminateur, dont le corps immortel
Se rit des Marius et des Charles-Martel.
Oh ! cette fois, honneur au tout-puissant squelette,
Son génie est fécond, et son œuvre est complète !
De ce fils dévorant le monde parlera ;
Sa marraine d'enfer l'a nommé CHOLÉRA !
Tous les autres fléaux, ces vieilles renommées,
La peste, le typhus, ne sont que des pygmées,
Que l'octroi de la mer tient vingt jours en arrêt,
Qu'un commis emprisonne aux murs d'un lazaret ;
Monstres dégénérés, sans vertus homicides,
Qu'on étouffe en naissant dans un vase d'acides.
Mais lui, le Choléra, ne connaît de prison
Que les cercles du pôle où s'éteint l'horizon ;
Dans le Gange et l'Indus sa retraite est choisie ;
Le voyez-vous bondir du plateau de l'Asie,
Immense réservoir aux gouffres inconnus,
D'où les grands ravageurs de tout temps sont venus ;
Il vient, comme un condor d'épouvantable augure,
De ses ailes sans fin déployant l'envergure,
Troublant avec ses pieds l'eau d'un double bassin,
L'un dans la mer Baltique et l'autre dans l'Euxin.
Pour tomber sur le Nord et franchir le Caucase,
Il a bravé du Czar l'impérial ukase ;

Comme des ornements il suspend à son cou
Les dômes du Kremlin et les croix de Moscou ;
Sans crainte, cette fois, que Sobieski vienne,
Il remplace les Turcs sous les remparts de Vienne ;
Dévore les Baskirs, les cavaliers du Don,
Qu'une loi sanitaire éparpille en cordon ;
Il chasse tous les rois ; entre ses mains fatales
Il tord les intestins des villes capitales ;
Il brûle tout au feu de ses exhalaisons,
Trace la croix de sang sur toutes les maisons,
Charge les tombereaux et les noires litières
De cadavres portés aux étroits cimetières ;
Puis, quand il s'est repu, quand devant chaque seuil
Il a fait dérouler la tenture de deuil,
Quand il ne trouve plus que des demeures vides,
Quand il a desséché, sous ses lèvres avides,
Tout ce qu'une cité peut contenir de pleurs,
Il s'éloigne en riant et va jouir ailleurs.

Qui l'eût dit ! par ses fils à peine soutenue,
La Pologne a battu des mains à sa venue ;
Ce lamentable camp, par l'Europe oublié,
Bénit le Choléra, son unique allié :
Dans ses remparts infects la noble Varsovie,
Grâce au fléau qui tue, a prolongé sa vie ;
L'auxiliaire impur, ô bizarre destin !
Au milieu de sa cour étouffe Constantin ;
Sans le douteux appui d'un agent subalterne,
Sans un bras de Judith il égorge Holopherne,

10.

Et l'autre Béthulie, étreinte par le Nord,
Pousse des cris joyeux sous son linceul de mort.

Où va-t-il ce géant que le monde redoute?
Qui connaît le secret de sa carte de route?
Errera-t-il longtemps sur les Cercles germains?
O terreur! de ce globe il sait tous les chemins!
Agent mystérieux, accablant phénomène,
Il détruit tout calcul de la science humaine :
En vain veut-on trouver le monstre aérien,
L'œil se perd dans la nue, il n'y rencontre rien.
Le mal est sous son vol une horrible merveille;
Il dément aujourd'hui ce qu'il a dit la veille;
Ce qu'il fera demain l'homme ne le sait pas :
Tantôt en droite ligne il marche pas à pas;
Puis, changeant tout à coup sa tactique de guerre,
Comme un cheval d'échec il bondit en équerre;
Il aime à déjouer les systèmes de l'art;
Si l'on dit : Ce fléau respecte le vieillard,
Sur l'heure, au même jour, le Choléra s'avance,
Étouffe le vieillard et respecte l'enfance;
Prouvez-vous que le Nord arrête ses progrès?
Il s'installe à Dantzick sous cinquante degrés :
Sous des cieux opposés le monstre s'acclimate;
Né sur le sol heureux qu'embaume l'aromate,
Il s'ébat volontiers, dans ses horribles jeux,
Au bord des lacs infects et des marais fangeux.
Mais qu'il révèle bien l'infernale pensée
Par qui sur les humains sa rage fut poussée,

LE CHOLÉRA-MORBUS

Quand il punit de mort, sur l'heure du délit,
L'imprudent qui se rue aux voluptés du lit !
Le Choléra jaloux, dans son brûlant passage,
D'une teinte verdâtre empreint son frais visage,
Il glace ses pieds nus, brûle ses intestins,
D'horribles visions trouble ses yeux éteints,
Suspend des longs baisers la nocturne harmonie,
Et change un cri d'amour en râle d'agonie.
Oh ! s'il est un pouvoir à qui tout est soumis,
Une voix qui commande aux fléaux ennemis ;
Si l'antique devise, aux jours de la souffrance,
Nous annonce que Dieu protége notre France,
Reposons-nous sur lui dans un noble abandon ;
Il étendra d'en haut son céleste cordon :
Car la France doit vivre et doit être sauvée ;
Le ciel qui l'aima tant ne l'a pas réservée
Pour servir de pâture à l'hyène des airs,
Pour que ses sillons d'or se changent en déserts;
Elle a d'autres destins : sa féconde lumière
Entre les nations doit marcher la première ;
C'est bien assez pour elle et pour ses tristes fils
D'avoir les sept fléaux exportés de Memphis, [138]
Politiques vautours, indigènes convives
Qui trouvent leur festin dans ses entrailles vives,
Endémique typhus, contagieux poison
Qui depuis douze mois charge notre horizon.
Oui, ne repoussons pas cet espoir prophétique !
Emporté par le Rhin aux flots de la Baltique,
Le fléau de l'Indus, l'effrayant Choléra,

Sans toucher notre sol près de nous passera ; 130
Que vers le nord, suivant l'inclinaison polaire,
Sur des peuples obscurs il verse sa colère ;
Pour aller de Drontheim aux huttes des Lapons,
Son gigantesque pied n'a pas besoin de ponts ;
Pour regagner l'Indus sa grande métropole,
Le passage est pour lui tout ouvert sous le pôle,
Et bien mieux que Parry, le Colomb de ces mers, 140
Il franchira Behring sur ses glaçons amers.
Laissons-le sur l'Asie en tous lieux habitée,
Replier mollement son aile ensanglantée ;
Qu'il se plonge à loisir dans les deux Océans,
Ces bains que le soleil chauffe pour les géans ;
Que ravi cette fois de son pèlerinage,
Il ne repasse plus les grands flots à la nage ;
Intrus dans notre Europe, il n'avait pas le droit
De désoler, un an, ce pays trop étroit ;
Qu'il dessèche, en versant le feu de ses narines,
Ce flottant archipel de planètes marines,
Les Maldives, ces rocs qui scintillent de loin ;
Qu'il infecte Ceylan où coule le benjoin,
C'est son lot ; de Wishnou le formidable archange
A pour son lieu d'exil la presqu'île du Gange,
Et pour cloison la mer, dont l'horizon sans fin
S'étend du pôle sud aux glaces de Baffin.
Puis, s'il faut à la mort son funèbre équilibre,
Viennent les Attilas sur notre France libre ;
Nos soldats, repoussant les Barbares du nord,
Leur feront bien payer ce contingent de mort.

Oui, puisque cette loi qui gouverne le monde
Décime, à temps réglé, la terre trop féconde,
Qu'au moins du Choléra la guerre tienne lieu :
La France ne doit pas mourir à l'Hôtel-Dieu !

La raison a tort : trois juges de Charles X viennent de le décider hardiment. *Némésis* a été déclarée journal politique. M. Barthélémy, qui a publié impunément deux cent quatre-vingt mille exemplaires de brochures satiriques sous Villèle, a été condamné à un mois de prison et deux cents francs d'amende après la révolution de juillet; son crime est de n'avoir pas payé cautionnement pour publier des poëmes. M. Barthélémy jure sur l'honneur qu'il est de toute vérité qu'un pareil jugement a été rendu le 27 août, à 10 heures du matin, en plein soleil, à six pas de la Sainte-Chapelle et du *Lutrin*; un beau drapeau tricolore flottant sur la tour du Palais.

Appel a été interjeté sur-le-champ.

Némésis vivra dix ans encore, s'il le faut, en satires, en brochures, en sonnets, en rondeaux, en poëmes épiques, avec ou sans cautionnement, comme il lui plaira. Et cela pour l'éternel malheur de M. Dupin.

M. Dupin peut se constituer inamovible sur son trône magistral; mais il y siégera, grâce aux verges de *Némésis*, comme le Thésée du Tartare.

Infelix Theseus sedet æternumque sedebit.

Ce sera l'inamovibilité de l'enfer.

XXII

LA MAGISTRATURE

ou

LA MALÉDICTION DES VINGT-QUATRE HEURES [141]

4 SEPTEMBRE 1831.

Sous ce brouillard de plomb, bandeau de cécité,
Comment appelez-vous cette île de la Seine,

De tant de corps impurs entassement obscène,
Qu'un Cocyte bourbeux étreint ? — C'est la cité.
Et ce dôme ardoisé d'un gothique édifice,
Cet immense perron d'où tombe un peuple noir,
Ce vieux phare étouffé sous un triple éteignoir,*
    Son nom ? — Le Palais-de-Justice.

Ile de pleurs, de cris, de deuil et de forfaits !
Noble Paris, voilà ton origine immonde,
Voilà ta vieille mère ; en te mettant au monde
Elle garda sa honte et son arrière-faix.
Horrible Muséum de toutes les misères,
Cette île infecte tout de son exhalaison ;
Et le fleuve innocent s'imbibe du poison
    En baignant l'île des ulcères. 142

Tout est là : les égouts des modernes Truands,
Les caveaux des festins aux livides murailles,
Où le peuple affamé dévore des entrailles,
Et les gouffres sans nom pleins d'escaliers gluants ;
Puis l'Hôtel-Dieu gisant sur la pâle civière,
Le cachot du départ que l'espérance fuit,
Et la Morgue au teint vert qui jettent chaque nuit
    Son hameçon dans la rivière.

O Paris, voilà bien ton antique blason ! **
Ta ceinture de quais s'arrondit en bordages,
Tes ponts, qui sont roidis comme autant de cordages,

---

* Les trois tourterelles aiguës qui bordent le Palais ont la forme de trois éteignoirs gigantesques.

** Il est inutile de rappeler que Paris porte un *vaisseau* dans ses ar-

Retiennent ta carène aux rives de gazon.
Ton balcon est ce parc où se brise la lame :
Ta poulaine est un roi de bronze ; cet amas
D'aiguilles, de maisons, c'est ton lest ; et tes mâts
    Sont les deux tours de Notre-Dame.

Puisses-tu quelque jour, soulevé par les eaux,
Ton drapeau d'amiral hissé sur ta misène,
Atteindre, en descendant la pente de la Seine,
L'Océan Atlantique où nagent les vaisseaux.
Vomis ce lest impur, levain de ta naissance.
Libre de ce contact, virginal et léger
Que Paris une fois se montre à l'étranger
    Avec la robe d'innocence.

Ainsi disparaîtrait, dans ces deux Océans,
Ce vieux palais bâti par les rois fainéants,
Et qui même aujourd'hui, parfumé de tristesse,
Étouffe les enfants de la bonne Lutèce !
Qui sait même ! la mer, dont le flot ronge tout,
Sur quelque îlot voisin le laisserait debout ;
En vain ses dents de sel, ses limes de bitume,
Sa colère qui monte en panache d'écume,
Heurteraient l'édifice et sa grille de fer :
Dans ces greffes béants il rongerait la mer,

---

mes ; cette étymologie héraldique s'explique naturellement par la forme
de l'île de la Cité, berceau de la grande capitale.

Il garderait encore la forme satanique
D'un juge qui prononce une sentence inique ;
　Ses lucarnes de plomb, rondes au front des tours,
Ressembleraient de loin à des yeux de vautours :
Ce serait un écueil de puissante racine,
Plus affreux que Carybde aboyant à Messine ;
Là, viendrait s'engloutir, sous un noir corridor,
Les vaisseaux du Pérou chargés de mines d'or,
Et ceux de l'Inde anglaise avec leur riche cale,
Qui portent à Brighton les trésors du Bengale :
Tous les rochers voisins, périculeux abris,
Blanchiraient d'ossements et d'horribles débris,
Et le sage nocher fuyant ce promontoire,
Lui donnerait pour nom : Roc du Réquisitoire.
Hélas ! où m'ont conduit ces chimériques vœux !

Il pèsera longtemps sur nous et nos neveux
Cet édifice noir garni de ses tourelles,
Ce forum glapissant de nos tristes querelles !
A jamais éternel dans sa caducité,
Il est inamovible autant que la Cité,
Autant que ses deux tours, ce grand numéro onze
Qui vomit tant de sons de ses gueules de bronze.
Jamais l'édit royal venu du Carrousel,
Sur le sol du Palais ne sèmera du sel ; [143]
Jamais nous ne verrons sur l'autre bord du fleuve,
Dans les quartiers polis de la Lutèce neuve,
Thémis, transfuge enfin de ses hideux caveaux,
S'inaugurer un temple aux portiques nouveaux.

Là, depuis Chilpéric, rien n'a changé de face :
C'est encore le chenil de la seconde race ;
Aussi, voyez ce juge en toque de velours,
Qui marche gravement sous les pilastres lourds,
Qui raye avec ses pieds la poussière des dalles ;
L'esprit tout obsédé d'images féodales,
Peut-il, devant le siècle abaissant ses genoux,
Croire qu'un beau juillet étincela sur nous ?
Si le temps marche ailleurs, là, rien ne le rappelle ;
Regardez le cadran de la Sainte-Chapelle :
Le temps a fait tomber ses aiguilles de fer,
C'est le frère éternel du cadran de l'enfer.
Un jour nous avons cru (c'était encore un rêve)
Que le parfum de poudre exhalé de la Grève,
Dans le palais voisin entrant avec l'éclair,
De sa fétide cour devait assainir l'air ;
Que les juges vendus aux royales Gomorrhes,
Et dont l'iniquité suait par tous les pores,
De la vertu proscrite effrontés assassins,
Ne remonteraient plus vers les prétoires saints :
Vain espoir ! aucun vent de salubre atmosphère
N'a purgé ce manoir, sentine pestifère
Et ces hommes pervers dont Satan sait les noms,
Sortis de leurs caveaux, se sont dit : « Revenons ;
« Remontons sur nos bancs, nous jugerons encore
« Ces odieux amis du signe tricolore ;
« Nous pourrons les plonger vivants dans nos cachots,
« Nous voterons contre eux la grève et les fers chauds,
« Et le trésor royal au jour des échéances,

« Comme sous Charles Dix, soldera nos séances.. »
Ils sont donc revenus dans cet auguste lieu,
Ces Judas, et leur vue a fait reculer Dieu !
Succombant cette fois à tant d'ignominie,
Le Christ a retrouvé sa première agonie;
Et devant les serments de ces hommes impurs
Tous les saints crucifix ont déserté les murs.

Ils sont donc revenus ! Moi, candide poëte,
Je les croyais encor sous la voûte secrète
Où j'aurais pu, TROIS JOURS, mieux que je ne le fais,
Fouetter impunément leurs quinze ans de forfaits.
Venez les voir : c'est l'heure où leur salle est ouverte;
Leur triste amphithéâtre est une table verte
Où quatre opérateurs, d'un œil inattentif,
Sous le scalpel des lois dissèquent l'homme vif;
A l'ignoble chantier où Dupin les convie
Ces manœuvres hideux viennent gagner leur vie ;
Un squalide recors range sur l'établi
Le Code où la raison est vouée à l'oubli,
La plume criminelle et la fausse balance ;
Déjà l'huissier criard, dieu bruyant du silence,
Entonne le verset d'introït : CHAPEAU BAS !
A l'aspect des Dagons étranglés de rabats,
On ordonne soudain de fermer les croisées,
Car ils craignent de voir les maisons pavoisées,
Et le drapeau flottant qui jette ses couleurs
Sur le marché voisin, mosaïque de fleurs. ¹⁴⁴
Les sbires pourvoyeurs, limiers de bonne race,

Présentent pour fournée au tribunal vorace
Des grappes de filous que, par amusement,
Quatre juges distraits égrènent en dormant ;
Puis, ces forbans de nuit que la famine ronge,
Qui, dans tous les forfaits, boivent comme l'éponge ;
Ces immondes clients des repaires vineux,
Que vingt fois la menotte a flétris de ses nœuds,
Innombrable bétail que Desmortiers rallie, ¹⁴⁵
Qu'une grande cité garde comme une lie,
Locataires sans bail des cachots de Paris,
De vomitives chairs, de mets hideux nourris,
Qui, sans rien prélever de leurs peines futures,
Préludent à l'arrêt par six mois de tortures.
Leur histoire est écrite en un simple dossier ;
En entendant leurs noms que décline l'huissier,
Le juge, coudoyant ses trois dormeurs intimes,
Condamne en un clin d'œil les banales victimes.

Tout à coup, du milieu de ce fangeux levain,
Surgit un homme pur, populaire écrivain,
Poëte citoyen, qui depuis sept années
Maigrit en combattant pour nos lois profanées ;
Lui qui, sous les Bourbons, chanta les trois couleurs,
Vient pour se disculper sur le banc des voleurs !
Malheureux ! sais-tu bien que ceux à qui tu parles
Sous un autre drapeau sont les juges de Charles,
Et qu'ils vont condamner tes innocents délits
Comme au temps où leur salle avait ses fleurs de lis !
Tu crois que, pour juger, leur âme se recueille,

Insensé! mets la main dans leur noir portefeuille,
Et tu vas y trouver l'arrêt qui te proscrit
Par leurs iniques mains depuis trois jours écrit;
Tais-toi; ne parle pas à ces hommes de fraudes,
Ne va pas devant eux jeter les émeraudes ; [146]
Ta langue harmonieuse est de glace pour eux,
Ou tinte comme un son dans leurs cerveaux si creux ;
Ces quatre juges noirs, que tu ne vois qu'en buste,
Sache que leur aspect épouvante le juste,
Qu'ils sont de la raison l'inamovible effroi :
Le Minos du milieu, ce vieillard, c'est Jouffroy ;
Prend garde ! son sourire est d'un funeste augure,
Il se grime en bon homme et ment à sa figure;
Crains aussi ce Duret, au sourcil monacal,
Pâle comme un fœtus qui sort de son bocal ;
Jarry, qui ramassa la robe de son père,
Et Danjan marqueté de taches de vipère.
Cadavéreux limon pétri par Belzébuth,
Leur nom seul dans ma bouche engendre le scorbut;
Le vert-de-gris royal est sous leur étamage ;
Ils sont tels que Dupin les fit à son image !

Ils s'étaient engloutis sous le trône vaincu,
Mais Satan a soufflé sur eux, ils ont vécu !
L'esprit mystérieux qui sous ces voûtes plane,
Le hibou du Palais aux ailes de membrane,
Dupin a protégé ces funèbres oiseaux
Quand le peuple sur eux étendait ses réseaux.
Et devant ces horreurs qui brûlent l'épiderme,

Mon vers s'adoucirait, ma main serait moins ferme !
Comme nos bons aïeux j'irais en vers badins,
Poëte de salon, chansonner nos Dandins !
Quand leur griffe de fer me vole et m'assassine,
J'ajouterais un acte aux *Plaideurs* de Racine !
Non, je veux en rentrant sous ma noire prison,
Que ma satire en feu brûle comme un tison ;
Équitable bourreau d'une infâme justice,
Je veux que sur les toits mon arrêt retentisse ;
Ils sont mes criminels, et si je les maudis,
C'est qu'ils m'ont fait asseoir au siége des bandits ;
C'est qu'ils ont extorqué l'honorable salaire
Que porte à *Némésis* l'obole populaire ;
C'est qu'ils ont abattu mon poétique essor
Sous les doigts desséchés des goules du Trésor ! [147]

O Cambyse ! ô grand nom d'éternelle épouvante !
Toi qui fis écorcher l'iniquité vivante ;
Que ne peux-tu venir dans ce hideux palais
Pour détacher le masque à ces visages laids !
Moi-même je voudrais, secondant ton office,
Recevoir de tes mains le fer du sacrifice,
Et portant au prétoire un salutaire deuil,
De la peau de mon juge étoffer son fauteuil !

XXIII

LE SEIZE AOUT DE VARSOVIE

MÉDITATION POLITIQUE *

11 SEPTEMBRE 1831

Ouvrons ce bulletin. — 16 août. — De Varsovie !
Que nous révèle-t-il ? ou sa mort ou sa vie ?
Quel est ce nouveau deuil que ma terreur pressent ?
Le timbre est noir ; la lettre a passé dans le sang ;
J'ai lu. — Frémissons tous au fond de nos entrailles !
Ce sang n'a pas coulé dans de saintes batailles ;
C'est le sang du poignard que les cachots étroits,
La nuit, ont vu couler sur leurs tristes parois.
Il a donc pu frapper des coups illégitimes,
Ce grand peuple ! il s'est fait juge de ses victimes ; [118]
Oh ! ce sang sur ma chair fait courir les frissons !
Détournons nos regards du crime, gémissons,
Et s'il est vrai ce bruit que la haine propage,

---

* Je proteste d'avance contre toutes les perfides insinuations qu'on pourrait tirer de ces vers, au moyen de citations isolées et tronquées ; je proteste encore contre cette tactique si vieille, si absurde, et pourtant encore en vogue dans les journaux légitimistes et ministériels.

D'une si belle histoire arrachons cette page.
Maintenant libre à vous d'éterniser vos cris ;
Au ban des nations appelez ces proscrits ;
Allons! nommez le Peuple un tigre aux mille têtes,
Exhumez contre lui vos vieilles épithètes ;
Dites qu'il est rebelle à tout juste pouvoir,
Qu'il a l'instinct du sang. — Je ne veux pas savoir
De quel nom exécré votre haine le nomme ;
Voulez-vous définir le Peuple ? — C'est un homme.
Cet homme défendait Varsovie aux abois ;
Le tonnerre du Czar éclatait dans ses bois ;
Le choléra dans l'air, la famine à sa porte,
Au dedans, au dehors, toute espérance morte ;
Un horizon de deuil tombait autour de lui,
L'inévitable jour du désastre avait lui ;
Agent mystérieux de la diplomatie,
La trahison vendait son sang à la Russie ;
Il fatiguait la France et le ciel de clameurs,
Et le ciel et la France avaient répondu : Meurs!
Alors, tout pantelant d'une fièvre subite,
Roulant un œil de feu dans sa sanglante orbite,
Cet homme au désespoir, oubliant sa raison,
Pour se guérir du mal a mangé du poison,
Et broyant sous ses pieds des espérances vaines,
D'une main délirante il s'est ouvert les veines.
Oui, le sang a coulé ; la paille des cachots
L'a bu, fumant encor sous les cadavres chauds ;
Mêlant l'assassinat à l'insulte grossière,
La vengeance a traîné ces corps sur la poussière ;

Le peuple justicier, aux implacables mains,
A voulu reviser les jugements humains ;
Aux tribunes du club sur les barreaux groupées,
Une main a jeté quelques têtes coupées ;
C'est horrible !!! Fermons les yeux pour ne plus voir ;
Éloignons-nous, le pied glisse dans l'abattoir ;
Un frisson glacial erre dans chaque membre :

La nouvelle à Paris en vint LE DEUX SEPTEMBRE !

Oh! voilà bien l'histoire! elle n'invente pas ;
Dans les sentiers connus elle marche au compas ;
Telle est la loi : le temps, comme tout nous l'indique,
Donne aux crimes humains un cours périodique ;
Nous avons nos forfaits, chaque peuple a les siens.
Eh ! que connaissons-nous encor des temps anciens ?
Quelques pages vers nous à peine sont venues ;
Les vieux siècles sont pleins de landes inconnues ;
Si nous pouvions savoir tout ce qu'avant Cyrus
En caractères d'or gardait le papyrus ;
Tant d'histoires sans nom en Orient semées,
Ces antiques trésors des saints rois Ptolémées ;
Toutes les vérités que l'esclave thébain
Jeta devant Omar à la flamme du bain ; 140
Avec moins de terreur nous lirions nos annales,
Car toutes les cités ont eu leurs saturnales ;
Dans tout livre de peuple un sanglant numéro
Signale un noir feuillet écrit par le bourreau.

LE SEIZE AOUT DE VARSOVIE

Sans doute il est aisé, quand rien ne vous agite,
Quand un calme bonheur règne dans votre gîte,
Quand l'oisiveté d'or, mère des doux ennuis.
Ne vous laisse penser qu'aux voluptés des nuits,
Et qu'au Forum muet aucun cri de discorde
De l'arc des factions ne fait vibrer la corde ;
Sans doute il est aisé sur un moelleux fauteuil
De juger hardiment les époques de deuil ;
De flétrir sans pitié ces sublimes courages
Qui naquirent pour vivre au milieu des orages ;
Ces hommes inspirés, seuls juges de leur temps, 150
Qui croyaient leur mémoire absoute après cent ans,
En offrant chaque jour, sur la Grève indignée,
Comme un acte de foi leur tête résignée,
Ou qui souvent mouraient, lisant dans l'avenir
L'arrêt immérité qui devait les punir,
Ainsi, du noir passé respectant la barrière,
Jamais nous ne jetons nos regards en arrière ;
Nous nous plaisons à voir, sous un prisme qui ment,
Les choses d'autrefois par les yeux du moment ;
Il faut un grand effort de lucide pensée
Pour se créer acteur d'une époque passée,
Pour se faire vivant quand on ne vivait pas,
Et pour juger alors à leur juste compas
Des orageux acteurs d'un siècle qu'on ignore,
Comme si, sous nos pieds, le sol tremblait encore : *

---

* Il est évident pour tout le monde, excepté pour la malveillance intéressée, que ces éloges ne s'adressent pas aux septembriseurs, mais aux jeunes et héroïques Conventionnels qui donnaient leur vie en garantie de leur conviction politique.

Moi, l'esprit tout saisi par l'exemple donné,
Du bulletin du jour je suis moins étonné :
Oui, quand un peuple en deuil touche à son agonie,
Des révolutions le sinistre génie,
Adoptant pour appuis le meurtre et l'échafaud,
Prononce avec horreur le terrible : IL LE FAUT!
Puis du glaive des lois il arme la vengeance,
A des poignards rouillés donne l'intelligence ;
Il brouille dans la nuit de son chaos épais
Les principes du bien, si beaux en temps de paix ;
Il sait que, faisant trêve à leurs droits légitimes,
Les peuples quelquefois se sauvent par des crimes :
Si l'heure sonne, alors apparaissent debout
Ces types monstrueux et les mêmes partout,
Ces hommes effrayants, contempteurs du salaire,
Qui servent, pour du sang, leur maître populaire,
Et marchent l'infamie écrite sur le dos ;
Ces orages vivants formés de chair et d'os
Qui, purifiant l'air, laissent voir dans l'espace
Le rayon qui console et le malheur qui passe.
Ce génie inconnu qui trace leurs chemins,
Désigne ces fléaux avec des noms humains,
Tels que ceux de Maillard et de Billaud-Varenne :
Cherchez-en aujourd'hui sur la publique arène;
Il est bien loin ce temps où le peuple en courroux,
Effrayant magistrat, vint lever les écrous,
Et forçant des cachots la ténébreuse issue,
Mit sur son tribunal le sabre et la massue.
Eh bien! si le destin, même après quarante ans,

Nous ramenait encor les périls de ce temps ;
Si des princes ligués les milices lointaines
Venaient pendre leur tente aux sapins des Ardennes ;
S'ils arrivaient, ces rois que retient vers le Nord
Le puissant choléra sur ses ailes de mort ;
Si, portant avec elle Holyrood et la peste,
La Prusse, de nouveau, lançait un manifeste ;
Si le vieux royalisme, habile en trahisons,
Jusqu'au sein de l'armée infiltrait ses poisons ;
Si la Provence en feu, par la croix secondée,
Tendait sa main carliste à la chaude Vendée ;
Si Paris affamé ne trouvait plus son pain ;
Si, pour dernière horreur, les juges de Dupin,
Déroulant des complots l'interminable liste,
Renvoyaient innocent le crime royaliste :
Alors viendrait cette heure où l'homme se résout
A ce grand désespoir qu'on appelle un Seize-Août ;
Le génie inconnu qui régit nos tempêtes
Irait frapper du pied à des portes secrètes,
Et les mêmes acteurs reparaîtraient ici,
La massue à la main, en criant : Nous voici !
Eh quoi ! ministres vains dont le bras nous gouverne,
Vous tremblez au seul nom d'un Septembre moderne !
Jusqu'à l'ongle des pieds vous sentez des frissons !
Ah ! plutôt méditez sur ces grandes leçons !
Allez, ne chargeons pas du poids de la colère
Ces manœuvres obscurs, écume populaire ;
La fange de la rue est sans pensée ; il faut
Arriver jusqu'à l'âme et remonter plus haut.

Tous ces nains du Pouvoir aux formes rachitiques,
Ces hommes de calcul, ergoteurs politiques,
Ces sophistes du jour, ces froids temporiseurs,
Voilà les assassins et les septembriseurs.
Si notre France en deuil, généreuse patrone,
Au tronc de Varsovie eût jeté quelque aumône ;
Si les Machiavels qui règlent nos destins
Eussent porté l'espoir à nos frères lointains ;
Non, l'aigle polonais, qu'un seul coup peut abattre,
Jamais n'aurait terni son plumage d'albâtre ;
Jamais, dans les prisons, d'effroyables excès
N'eussent adjoint un frère au Septembre français.
C'est le juste-milieu qui, dans sa faible Chambre,
A greffé le Seize-Août sur notre Deux-Septembre ;
Cet holocauste impur, aux impurs nous l'offrons ;
Que tout le sang versé retombe sur leurs fronts.
Oui, si jamais sur nous l'aube écarlate brille,
Si la Terreur revient, elle sera leur fille.
Du poëte qui parle entendez tous la voix ;
Je vous l'ai déjà dit une première fois : *
Sur la cendre du sol mes pieds sentent la braise ;
Vous avez fait un pacte avec quatre-vingt-treize.
Que me fait ce reproche exhumé des vieux temps,
De répéter sans fin mes oracles constants?
Qu'importe que vingt fois *Némésis* récidive?
Jonas se répétait quand il prêchait Ninive.

* Cette opinion a déjà été exprimée dans la satire : *Aux Électeurs du juste-milieu;* c'est cette satire qui a soulevé contre *Némésis* tant de récriminations et de calomnies.

Je veux, puisque le ciel vous accorde un sursis,
Parler de pénitence à vos cœurs endurcis ;
Vous dire mille fois, de ma voix de prophète :
Si la Terreur revient, c'est vous qui l'aurez faite ;
Et qu'éternellement, au creux de votre sein,
Le bourdon de mes vers gronde comme un tocsin !

XXIV

MOSAÏQUE NEMESIENNE

PROLOGUE

18 SEPTEMBRE 1831.

Par Thémis condamnée et par le Peuple absoute,
Némésis va finir la moitié de sa route ;
Sans faillir une fois elle a vu deux saisons ;
Déjà cinq mille vers chargent ses livraisons :
Elle a tout exploré des yeux de la satire ;
Mais son domaine est vaste, elle n'a pu tout dire,
Et dans le champ public où sa faux a passé,
Quelques faibles épis sous le fer ont glissé.
Oui, l'on aime à revoir après bien des années
Les chroniques du jour, fleurs si vite fanées,

Sable d'événements épars sur le chemin,
Que chasse vers l'oubli le vent du lendemain.
Eh bien ! quittons un peu le pinceau de l'histoire ;
De futiles détails formons un répertoire ;
Resserrons aujourd'hui, d'un cadre plus étroit,
Ces esquisses d'album qu'on feuillette du doigt ;
Après, nous reprendrons notre satire ardue,
OEuvre grave et sévère une fois suspendue ;
Némésis poursuivra son vol dans l'horizon
Quand elle aura glané dans sa propre moisson.

LA GUERRE DE M. PÉRIER

Depuis que Charles Dix, au jour de sa détresse,
Emporta dans l'exil Diane chasseresse,
Et tous ses dieux vaincus, ces pénates des bois,
Qui suivirent toujours les Bourbons aux abois,
Le silence régnait dans les parcs de Versailles ;
Les coqs aux ailes d'or, les chevreuils des broussailles,
Dans l'opaque Meudon aux verdoyants abris,
Goûtaient sous Casimir une paix à tout prix.
O douleur ! oubliant sa champêtre justice,
Girardin a rompu quinze mois d'armistice ;[152]
Girardin, dont le nom est, depuis quatorze ans,
L'épouvantail des cerfs et l'effroi des faisans.

Au rond-point de Meudon, sur la pelouse verte,
Ce grand-veneur a dit que la chasse est ouverte,
Périer, parodiant son légitime roi,
Suivi de ses piqueurs, arrive en palefroi,
Et pour se ménager une chance future,
Du jeune Henri Cinq fait jouer l'ouverture. 153
Silence ! de leurs coups les bois vont retentir !
Nul d'entre eux ne connaît le courre ni le tir,
Ni l'argot de chenil, ces mystères intimes,
Que seuls possèdent bien les princes légitimes ;
N'importe ! Casimir, suivi de cavaliers,
D'un pas de doctrinaire enjambe les halliers ;
Vingt fois de ses chevreuils il demande la piste,
Il tire à contre-cœur sur le gibier carliste,
Et quand, à bout portant, sa balle manque un daim,
On voit d'un air moqueur sourire Girardin.
Mais si la chasse rentre avec les fourgons vides,
Que vont dire le soir tous les commis avides,
Nouveaux gardes du corps qui, comme au temps passé,
Attendent tous leur part du butin ramassé ? 154
Casimir va combler ce déficit de chasse :
Il ouvre un havre-sac dont le poids l'embarrasse,
Et leur donne, couverts de leur sanglant duvet,
D'exotiques faisans que lui vendit Chevet. 155
Voilà le seul combat, la campagne d'automne
Que le juste-milieu nous promit et nous donne !
Voilà la guerre, enfin, qu'implorait notre vœu !
Le Nembrod de comptoir a commencé le feu.
Il a donc secoué son repos léthargique !

Quand Saint-James, d'un mot, nous chasse de Belgique, [156]
Quand Varsovie en deuil excite notre élan,
Quand l'aigle de François nous insulte à Milan,
Et que chaque matin enfante un protocole,
Alors Périer saisit le vieux drapeau d'Arcole,
Et, de ses fiers piqueurs étendant le cordon,
Livre bataille aux cerfs dans les bois de Meudon.

LE PILAU FRANÇAIS

Le bon Hussein qui régna sur Carthage,
Jusqu'en nos murs poussé par le destin,
Chez Casimir, qui le tient en otage,
Un jour venant pour s'asseoir au festin,
Sous le riz jaune, en forme de potage,
Vit pointiller un gibier clandestin.
Oh! qu'est ceci? dit le fils du Prophète;
De quel oiseau ta soupe est-elle faite?
Moi, quand je dîne aux tables des Chrétiens,
Je crains les plats que leur ruse m'étale;
Je suis toujours la mode orientale
Pour mes ragoûts; tu peux garder les tiens.
Va! dit Périer, crois-en à l'apparence,
Mon pilau jaune est pur devant tes lois,

Je puis ici l'offrir en assurance
A tout convive ennemi de la France
Car je l'ai fait avec le coq gaulois.

LA FLOTTE DE DON MIGUEL

Don Miguel, plus horrible à mes yeux que le timbre,
L'insolvable tyran qu'on redoute à Coïmbre,
Contraint par le canon à payer sans délais
Un large million absent de son palais,
Enfin à notre France abandonne en otage
Ses antiques vaisseaux infusés dans le Tage ;
C'est l'unique trésor du monarque assassin ;
Il a fallu le prendre, et l'amiral Roussin, [157]
Pour nous indemniser des dépenses publiques,
A remorqué dans Brest ces navales reliques.
Hélas ! qu'en ferons-nous ? dans leur pas inégal
A peine ont-elles pu venir du Portugal ;
Leur poulaine, débris d'une antique élégance,
Porte encor l'écusson des vieux ducs de Bragance :
Respectons le JEAN-SIX ; ce navire Nestor
A vu, du sein des mers, surgir Adamastor ;
Les autres, de leurs ans portant la date écrite,
Parlent encor des jours où vivait Amphitrite,

Et montrent leurs sabords rongés de sel marin,
Meurtris depuis mille ans par les rostres d'airain.
Oh! nous ne sommes pas des conquérants vulgaires!
Il faut en convenir, nous faisons bien nos guerres :
Ferdinand doit encor sur le Trocadero
Quatre-vingts millions que j'estime à zéro;
Par les Grecs aux abois notre France implorée
Envoya ses vaisseaux conquérir la Morée;
Avec nos régiments notre or s'expatria
Pour donner un royaume à Capo-d'Istria. [158]
Maudite soit encor la guerre orientale!
Alger nous promettait tous les trésors d'Attale,
Et nous n'avons reçu, pour tant de millions,
Qu'un ex-dey théâtral et quatorze ex-lions. *
Une fois, si Périer se révèle énergique,
Qu'avons-nous rapporté du fond de la Belgique?
Rien : une guerre encor faite avec nos deniers!
Nous n'y gagnons pas même un tableau de Teniers!
Mais, au moins, quand Rigny, vers la fin de décembre,
Pour ses frais de bureaux implorera la Chambre,
Qu'une fois don Miguel, par Roussin cahoté,
Jette à notre trésor sa part de bois flotté,
Et que son vieux JEAN-SIX et sa flotte en ruine
Chauffent pour tout l'hiver l'hôtel de la Marine.

---

* Les cages du Jardin des Plantes sont encombrées de quatorze lions tristes, rabougris, usés, mornes et diffamés. L'étiquette porte cette désignation pompeuse : LION DE L'EXPÉDITION D'AFRIQUE.

Spolia et victi monumenta Syphacis ! ! !

L'ÉMEUTE DU CADRAN

L'émeute! encor l'émeute! hydre des carrefours,
Que le galop disperse et qui renaît toujours!
Cette fois elle abdique une mâle origine;
Ses cris sont plus aigus, c'est l'émeute androgyne;
Aussi pour sa bannière elle déploie un schall :
Soudain Périer, suivi du nouveau maréchal,
Appelle auprès de lui, pour faire la campagne,
Tourton, le fournisseur de la guerre d'Espagne;
Et le noble trio, tout radieux d'orgueil,
A terrassé le monstre au quartier Montorgueil.
Ce n'étaient plus ici des bandes aveuglées :
Ils avaient tous affaire à des troupes réglées;
Et ce n'est point aisé, dans ce péril pressant,
D'arrêter à tout prix l'effusion du sang.
Il ne fallait rien moins que ce ministre équestre
Pour refouler d'un mot cette émeute au séquestre;
Elle a fui; ses longs cris n'éclatent plus dans l'air,
Et pour se réchauffer elle attend cet hiver.

IVRESSE

Bien que chaque matin un avis funéraire
Du choléra-morbus trace l'itinéraire,

Et que, pour lui ravir son horrible tribut,
La peur ait épuisé l'huile de Cajeput,
Dans le chaos brillant où tout malheur s'oublie,
Paris a conservé sa stoïque folie.
Insoucieux Paris! rien ne peut l'émouvoir :
Au milieu du fracas il vit sans le savoir,
Il court d'un pied léger sur un chemin d'épines,
Comme le jeune enfant du tableau des Sabines;
Le Paris de Juillet, enfant de quinze mois,
Sourit aux glaives nus et joue avec ses doigts.
Eh! que sert de subir une terreur panique?
Chaque jour n'a-t-il pas sa nouvelle chronique?
Aujourd'hui c'est Pasta, Tancrède féminin, [159]
Qui franchit, pour nous voir, la Manche et l'Apennin;
Dans son royaume d'or, par un essai timide,
Véron vient d'exhumer la chevrotante Armide; [160]
Puis, c'est Léocadie et son doux fandango; [161]
Puis, sur le boulevard ennobli par Hugo,
De l'arc de Saint-Denis le fraternel portique
S'ouvre, et fait large place au drame romantique;
C'est Montansier, berceau de la vieille chanson,
Riant de son voisin ébranlé par Samson; [162]
C'est le martyr Quélen qui fulmine une bulle;
C'est Bouffé du Gymnase, Odry le Funambule;
La vive parodie à l'excitant grelot;
La pesante gaîté du tragique Ancelot;
Monnier, le double artiste, [163] émule de Granville,
Qui se traduit en scène et se fait vaudeville;
Tous les joyeux acteurs qui, du peuple chéris,

Épuisent, chaque soir, la gaîté de Paris.
Puis bourdonnent dans l'air, comme un essaim d'abeilles,
Ces riens étourdissants, éphémères merveilles,
Modernes aujourd'hui et gothiques demain,
Que les oisifs heureux aspirent en chemin,
Qu'enluminent si bien dans leur feuille légère,
Ou le Sterne espagnol de la cité Bergère, [16]
Ou ce *Corsaire* ami qui, dans son droit sillon,
Au vice, en pleine mer, fait baisser pavillon.

Bien! joyeux citadins que l'ivresse rassemble,
Poursuivez votre bal sur le plancher qui tremble ;
A quoi bon vous ronger d'un inutile soin?
Que craignez-vous? la guerre et la peste sont loin :
Attendez, pour sortir des molles rêveries,
Que le canon du Czar résonne aux Tuileries,
Ou que devant Noblet, au splendide Opéra,
Un de vous, en riant, meure du choléra

VENDREDI SOIR.- SEIZE SEPTEMBRE [165]

DESTINÉE A PÉRIR!!! l'oracle avait raison
Faut-il accuser Dieu, le sort, la trahison
Non, tout était prévu, l'oracle était lucide.
Qu'il tombe sur nos fronts, le sceau du fratricide !
Noble sœur! Varsovie! elle est morte pour nous!
Morte un fusil en main, sans fléchir les genoux;

Morte en nous maudissant à son heure dernière ;
Morte en baignant de pleurs l'aigle de sa bannière,
Sans avoir entendu notre cri de pitié,
Sans un mot de la France, un adieu d'amitié!
Tout ce que l'univers, la planète des crimes,
Possédait de grandeur et de vertus sublimes ;
Tout ce qui fut géant dans notre siècle étroit
A disparu ; tout dort sous le sépulcre froid !
Cachons-nous, cachons-nous ! nous sommes des infâmes ;
Rasons nos poils, prenons la quenouille des femmes ;
Jetons bas nos fusils, nos guerriers oripeaux,
Nos plumets citadins, nos ceintures de peaux ;
Le courage à nos cœurs ne vient que par saccades ;
Ne parlons plus de gloire et de nos barricades ;
Que le teint de la honte embrase notre front ;
Vous voulez voir venir les Russes : ils viendront ! ! !

XXV

VARSOVIE

25 SEPTEMBRE 1831

Venit summa dies et ineluctabile tempus:

Les rois prennent le deuil quand les monarques meurent,
Tel est l'usage antique entre ces grands voisins ;

Ils honorent ainsi, sans que leurs yeux les pleurent,
Des hommes inconnus qu'ils nomment leurs cousins.
Simulacre obligé des tristesses humaines !
Ils règlent leur douleur par mois ou par semaines ;
Leur chagrin d'étiquette a des termes subits ;
Ils prolongent gaîment ces lamentables rôles,
Jusqu'à ce qu'un valet leur dise ces paroles :
Sire, ne pleurez plus, voilà d'autres habits.
Et nous, qu'a contristés une peine si forte,
Quand notre sœur aimée est pendue à la croix,
Quel deuil porterons-nous quand la Pologne est morte ?
Faut-il suivre aujourd'hui l'étiquette des rois ?
Quelle nuance attend notre sombre toilette ?
Faut-il qu'elle soit noire, ou blanche, ou violette ? *
Quel symbolique fard teindra notre douleur ?
Le rouge, mes amis ; c'est le deuil militaire :
Rouge comme le sang qui jaillit d'une artère ;
Varsovie en mourant avait cette couleur.

Une douleur royale effleure l'épiderme,
Jamais chagrin de Cour n'a blanchi des cheveux ;
Mais la douleur d'un peuple est saignante et sans terme ;
Un père au lit de mort la lègue à ses neveux :
C'est le deuil qui nous suit en pointes corrosives,
L'entretien des travaux et des heures oisives,
Le spectre qui s'éveille avec nous le matin,
Qui fait tomber des pleurs dans nos coupes rougies,

---

* Couleurs adoptées par l'étiquette pour le deuil des Cours.

D'un verdâtre reflet couronne les bougies,
Et met un catafalque au milieu d'un festin.

Non, le sang veut du sang ! pleurer, c'est une honte !
Le deuil même n'est plus qu'un appareil menteur ;
Ce qu'il nous faut, à nous, c'est la vengeance prompte,
C'est un drame de guerre où chacun soit acteur.
Eh ! qu'importe l'hiver, temporiseurs timides ?
Avons-nous toujours eu le ciel des Pyramides ?
C'est en hiver que l'aigle étouffa les Strélitz ;
La glace est notre pont sur la Meuse et la Sambre ;
Austerlitz rayonna sur nous le deux décembre,
Le printemps ressuscite au soleil d'Austerlitz !

Voilà le cri du peuple ! il éclate, circule
Comme un dernier écho parti de la Vistule,
Et pour se faire entendre aux oreilles des sourds
L'émeute polonaise est dans nos carrefours.
O noble Varsovie ! ô sœur assassinée !
Ceux qui t'avaient d'avance à périr destinée,
Que font-ils aujourd'hui ? pleurant le grand malheur,
Parmi le deuil public ont-ils traîné le leur ?
Les pieds nus, l'œil éteint, les têtes abattues,
Les a-t-on vus passer sur le pont des statues ?
Avez-vous entendu leurs cris de repentir ?
Ont-ils pleuré trois jours sur le peuple martyr ?
De l'assassin tartare impassible complice,
Périer s'est-il couvert de cendre et de cilice ?
Justice est-elle faite ? et le froid *Moniteur*

A-t-il mis sur leurs noms le sceau réprobateur ?
Non ; rien n'a secoué leur coupable inertie ;
Frappez sur le caillou de la diplomatie,
Il n'en jaillira point d'étincelles de feu ;
Là tout est calculé jusqu'au poids d'un cheveu ;
Pour qu'un cabinet pleure il faut un protocole ;
Bien plus ! comme un régent d'une mutine école,
Plus hardi que jamais, Périer, le lendemain,
Vint siéger au sénat la férule à la main ;
L'orgueil, prêt à quitter l'hôtel des Capucines,
A poussé plus avant ses profondes racines :
Ils sont venus tous deux sans pleurs pour nos héros,
Sans haine pour le Czar, sans fiel pour les bourreaux ;
Et quand d'un peuple entier la tombe est assouvie,
Ils ont dit froidement ! L'ORDRE EST A VARSOVIE ! [166]
Ils l'ont dit ! et les murs du saint temple des lois
N'ont point sué le sang à travers leurs parois ;
Et les claqueurs payés, par qui tout se décide,
Ont tous battu des mains à ce grand homicide
Et les dieux du budget, demain reconnaissants,
Acquitteront en or tout ce fétide encens !
Ah ! si la baïonnette à leur voix accourue
N'eût imposé silence aux conseils de la rue ; [167]
Si les longs roulements des obstinés tambours
N'eussent couvert la voix qui parlait aux faubourgs ;
Si Périer, pour s'ouvrir de périlleuses traces
N'eût fait autour de lui galoper les cuirasses,
Et devant le sénat, à la place des gonds,
N'eût sous le péristyle incrusté deux dragons ;

Sans doute, mitigeant sa crise de colère,
Il eût mieux respecté la douleur populaire,
Et sans justifier un honteux abandon,
Son orgueil eût peut-être imploré le pardon.
Certes! quand la tribune érigée en prétoire
Cita le ministère à l'interrogatoire,
Elle nous présageait de plus nobles efforts :
Que n'a-t-elle écouté le jury du dehors?
Le crime était flagrant et les preuves précises,
Il fallait le juger à ces grandes assises ;
Le fort de Ham est vaste, et pour les trahisons
Il peut encore ouvrir de nouvelles prisons.
Mais non, grâce aux douceurs du ton parlementair
Le procureur du peuple a fini par se taire,
Et les deux Scipions sortis tout radieux,
Montant à leur voiture, ont rendu grâce aux dieux.
Ainsi, de tout destin notre France maîtresse
N'a donc pu secourir une sœur en détresse !
Varsovie était loin : un compas à la main,
Les froids calculateurs ont toisé le chemin,
Car pour se faire entendre à leur charité morte,
Il faut que le malheur pleure assis à leur porte.
Ah! depuis neuf longs mois que nos frères proscrits
Fatiguent l'univers de lamentables cris,
S'ils eussent étalé leur misère profonde
A quelque peuple assis aux limites du monde,
A ces hommes cuivrés des lointains archipels
Qui répondent toujours aux belliqueux appels,
Et qui sur leurs bras nus gravent par des entailles

Les services rendus sur les champs de batailles ;
Ces peuples généreux n'auraient pas calculé
Si la voix de douleur part d'un sol reculé,
Ni compris qu'au delà de telle latitude
L'homme civilisé s'absout d'ingratitude ;
Mais, saisis tout à coup d'un électrique élan,
Des îles du Cancer aux flots du Magellan,
Ils auraient réveillé tout le peuple insulaire ;
Et de là, l'œil tendu vers l'étoile polaire,
Troublant la vaste mer de chants de mort joyeux,
Emportant dans leurs mains les os de leurs aïeux,
Ils auraient eu le temps, avant son agonie,
D'arriver par Tilsitt dans la Lithuanie,
Et contre l'aigle noir que l'été fatigua
Le peuple océanique eût défendu Praga.
Et nous, nous leurs voisins, nous qui, sous le grand règne,
Avons de notre sang rougi la même enseigne,
Quand tous ces naufragés, les yeux vers nos climats,
Hissaient leur pavillon à la pointe des mâts,
Qu'ont fait nos citoyens pour leurs compagnons d'armes?
Ils se sont cotisés pour verser quelques larmes ;
Puis, sur leur front chagrin resserrant le bandeau,
Ils ont laissé la vague engloutir le radeau.

Mais que sert de nourrir de poignantes pensées ?
Ce désastre a pris rang dans les choses passées,
Varsovie a vécu ! ses murs sont démolis
Et les peuples du Nord ont leur Nécropolis.
Qui sait? peut-être à l'heure où le chagrin me navre,

Le Grand-Duc donne un bal dans la cité-cadavre ;
La fête est ravissante aux lueurs des flambeaux ;
De longs tapis de Perse ont caché les tombeaux ;
Les fleurs et les parfums sont semés sur la fosse :
Les voilà tous rangés autour du chef Molosse,
Tous ces feld-maréchaux, tous leurs aides de camps,
Soldatesque difforme échappée aux Balkans ;
Aux grincements aigus des grossières cithares,
Ils dansent ; voyez-vous leurs petits yeux tartares ?
Ne se donnent-ils pas les grâces de Paris,
Avec ces fronts kalmouks platement équarris,
Ces faces de mandrill aux saillantes narines
Et ces gésiers hideux qui gonflent leurs poitrines ?
Sentez-vous autour d'eux cette odeur de bétail ?
O de nos douces mœurs grotesque épouvantail !
Gentillesses d'ours blanc, valses d'hippopotames !
Ils agitent le sabre et demandent des femmes ;
Des femmes! il leur faut celles d'un noble sang ;
Ils meurtrissent leurs chairs d'un contact flétrissant ;
Puis, quand ils sont repus des blondes Scandinaves,
Ils les poussent du pied aux mains de leurs esclaves,
Et, l'estomac brûlé de lubrique alcool,
Les sauvages Baskirs hurlent un chant mogol.
Hélas ! ce n'est pas tout : à ce jeu sacrilége,
La triste Varsovie a fourni son cortége ;
Traîtres dont l'infamie a gangrené le cœur,
Ils sont venus lécher la botte du vainqueur,
Ces hommes du *milieu* dont la bouche impunie
Au peuple polonais prêchait l'ignominie ;

Ils sont enfin sortis de leurs caveaux profonds,
Tous les Dupins du Nord, tous les lâches bouffons ;
A l'exécrable bal où le Czar les invite
Ils viennent égayer le hibou moscovite,
Et du sang fraternel fumant sous ces lambris
Au prince impérial ils demandent le prix.

Et cependant, la nuit de cette horrible fête,
Sans guide, sans abri, pour reposer leur tête,
D'héroïques soldats, exilés de leurs toits,
S'enfoncent au hasard dans le désert des bois.
Varsovie a brisé sa couronne murale,
Ce n'est plus aujourd'hui qu'une ombre sépulcrale,
Un spectre qui conduit sur des steppes sans fin
Des soldats décimés par la guerre ou la faim...
Oh ! si nos bras n'ont pu sauver leur sainte ville,
Allons tous au-devant des modernes Dix-Mille !
Que du moins nos vaisseaux, tutélaires abris,
Partent pour recevoir d'héroïques débris.
Les vaincus de Praga courent vers la Baltique ;
Comme les compagnons de Xénophon antique,
Sans doute ils trouveront leur chagrin moins amer
Quand d'un long cri de joie ils salueront la mer.*
L'aigle de Frédéric, fermant son bec rapace,
Laissera le champ libre au grand malheur qui passe,
Et s'il le réclamait sur la rive du port,
Nous irions à Berlin prendre son passeport ;

---

* Xénophon raconte que, dans l'immortelle retraite, ses Dix-Mille poussèrent un long cri de joie en apercevant la mer.

12.

C'est un chemin connu, Berlin est le domaine
Que la France a pour but quand elle se promène.
L'Angleterre, vaisseau de cent mille canons,
Elle qui pleure aussi sur de sublimes noms,
Avec sa voix d'airain qui porte l'épouvante,
Dirait : « Laissez passer la relique vivante,
« Place aux soldats du ciel ! Autriche, je le veux !
« Et malheur à qui touche un seul de leurs cheveux ! »
La sainte colonie arrivant sur nos côtes
Retrouverait partout des cœurs compatriotes ;
Au foyer de la France elle viendrait s'asseoir,
Elle aurait une coupe à nos tables du soir,
Et chez notre bon peuple où tant de vertu brille,
Chacun d'un nouveau fils accroîtrait sa famille ;
Et puis, pour adoucir leur noble adversité,
Sur le fleuve voisin une jeune cité,
S'improvisant aux yeux de la France ravie,
Adopterait ce nom : Nouvelle Varsovie.
Heureux imitateur, l'art qui sait tout saisir,
Qui partout sous sa main sait créer un plaisir,
De mensonges bâtis bordant le cours du fleuve,
Tromperait leur exil dans une Praga neuve :
Ils reverraient encor les champs par eux semés,
Et la jaune Vistule et ses jardins aimés.
De tout ce qui fut grand ces heureuses copies
Ne s'écrouleraient plus sous le fer des impies,
Car on verrait debout sur les remparts chéris
Le lancier de Pologne et l'enfant de Paris.
Pour jeter son obole à ce grand édifice

Quel cœur reculerait devant un sacrifice ?
Qui ne porterait point, par l'exemple excité,
Son atome de sable au mur-ressuscité ?
Et si l'or nous manquait pour finir l'œuvre sainte,
Pour couronner Praga de sa quadruple enceinte,
Il faudrait étaler dans un nouveau bazar
Le linge ensanglanté des victimes du Czar,
Et vendre au monde entier, sur nos places publiques,
Des martyrs polonais les augustes reliques.
Là, pour se disputer ces restes d'une sœur,
Tout l'univers connu serait enchérisseur,
Tout homme qui pleura sa dolente agonie
Sans doute applaudirait l'heureuse simonie,*
Et nos femmes en deuil, brûlant d'un zèle égal,
Vendraient à ce bazar leur anneau conjugal.

O rêve de bonheur qui fonderait une ère !
Hélas ! nous bâtissons la ville imaginaire;
Nous tentons d'échauffer l'égoïsme des Cours ;
Vain espoir ! pour sentir ces chaleureux discours,
Pour féconder le plan que *Némésis* projette,
1 faut le cœur d'un homme et l'âme d'un poëte !

---

* *Simonie*, vente des choses saintes.

XXVI

A MES SOUSCRIPTEURS

2 OCTOBRE 1831

Du jour où *Némésis* fonda sa nouvelle ère,
Six mois n'ont point tari son trésor de colère ;
Née avec le printemps sous la lune d'avril,
Elle doit suivre encor son sillon de péril,
Pareille à ce vaisseau sorti du carénage
Qui, l'hiver révolu, se replonge à la nage,
Trompe tous les écueils, et jusqu'au bout de l'an
Conserve la vigueur de son premier élan.
Protecteurs de mes chants, grâces vous soient rendues !
Vous avez versé l'huile à mes veilles ardues ;
A chacun de mes bonds dans la lice où je cours,
Vos battements de mains m'ont servi de secours ;
En face d'un pouvoir dont la voix m'injurie
Vous avez salué l'équitable furie,
Et béni, chaque fois, l'hippogriffe sans frein
Qui de mes vers promis vous porte le refrain.

Eh bien ! en vérité je vous le dis encore :
Ma grande mission à peine vient d'éclore,
Je n'ai levé qu'un coin de l'immense rideau ;
Du sentier où je marche avec mon lourd fardeau
Il n'est point temps encor que mon pied se retire :
Procureur général de l'ardente satire,
J'ai là, dans mes dossiers, de hideux prévenus
Qui, sur les bancs publics, seront bientôt connus ;
Bien que six mille vers aient vengé tant de crimes,
Pour des forfaits nouveaux j'inventerai des rimes,
Et si des mots français j'épuise le butin,
Je ressusciterai l'hexamètre latin.
Malheur aux ennemis que ma constance blesse !
Ils croyaient que, vaincu par l'humaine faiblesse,
Dans un accès de rage, à mordre trop ardent,
Sur l'acier du pouvoir j'allais rompre ma dent ;
Qu'aveuglément saisi d'une fièvre soudaine,
Ouvrant à plein canal mon écluse de haine,
J'épuisais dans un jour mon œuvre d'avenir ;
Rassurez-vous, ma course est bien loin de finir :
Je me sens dans le foie et je garde à ma plume
Tout ce que l'Océan renferme de bitume.
D'autres ont dit encor : Pour tous ses numéros
Comment trouvera-t-il un texte et des héros ?
Sans que jamais son pas fléchisse ou se modère,
Atteindra-t-il toujours le but hebdomadaire ?
Le poétique feu, si souvent indécis,
Viendra-t-il sans retard à des termes précis ?
Oh ! calmez un souci que l'amitié présage :

Des poëtes passés je ne suis point l'usage ;
Je n'invoque jamais le fantasque Apollon ;
On ne voit point de lyre aux murs de mon salon ;
Mais à défaut de Muse à ma voix accourue,
Quand je veux m'inspirer, je descends à la rue :
Là, que le ciel soit pur ou qu'il soit orageux,
Je fais jaillir des vers de nos pavés fangeux ;
J'abandonne aux faiseurs des champêtres idylles
Les coteaux, les vallons, les fleuves semés d'îles ;
Mon Hélicon à moi, c'est le forum glissant,
C'est le trottoir usé sous le pied du passant,
C'est le sénat du peuple où l'ignorance opine,
Où le nom de budget ennoblit la rapine ;
C'est l'enclos des Chartreux où des Pairs moribonds
Vivent d'un dernier souffle émané des Bourbons ;
C'est l'hôtel où Périer, pâle devant son ombre,
Solde, pour le garder, les Suisses de Delombre ; *
C'est le temple où Thémis a sali son bandeau ;
La Bourse où vient régner la faillite en landau ;
C'est tout Paris, enfin, océan de murmures,
Où le peuple entre et sort par vingt mille embouchures ;
Voilà mon Hélicon, mon immense butin ;
Là, ma faim poétique a toujours son festin ;

---

* Delombre, capitaine des gardes-Périer ; il a été nommé à la suite de cette comédie jouée sur la place Vendôme entre M. Périer et des factieux si timides et si polis. Ce secret de prétendu péril est aujourd'hui connu de tout le monde ; il fallait une garde à M. Périer, et il a eu recours à une de ces vieilles ruses de dictateurs poltrons qui s'improvisent des dangers imaginaires pour se garantir contre les dangers réels qui peuvent survenir. Cette tactique à la Pisistrate révèle chez M. Périer une grande pauvreté d'imagination.

Quand on a pour glaner un si vaste domaine,
On peut faire sa gerbe une fois par semaine :
L'éternel frottement de tant d'hommes pervers
Fait jaillir de mon front l'étincelle du vers ;
Ces acteurs ont beau fuir dans le chaos du drame,
D'un regard de Melmoth je transperce leur âme :
Chaque lieu, chaque objet que mon œil peut saisir,
Enfonce dans mes chairs le dard du déplaisir.
La voyez-vous passer, cette ignoble noblesse,
Qu'à l'aide d'un ruban le Pouvoir tient en lesse ?
Les nouveaux chevaliers qu'a flétris cet affront
Portent sur leurs habits la rougeur de leur front ;
Ils passent, à pleins bords, dans la rue étonnée ;
Par la main de d'Argout leur croix fut profanée ;
Il a jeté l'honneur comme l'orge aux pourceaux,
Dans l'égout de l'intrigue il l'a vidée à seaux : *
Puis, dans ce tourbillon de rouges boutonnières,
Sous les chars cahotés dans les noires ornières,
A travers cet essaim d'intrigants corrompus,
De stupides valets, joyeux, dorés, repus,
Regardez l'homme pur, architecte d'un trône,
Qui vit depuis un an du bouillon de l'aumône,
Et qui voilant sa croix, pâle, me tend la main,
A moi dont l'avenir n'a pas de lendemain.
Voilà mes Apollons ! vous qui daignez me lire,

---

* Sans doute il y a quelques honorables exceptions dans ces 4,000 nominations de chevaliers que le ministère a faites dans un an ; mais pour quelques noms dignement décorés, comme par hasard, que de noms inconnus ou flétris !

Croyez-moi ; ce sont là les cordes de ma lyre :
Mon luth est ce long cri par la foule excité,
Qui vibre incessamment dans la grande cité.
Avec les éléments de ce chaos immonde,
C'est peu d'une satire, on peut bâtir un monde,
Et sous le choc fiévreux que partout je reçois,
Je transforme en trépied la borne où je m'asseois.

Qui donc ébranlera mon solide Parnasse ?
Le Pouvoir ? je me ris de sa faible menace :
Le temps, grâces au ciel, n'est pas encor venu
Où sur un hémistiche on marche sabre nu.
Périer peut au Cadran grossir sa voix tonnante ;
Mais dans nos journaux purs l'émeute est permanente.
Non celle qui se tait devant un alguazil,
Celle que perce à jour la pointe d'un fusil,
Celle qui va cherchant si son heure est sonnée ;
Mais l'émeute d'esprit, l'émeute raisonnée,
Celle que le bon sens calcule de sang-froid,
Et qui, toujours assise aux limites du droit,
Sans qu'une main trop vive en son chemin la pousse,
Au bonheur qu'elle implore arrive sans secousse.
Son espoir d'avenir ne sera pas trompeur.
C'est l'émeute légale, et j'y reste sans peur.
Aussi, pour ébrécher mon glaive poétique,
Ils ont craint le duel d'un procès politique ;
Persil n'est pas venu, par un cartel loyal,
Sur mon fer roturier croiser son fer royal ;
Mes félons ennemis m'ont désigné pour lice

L'insidieux terrain de l'ignoble police;
Ils ont enchevêtré mes rapides élans
De trappes, de réseaux, de glu, de nœuds-coulants;
Les chats-huants du fisc, à l'heure où je m'inspire,
Ont empreint sur mon front leurs ongles de vampire;
Eh bien! j'ai tout bravé : qu'ils reviennent demain
Me demander la bourse et barrer mon chemin.
Toujours sûr d'arriver au terme de ma course,
Je sauverai mes vers en leur jetant ma bourse.

Et puis, je me complais aux débats orageux;
Ils sont à mes ennuis aussi doux que des jeux;
Loin de moi la paix triste et les douceurs du gîte.
Je dors sur le rameau que la tempête agite;
Il faut pour faire joie au poëte rêvant
L'orchestre de la foudre et les orgues du vent;
Brisé depuis longtemps par la fortune adverse,
Ma vie est un hamac où le malheur me berce.
Et maintenant venez avec votre courroux
M'effrayer par le son des clefs et des verrous:
Tout est prison pour moi dans Paris; que m'importe
D'entrer par un guichet ou bien par une porte;
D'avoir à ma fenêtre un châssis de vitraux
Ou le gril vertical des lugubres barreaux?
Depuis qu'à *Némésis* ma vie est condamnée,
Je me suis écroué, moi, pour toute l'année;
Et l'air inspirateur de la rue et du bruit
Que je vais un instant humer avant la nuit

Je le retrouverai dans l'enceinte élargie *
Où bourdonne l'ennui de Sainte-Pélagie.
Bien plus, en respirant cet air ferrugineux,
Au satirique fouet j'ajouterai des nœuds ;
Sur les reins des méchants j'aime qu'il retentisse ;
Je ne pardonne pas à l'humaine injustice :
On dit que dans vingt jours les magistrats d'appel
Vont de nouveau sur moi promener le scalpel ;
D'être absous aujourd'hui quel écrivain se flatte ?
En sortant de Caïphe on tombe chez Pilate ;
Mais, quel que soit l'arrêt, ma plume est sans émoi ;
Fussent-ils vingt, rangés en cercle autour de moi,
Si dans le tribunal leur main me crucifie,
Je leur promets à tous une biographie :
Puis, vienne la prison ! à l'heure d'en sortir
Ils verront si mon vers chante le repentir,
S'ils ont pu m'écraser sous le poids d'une amende,
Si j'ai besoin de l'or que la loi me demande,
S'ils peuvent, torturant le Digeste pénal,
Soumettre *Némésis* à l'impôt d'un journal.
Dédaignant de ces nains la risible sentence,
Elle raffermira sa vivace existence,
Et, malgré le Pouvoir qui torture mes vers,
Je renaîtrai vingt fois sous vingt titres divers.
Quand j'aurai desséché mon encre satirique,
Je teindrai mon vélin d'acide sulfurique,
Et si *Némésis* cède à des coups oppresseurs,

---

* Le bâtiment neuf, aujourd'hui affecté aux délits politiques.

A MES SOUSCRIPTEURS

Je donnerai sa place aux infernales Sœurs,
C'est leur métier; et puis, quand dans leurs hautes-œuvres
Elles auront usé la peau de leurs couleuvres,
Je mettrai dans leurs mains, du sein de ma prison,
Des faisceaux de boas tout gonflés de poison.
Après, quand ils croiront avoir clos ma paupière,
Etouffé *Némésis* sous un dôme de pierre,
Quand ils croiront aussi couronner leurs exploits
En émoussant mes dards sous le ciseau des lois,
Oh! je leur garde alors un hymne de clôture
Qui n'aura pas de nom dans la littérature,
Un éclat volcanique, un Vésuve inédit;
Qui lancera sa lave à plus d'un front maudit!

L'exotique aloès, mystérieuse plante, *
Traîne dans nos jardins une jeunesse lente ;
Le despote des fleurs, sous un bloc de cristal,
Etouffe en souriant le noble végétal,
Et croit, sans soupçonner un foudroyant prodige,
Avoir flétri l'élan de l'épineuse tige ;
L'arbre subit, vingt ans, cet odieux affront :
Tout à coup, à minuit, il redresse son front,
Et, d'un choc imprévu pulvérisant le verre,
Il grandit de vingt pieds dans un coup de tonnerre.

* Au rapport d'Aristote, Théophraste, Ctésias, on assure que l'aloès, après un certain nombre d'années d'un accroissement insensible, grandit subitement de douze à quinze pieds, et que ce phénomène est accompagné d'une forte détonation.

XXVII

L'IMPUISSANCE DU POUVOIR

DÉDIÉ

AUX DÉPUTÉS DE LA RÉUNION LOINTIER [108]

9 OCTOBRE 1831.

Ouvrons enfin les yeux pour voir passer l'histoire ;
Hommes d'État, montez sur mon observatoire,
Vos salons sont trop bas, et vos murs de cloison
Défendent au regard d'embrasser l'horizon ;
Pour voir de tant de faits la vivante série,
Vous n'avez devant vous qu'une tapisserie ;
Il faut monter plus haut ; là, près de moi, debout,
Jeter l'oreille au bruit du cratère qui bout,
Et contempler, d'un œil effaré de surprise,
Ce grand panorama d'un monde qui se brise.
Entendez les bruits sourds que vous portent les vents :
La doctrine a semé ses germes dissolvants ;
Ils ont porté leurs fruits : reculant son domaine,
De Dunkerque à Toulon l'émeute se promène ;

Sur des sillons détruits, sur un sol crevassé,
L'esprit perturbateur comme un fleuve a passé;
La loi, jadis si forte, est partout dédaignée;
On déchire partout sa toile d'araignée;
Et cet *Ordre public*, devise du repos,
N'est plus qu'un nom brodé sur nos jeunes drapeaux.
D'un timide Pouvoir en vain le cri résonne;
Chaque cité s'insurge en rebelle amazone,
Ne dort plus qu'en sursaut, se déchire le sein,
Se balance, pendue au battant du tocsin,
Bannit ses chefs, s'octroie une Charte indigène,
Pulvérise en jouant la presse qui la gêne,
Et brise de sang-froid, sous son manteau d'airain,
Le chaînon qui la lie au centre souverain. *

Oh! si ces magistrats que le chancelier nomme
Pour protéger la vie et la maison d'un homme;
Ceux qui traquent si bien un coupable isolé,
Pour un pain tentateur que la faim a volé;
Si, le Code à la main, ils venaient dans les villes
Palpitantes encor des discordes civiles,
S'ils venaient, mesurant sous l'équerre des lois
Tout ce que la révolte a fait en quinze mois;
S'ils frappaient hardiment dans leurs réquisitoires,
Tant d'attentats publics, tant de crimes notoires
Qu'un bras télégraphique, en face du soleil,

---

* A l'est et à l'ouest, au nord et au midi, le mouvement est simultané; voyez Strasbourg, Brest, Marseille, Aix, Orange, etc., etc.

Dénonce chaque jour au suprême conseil ;
Oh! sans doute, abjurant des lenteurs indécises,
Il faudrait assigner le royaume aux assises :
Pourtant, les criminels, bien loin d'être abattus,
Passent effrontément devant les substituts ;
Leur nombre les protège, on les absout en masse,
On tremble de juger la France contumace,
Et le glaive des lois, aiguisé pour punir,
Ne trouve plus un bras qui le puisse tenir.

Est-ce vivre, cela? Honte à qui nous gouverne!
Quelle main a bâti l'édifice moderne?
Se peut-il! en Europe il existe un endroit
Où la force brutale est au-dessus du droit!
Notre liberté jeune a grandi sur le sable!
Quel est donc ce mal sourd, ce germe insaisissable,
Ce levain destructeur que notre œil ne peut voir,
Qui relâche et pourrit les tissus du pouvoir?
Sages des nations, répondez-nous : oh! dites,
Sommes-nous revenus à ces heures maudites
Où tout s'écroule et tombe? où l'on cherche dans l'air
Si Dieu ne descend pas au milieu d'un éclair?
Où rentrent au néant les choses colossales?
Où la fureur civile allume des Pharsales?
A ce chaos final qu'un astre échevelé
Au monde ivre de peur a toujours révélé?
Où le bras qui peut tout, le souffle qui dévore,
Prend Rome sur le Tibre et la jette au Bosphore?

Où, secouant en vain un malaise profond,
Les peuples consternés disent : LES DIEUX S'EN VONT!!!

Oh! non sans doute, non, l'heure n'est point venue
Où la voix qui désole éclate dans la nue,
Où les grandes cités, sous un linceul brûlant,
Se tordent d'agonie et meurent en hurlant;
Non, le peuple privé de sa raison lucide
Ne veut pas s'abîmer dans un grand suicide.
Si partout la révolte étend ses bras haineux,
Si partout le devoir rompt ses antiques nœuds,
Ne cherchez pas le mal dans des sphères si hautes :
Il retombe sur vous, ce déluge de fautes,
Politiques étroits, diplomates crétins,
Qui depuis quinze mois maîtrisez nos destins;
Votre œil terne a vu faux dans la crise où nous sommes;
Et puis, qu'avez-vous fait pour connaître les hommes?
Vous avez dans la Bourse, au frauduleux parquet,
Vexé les fonds publics sous les doigts de Gisquet; [169]
Démosthènes bouffons, pour l'orphelin qui pleure,
Vous avez croassé des plaidoyers à l'heure; [170]
Celui-ci, qui préside aux scolaires emplois,
Garde encor la férule empreinte aux bouts des doigts; [171]
Devant quatre auditeurs, en cours élémentaire,
Cet autre a professé l'histoire d'Angleterre; [172]
Tous de la basse intrigue ont battu le chemin,
Aucun d'eux n'a sondé le labyrinthe humain;
Constamment égarés dans leurs routes obliques,
Ils n'ont jamais pensé sur les places publiques;

Enivrés du parfum des boudoirs et des cours,
Jamais ils n'ont connu l'homme des carrefours,
Rompu le même pain, vidé la même tasse,
Visité la taverne où le peuple s'entasse;
Et du grand édifice, architectes manchots,
Ils n'ont jamais pétri le sable ni la chaux.
Pauvres gens! rengorgés dans leur philosophie,
Ils ont cru follement avoir fait dans leur vie
Un cours de cœur humain dans de pâles romans,
Ou sur les in-quarto des rêves allemands.
Et maintenant, voyez, cités endolories,
Ce qu'ont produit pour vous leurs folles théories;
Car, après quinze mois d'attente et de délais,
Leur système est connu de Marseille à Calais :
Aux suprêmes emplois, aux questures choisies,
Ils ont intronisé leurs infirmes Sosies;
Des chefs-lieux de canton jusqu'aux humbles hameaux,
Leur racine a poussé de débiles rameaux;
Ils ont semé partout leurs germes doctrinaires;
Ils nous ont envoyé des régents poitrinaires;
Au fauteuil des préfets, au banc des magistrats,
Pour engendrer la force ils ont mis des castrats;
Et puis, quand ils ont vu qu'un immense anathème
Écrasait de partout leur absurde système;
Que, devant leurs tréteaux livrés aux baladins,
S'insurgeait, en sifflant, le peuple des gradins,
Et que la France en deuil, pâle de maladie,
Vomissait à pleins bords, de sa bouche affadie,
Tout ce que le Pouvoir, ignare médecin,

En breuvages glaireux infusa dans son sein,
Ils se sont étonnés : dans cet élan de haine,
Ces hommes orgueilleux n'ont vu qu'un phénomène ;
Ils n'ont pu s'expliquer, ils n'ont jamais compris
Que leur calme remède agitait les esprits;
Ils se flattent qu'un jour, toute discorde éteinte,
La France acceptera leur paternelle étreinte ;
Que l'ours démuselé qui brisa leurs roseaux
Au caveçon de fer remettra ses naseaux.

Non, dût la tragédie aller au dernier acte,
Entre ces hommes vils et nous, jamais de pacte ;
Non, jamais au grand jour de la rébellion
Le daim ne courbera la tête du lion.
Pour que sur nous, un jour, leur empire se fonde,
Il faudrait renverser la grande loi du monde,
Cette équitable loi, juge en dernier ressort,
Qui condamne le faible à fléchir sous le fort.*
Tant que la France en deuil, d'opprobres saturée,
Aux lâches des Trois-Jours servira de curée ;
Tant que les hommes forts qu'a durcis le travail
Ne mettront pas la main sur le grand gouvernail ;
Tant qu'il faudra subir ces proconsuls infâmes,

---

* Voici un fait que je livrerais à la méditation de nos hommes d'État, si nos hommes d'État pouvaient méditer.

Il y a, dans un des départements méridionaux, un village très-populeux qu'on pourrait nommer *Carlistopolis* ; le maire seul y est patriote, mais patriote pur et que le juste-milieu n'ose pas destituer. Le plus grand calme n'a cessé de régner dans cette localité; pour qu'elle fût demain un foyer d'insurrection, il suffirait d'y appeler un maire du juste-milieu. C'est ce qu'avouent même les naturels du pays.

Éclos dans les salons sous la robe des femmes ;
Tant que Charles d'Artois, de son trône écossais,
Par la bouche des siens jugera nos procès ;
Tant que la basse intrigue, au sénat accroupie,
Changera le budget en festin de harpie ;
Tant que Dupin l'aîné, Thersite de mes vers,
Gorgera de cumuls ses cousins de Nevers, *
Et que les citoyens, clients de ma satire,
Encor tout mutilés de quinze ans de martyre,
Sous ce règne nouveau qu'ont salué leurs chants,
Apaiseront leur faim avec l'herbe des champs ;
Tant que seront flagrants ces horribles contrastes,
Notre sainte patrie aura des jours néfastes ;
La France oscillera, comme un bateau léger
Qui soulève le cœur du blême passager ;
Le Pouvoir, tout fiévreux d'une crainte panique,
Aura de mois en mois son émeute chronique ;
Le nomade volcan dans le nord refroidi
Passera sous le sol du chaleureux midi ;
Et quant aux factieux que la Chambre indignée
Dans ses journaux vendus appelle une poignée,
Cette poignée, au jour qu'elle saura choisir,
La plus large des mains ne pourra la saisir.
Où donc tourner les yeux ? quelle ancre d'espérance
Doit mordre sur le roc et retenir la France ?
Montrez-vous, hommes purs, vous qui n'avez promis

---

* L'intrigue écarte avec soin toutes les pétitions qui tendent à dévoiler les monstrueux abus du patronage parlementaire. Il serait temps de mentionner une pétition du général A***, dans laquelle il accuse M. Dupin d'avoir placé ses vingt-deux parents.

Que le bien de la France et rien à vos amis ; *
Qui n'avez pas souillé votre main patriote
D'un salaire public en échange d'un vote ;
Sauvez-nous : le volcan doit mourir sous vos pas ;
Du grand salut public ne désespérez pas,
Vous qui, dans le sénat rangés en demi-lune, [173]
Étendez vos deux bras pour garder la tribune :
Notre droit, grâce à vous, n'est pas déshérité :
Contemplez sans effroi votre minorité ;
Sous Villèle on sauva la liberté mourante ;
Qui ? seize hommes [174] ; oui seize, et vous êtes cent trente.
Oh ! quand sonnera l'heure où nous pourrons tous voir
L'impuissance aux abois s'exiler du pouvoir ;
Quand la force viendra marcher sur la fournaise,
La force, comme on peint l'Hercule de Farnèse,
Puissante et modérée, et, d'un calme regard,
Contemplant l'ennemi qui conspire à l'écart ;
Alors, croyez-le bien, fière de se soumettre,
L'émeute, en souriant, reconnaîtra son maître ;
La France reprendra son immense repos

---

* Le gouvernement représentatif sera une chimère, une chose impossible, tant que l'article premier de la Charte ne sera pas conçu ainsi : *Aucun député ne pourra obtenir d'emplois salariés ni pour lui, ni pour ses parents, ni pour ses amis, ni pour ses protégés.* Sans cette clause spéciale, le peuple joue un jeu de dupes ; il n'a, lui, que l'estime publique à donner aux députés patriotes, et cette monnaie n'aura jamais cours que dans une petite minorité. On a cru corriger cet abus en introduisant dans la nouvelle Charte l'article de la réélection ; mais l'événement nous a déjà prouvé que cette mesure était illusoire et ne corrigeait rien : ce sont précisément les électeurs comblés des faveurs et des apostilles du député fonctionnaire, qui concourent à la réélection, et qui déterminent, par leur influence locale, le vote des indifférents.

Sans les sergents de ville et les municipaux.
Et qu'ils viennent alors, les valétudinaires,
Ressusciter l'émeute avec des doctrinaires ;
Pour troubler à leur tour nos ministres nouveaux,
Qu'ils convoquent Dupin, Collard, Bertin-de-Vaux ;
Que le juste-milieu, poussant ses deux armées,
Lance dans le forum des bataillons pygmées,
Ce jour serait pour eux le jour des grands frissons,
Dans l'art de gouverner ils prendraient des leçons ;
Sur les pavés publics s'ils exploitaient leurs œuvres,
Leurs pieds reculeraient comme sur des couleuvres ;
L'ombre de notre doigt, le rire du géant,
Ouvriraient sous leurs pas la tombe du néant.

XXVIII

LAMENTATIONS

PROPHÉTIE POLITIQUE

OCTOBRE 1831.

Incipit lamentatio
LAMETH.
(Semaine-Sainte).

Voici des chants nouveaux pour la douleur publique :
Elles vont commencer sur le mode biblique,

Ces hymnes de terreur, ces lamentations
Qui portent tant de deuil aux grandes nations !
La reine des cités, de tant de gloire veuve,
Avait pleuré quinze ans sous les saules du fleuve ;
Du froid septentrion les rois étaient venus,
Ils avaient de leurs fers mutilé ses bras nus ;
Sur leurs lourds chariots partis du Boristhène
Ils nous avaient porté leur idole lointaine,
Et le peuple attendait, douloureux et soumis,
Ces jours qu'après quinze ans le ciel avait promis.
Alors Dieu se souvint de son peuple en détresse,
Il fit tomber la pluie aux jours de sécheresse ;
Il raffermit nos pieds sur les pavés glissants ;
Il mit la flèche et l'arc dans la main des puissants ;
A la tour de David on prit pour les batailles
Les boucliers des forts qui pendaient aux murailles ;
Une grande clameur dans les airs résonna,
La trompe de Ségor d'elle-même sonna ;
Nous vîmes leurs chevaux broyés par la colère,
L'idole s'écrasa comme un épi sur l'aire,
Et pour nous préserver des ténébreux conseils,
Dieu lui-même nous fit un jour de trois soleils.
Et nous ne buvions plus dans la coupe d'absinthe !
Nos soirs étaient sereins, notre joie était sainte,
Un air suave et pur venu du firmament
Environnait nos corps ainsi qu'un vêtement.

Oh ! quelle indigne main sitôt nous fit descendre
Du pinacle du temple au foyer de la cendre ?

Qui nous a fait ce deuil à nous tous qui pleurons?
Quel souffle a desséché les roses de Sârons?
Comment ont disparu tant de récents miracles?
Voyez les dieux d'Achab au sein des tabernacles!
Les antiques tribus qu'un même doigt guida
Pour suivre les Gentils ont déserté Juda;
Le saint temple est désert, l'encens du Moabite
Fume sur les hauts lieux que le Veau d'or habite.
A peine de nos jours quelques rares élus
Lisent les livres saints que leurs pères ont lus;
Dans ce peuple idolâtre, une tribu fidèle
A conservé son culte, et Dieu se souvient d'elle;
Elle n'a pas tourné ses regards ni sa main
Vers les rayons de miel qui bordent le chemin,
Et ne s'est pas assise au banc aléatoire
Où l'on jouait aux dés les places du prétoire.
Oh! si cette tribu, seule parmi ses sœurs
Qui puisse pour la loi nourrir des défenseurs,
Cette tribu des forts, dont l'ardente paupière
Veillait incessamment sur les tables de pierre,
Ne va pas relever sur le champ ennemi
Notre arche d'alliance inclinée à demi;
N'efface pas des fronts leurs profanes symboles;
Ne vient pas abolir le culte des idoles;
Ne reprend pas pour elle et sa postérité
Le sceptre pastoral qu'elle a tant mérité;
Alors viendra ce temps où tout meurt, où tout passe;
Dieu d'un peuple maudit détournera sa face;
Entendez bien alors ce que vos yeux verront:

Le plomb de la douleur courbera chaque front,
Car jamais si grand deuil n'aura courbé les têtes
Dans les livres écrits par le doigt des prophètes ;
Jours maudits ! en passant sur le même chemin
Nephtali jettera la pierre à Benjamin.
Et les maigres épis des sillons funéraires
Ne voudront pas mûrir avec le sang des frères ;
L'arche s'écroulera devant le Séraphin ;
Les villes sècheront de douleur et de faim ;
Les prodiges viendront : en sortant de la nue.
La lune montrera l'autre face inconnue ;
Notre oreille entendra l'épouvantable bruit
Que fait notre planète en tournant dans la nuit ;
Dans ce chaos, au sein de ces horribles scènes,
Viendront aux carrefours hurler les chiens obscènes ;
La sueur coulera des images d'airain,
Et l'on verra l'éclat jaillir d'un ciel serein ;
La fange ternira les sources cristallines,
Et cette grande voix qui descend des collines
Dira cette parole : Anathème aux vivants !
Puis les rois accourront des quatre points des vents :
Ceux qui jettent les poils du tigre sur l'épaule,
Ceux qui baignent leurs pieds dans l'océan du pôle,
Ceux qui dorment assis sous l'ombre du couchant ;
Ils étendront leurs bras comme un fléau tranchant.
Renfermez vos moissons ! car les soldats sur elles
Vont passer dans leur vol comme des sauterelles ;
Les voyez-vous venir, Sennachéribs nouveaux,
Avec leur grand fracas d'hommes et de chevaux,

De sonores carquois, de chariots de guerre,
Nivelant tous les fronts sous leur sanglante équerre,
Et broyant chaque ville où leur camp vient s'asseoir,
Comme la grappe mûre envoyée au pressoir ?
La bataille viendra dans cette grande plaine
Que franchit en un jour le coursier hors d'haleine ;
Là, sur ce dernier sol des suprêmes défis,
Gelboë pleurera Saül et ses deux fils,
Et, les bras elevés aux créneaux des murailles,
Les femmes maudiront le fruit de leurs entrailles.
C'est alors que viendront les désastreux moments ;
Jamais jour n'aura vu plus d'épouvantements :
Ceux qui sucent le lait à sa source jumelle
Presseront un cadavre en guise de mamelle ;
Les hommes affamés, avec d'impures eaux,
Pétriront pour le pain la farine des os ;
Le vieillard maudira son existence lente ;
Les tours s'écrouleront dans la cité dolente ;
Elles s'écrouleront à la voix du canon
Dans un fleuve tari qui n'aura plus de nom.
Quittons les champs aimés, l'arbre heureux du rivage,
Suivons la caravane au pays d'esclavage,
Allons tous au foyer du Scythe ou du Germain,
Nous vivrons sous leur ciel qu'on touche avec la main.
Le sol natal n'a rien pour notre bouche avide ;
Que nous ont-ils laissé? le royaume du vide.

AMENTATIONS

Ces choses s'inscriront sur l'éternel feuillet
Avant que le soleil nous ramène un Juillet !!!

PIÈCES JUSTIFICATIVES DU PROPHÈTE DE NÉMÉSIS.

J'annonce à nos hommes d'État qui riront de mes prophéties, qu
M. de Villèle riait beaucoup aussi de celle que je fis en 1826, non pas en
style d'Apocalypse, mais en termes si clairs et si formels qu'un réquisitoire faillit tomber sur le poëte comme la pierre de Titus. La voici, elle
termine *la Villéliade* :

  Mais bientôt, aux regards de ce nouveau ministre,
   La nuit vint révéler un avenir sinistre ;
  Des signes éclatants au front des cieux écrits
  De ces pâles vainqueurs troublèrent les esprits,
  ET LA FRANCE ESPÉRA : l'immortelle déesse
   Qui prête son épée aux martyrs de la Grèce
  Sur le fronton aigu du sénat plébéien
   Parut en agitant son casque phrygien ;
  Panthéon ! la croix d'or s'éclipsa sur ton dôme :
  Sous les marbres sacrés de la place Vendôme
  La terre tressaillit, et l'oiseau souverain
  S'agita radieux sur sa base d'airain.

Trois mois avant les ordonnances du 25 juillet, je terminais ainsi m
satire prophétique intitulée 1830 :

  On dit que du conseil où la nuit les rassemble
  D'épouvantables bruits vers nous ont circulé,
  Que les vagues échos de leurs murs ont parlé
  D'édit, de coup d'État ou de lit de justice...
  Silence ! que jamais ce mot ne retentisse ;
  Le pacte enfreint par eux serait rompu par nous ;
  Lassé depuis longtemps de marcher à genoux,
  Au seul geste, au signal d'un ordre illégitime,
  Ce peuple bondirait d'un élan unanime ;
  Et, brisant sans retour d'arbitraires pouvoirs,
  IL SE RAPPELLERAIT LE PLUS SAINT DES DEVOIRS.

Je puis avancer sans crainte qu'il n'y a jamais eu rien de plus c
dans Osée, Ézéchiel et les douze petits prophètes. Quand MM. Guizo
Royer-Collard et Lameth pourront exhiber de pareilles pièces justificatives,
j'aurai foi en leurs prédictions. En l'état, j'ai le droit plus que personn
de dire aux hommes qui nous gouvernent : VOTRE SYSTÈME RAMÈNERA

Voilà des chants nouveaux pour la douleur publique :
Elles ont commencé sur le mode biblique.
Ces hymnes de terreur, ces lamentations
Qui portent tant de deuil aux grandes nations.

QU'EST-CE QU'UN PAIR ?

Un Pair! c'est un mortel coiffé de plumes blanches,
Largement ondulé d'un *pallium* sans manches,
Tel qu'au grand Muséum l'exposa Champmartin ; *
Assis dans un fauteuil usé par la paresse,
Sa paternelle main promène une caresse
    Sur son héritier enfantin.

Un Pair ! c'est l'homme simple avec des mœurs austères,
Qui, l'hiver dans Paris et l'été dans ses terres,
Mange les revenus de sa noble maison ;
Marche sur des tapis, se prélasse en voiture,
Ne porte jour et nuit des armes qu'en peinture,
    Et ne connaît pas le blason !

QUATRE-VINGT-TREIZE ! Et le devoir de ces hommes orgueilleux est de me croire sur parole, à moins qu'il n'y ait trahison dans leur cœur et qu'ils ne prennent plaisir, comme Villèle et Polignac, à justifier mes prédictions.

* A la dernière exposition du Louvre, on a remarqué un tableau de M. Champmartin qui représente M. le duc de Fitz-James tenant ses deux enfants sur les genoux. Ce bon père semble faire ses derniers adieux à l'hérédité de la pairie.

En voyant son écu qui sur les panneaux brille,
Symbolique arsenal de sa noble famille;
Imposant appareil, joyaux dont nous rions,
Dextrochères, fanons, lions armés de gueules,
Larges masses d'airain à pourfendre des meules,
    Houssettes, brassards, morions;

En voyant ces hochets que sa voiture entasse,
On croit en voir sortir quelque héros du Tasse,
Un jeune paladin leste comme Dunois,
Qui, joyeux au péril et chaud de cœur et d'âme,
Va jeter en passant les couleurs de sa dame
    Dans la poussière des tournois.

Hélas! c'est un vieillard à l'étroite poitrine,
Chaudement cuirassé dans une castorine,
Armure de Ternaux qu'ennoblit un cordon;
Il a pour casque un feutre élargi sur son aile,
Pour sa cotte-de-maille un tissu de flanelle,
    Et bivaque sur l'édredon.

Oh! si de grands périls troublent la monarchie,
Il se présente armé de sa tête blanchie;
A de beaux dévoûments son âme se résout;
Il dit, en enfonçant sa ducale couronne :
Je mourrai pour mon roi sur les marches du trône
    Comme les Suisses du Dix-Août. [175]

Le Dix-Août vient: alors il maudit la pairie,

Claquemure à l'étroit sa pâle seigneurie
Dans un antre ignoré de son noble faubourg ;
Comme Pierre, il renie un infortuné maître,
Et quand on l'interroge, il dit ne pas connaître
    L'homme qu'on embarque à Cherbourg.

Puis, quand la rue est calme et la ville sereine,
Le noble chevalier redescend dans l'arène,
Il vient au Luxembourg maudire nos exploits,
Il pleure sur les lis dont la tige est coupée,
Et jette fièrement le poids de son épée
    Dans la balance de nos lois.

Voilà le Pair ! Venez, amis du ministère,
Soutenir en plein jour cette ombre héréditaire,
Prêtez-lui le secours de votre forte main,
Guizot, Royer-Collard, Jars, Dupin, Beaujour, Teste ;[176]
Car si ce fort pilier sous la voûte ne reste
    L'État va s'abîmer demain.

En vain votre éloquence au sénat s'évertue ;
Voilà l'hérédité qui s'écroule abattue ;
Hélas ! des trois pouvoirs se dissout le faisceau ;
C'en est donc fait ; il faut que la France périsse,
Puisqu'on ne verra plus la main d'une nourrice
    Fouetter la Pairie au berceau !

XXIX

AU PEUPLE ANGLAIS

23 OCTOBRE 1831.

Et moi, longtemps aussi, vieux Français d'un autre âge,
Au seul nom des Anglais je sentis un outrage;
D'enfantins préjugés l'œil encore obscurci,
En pleurant Waterloo je songeais à Crécy;
Chaque page où l'histoire exaltait l'Angleterre
Aigrissait mon venin de haine héréditaire :
Un jour dans l'arsenal, assis sous le hangar,
J'entendis Cosmao maudire Trafalgar. *
Un jour, j'étais bien jeune alors, mais dans mon âme
Ces grands tableaux de mer vivent en traits de flamme,
En suivant ce chemin que dentellent les eaux,
J'arrivai dans Toulon, la ville des vaisseaux :
Je vis le Romulus, rasé comme une tombe, **

* Le vice-amiral Cosmao, un des plus héroïques officiers de la marine impériale. Ce fut lui qui aurait presque réparé le désastre de Trafalgar, sans la tempête qui brisa sur les rivages de Cadix nos vaisseaux qui s'étaient repris.

** Le Romulus, vaisseau à deux ponts, célèbre par le combat qu'il soutint contre trois vaisseaux anglais.

Ramenant dans le port sa sanglante hécatombe ;
Il rentrait pesamment avec son pont troué,
Avec son pavillon au cabestan cloué,
Avec ses mâts flottants sur l'eau, ses galeries,
Ses barres de timon par le boulet meurtries,
Et tous ses aspirants, si braves et si beaux,
Devant le banc de quart écharpés en lambeaux ;
Quel deuil ! quelle clameur s'élança de la ville
Jusqu'au sommet du roc où repose Tréville ! *
Sur les dalles du môle aux populeux abords,
Sur le flanc des vaisseaux étagés de sabords,
Sur Lamalgue et Faron, protecteurs de deux rades, **
On entendait ce cri : Vengeons nos camarades !
Et puis l'on racontait la nuit de trahison,
Cette nuit de frimaire au rougeâtre horizon, [177]
Où l'Anglais, embrasant nos richesses rivales,
Fuyait à la lueur de ces torches navales ;
Et ma jeune mémoire, ardente à retenir,
S'incrusta ce tableau pour un long avenir.
Vingt ans après, rêveur au bord de la Tamise,
Nourrissant dans mon sein la vengeance promise,
Vers Chatam, arsenal de mâts et de canons,
Des vaisseaux ennemis j'interrogeais les noms ;
J'y vis ceux dont la proue, au repos condamnée,
Couvrit de tant de deuil la Méditerranée ;

---

* L'amiral de Latouche-Tréville, mort à Toulon, fut inhumé sur la montagne qui domine les deux rades. Une colonne marque son tombeau.

** Noms de deux forts de Toulon.

Et ceux qui, pour venger la cause des Bourbons,
Dans le port toulonnais laissèrent des charbons :
Et ceux qui, crénelés dans une anse fatale,
Brulèrent d'Aboukir la flotte orientale ;
Et ceux de Trafalgar, que Nelson au cercueil
Couvrit, à leur retour, de victoire et de deuil ;
Ceux, enfin, plus connus aux yeux de mon enfance,
Ces flottants guichetiers des côtes de Provence,
Qui vinrent démolir, sous un immense effort,
Ce même *Romulus* qui rentra dans le port :
Alors j'aurais voulu, sur ces poupes hautaines,
De la profonde cale aux pointes des antennes,
Souffler de ma poitrine un ouragan de feux,
Et changer en tisons d'incendiaires vœux.

Et bien ! oublions tout, deuil, trahison, défaite,
Confondons notre histoire, et que la paix soit faite ;
Juillet sur nous et vous n'aura pu luire en vain,
Et l'air d'un peuple libre épure tout levain.
Rougissons des vieux temps de nos tristes querelles,
L'Océan tout entier a ruisselé sur elles ;
De Calais à Brighton, les arts, depuis quinze ans,
Transvasent chaque jour de mutuels présents ;
Au crible du malheur, sur ce double rivage,
Les peuples ont poli leur âpreté sauvage ;
A travers le détroit ils se donnent la main,
Et le gouffre de l'onde est pour eux un chemin ;
Et surtout aujourd'hui que le nœud populaire
Unit au continent l'île triangulaire,

Que l'Etna de Juillet, [178] dans sa cuve d'airain,
Va de Londre à Paris par un pont sous-marin,
Et que sur la Tamise une orageuse scène
Sous le pont d'Iéna fait bouillonner la Seine.

Oui, nos Chartes sont sœurs, filles du même droit;
Nos liens sont communs : au milieu du détroit
La grande liberté tient sa balance austère,
Un plateau sur la France et l'autre en Angleterre;
Et le glaive ennemi qui romprait ses chaînons
Allumerait d'un coup nos fraternels canons.
Que l'avoue : à travers cette brume épaissie
Qu'on pousse en Occident le vent de la Russie,
Deux peuples qu'uniront de politiques nœuds
Allument aujourd'hui leurs phares lumineux;
Ils s'élèvent autant sur leurs voisins d'Europe
Que le pin du Carmel au-dessus de l'hysope;
Ils ont seuls une histoire, un livre à mille plis
Où s'entassent aux yeux leurs travaux accomplis,
Incomparable histoire où la page première
Nous éblouit déjà comme un trait de lumière,
Qui, loin de s'affaiblir aux jours que nous voyons,
Astre contemporain, agrandit ses rayons.
Eux seuls, après mille ans, fiers de leur droit d'aînesse,
Étincellent encor de vie et de jeunesse;
Pour élever le trône où leurs pieds sont placés
Ils ont pris pour gradins tous les siècles passés;
Eux seuls ont retrouvé, par une œuvre assidue,
La primitive loi que l'homme avait perdue;

AU PEUPLE ANGLAIS 241

Et délivré, bien mieux que sur un parchemin,
Des lettres de noblesse à tout le genre humain.

Aussi, craignant pour eux un pacte populaire,
Tous les princes groupés sur le cercle polaire
Regardent en tremblant comme un astre fatal
L'étoile qui se lève au ciel occidental.
Les trois Mages du Nord, sortis de leur royaume,
Cherchent la Liberté sous un berceau de chaume ;
Mais cette fois, glacés de prodiges récents,
Ils ne lui portent pas la myrrhe ni l'encens ;
Avant qu'en leur palais sa pique ne les blesse
Ils veulent étouffer la naissante déesse.

L'étouffer ! lions-nous par les nœuds les plus saints,
Peuple anglais ! déjouons ces infâmes desseins ;
Qu'avec le continent votre île se fédère,
Car nous avons commis un crime solidaire ;
Coupables tous les deux d'avoir senti nos droits,
Nous sommes assignés au tribunal des rois :
Qu'ils se cotisent donc pour nous livrer bataille ;
Ils nous ont déjà vus dans toute notre taille,
Nous, lorsque Charles Dix s'exila sur vos bords,
Et vous, en lapidant la majesté des lords. [179]
Oh ! combien ils ont dû méditer de croisades,
Tous ces commis de rois, ces agents d'ambassades,
Quand du bill oppresseur déchirant le feuillet
Londres se décora du ruban de Juillet ; *

* Dans cette mémorable procession des habitants de Londres, on a

Qu'au fracas du tocsin qui sonne les angoisses
Se heurtaient les guidons de toutes les paroisses ;
Quand devant Westminster, ouvert à deux battants,
Marchaient silencieux trois cent mille habitants,
Et que des vieux quartiers de la ville insoumise
Débordait, en grondant, la vivante Tamise !

Voilà ce que le Rhin, le Danube et le Don
Ne laveront jamais par un triple pardon.
Eh ! qu'avons-nous besoin pour voir ce qui s'apprête
D'interroger des Cours l'officine secrète ?
Jusqu'ici, contenus par de prudents délais,
Leurs plans n'ont pas franchi le seuil de leurs palais ;
Pourtant prêtez l'oreille : avant d'être apparue,
Cette émeute des rois bourdonne dans la rue ;
C'est peut-être demain que jailliront éclos
Ces vastes attentats médités à huis-clos.
Eh bien ! n'attendons pas que le Nord se décide
A nous emprisonner sous sa ligue homicide :
A nous l'invasion pour la troisième fois ;
A vous, Anglais, la chute et la mort de vos lois,
Le réveil insolent d'une vieille noblesse
Que depuis quinze mois votre liberté blesse,
Et qui, puissante alors d'un secours colossal,
Courberait sous un bill le peuple anglais vassal !
Allons, frères, debout ! instruits à leur école
A notre tour aussi forgeons un protocole,

remarqué qu'un grand nombre de citoyens étaient décorés de rubans bleus.

Non pas enseveli dans l'ombre d'un carton,
Mais clair, retentissant de Calais à Brighton ;
Ne délibérons pas dans des conseils auliques :
Nos cabinets d'État sont des places publiques,
Les pavés sont nos bancs, notre dôme c'est l'air,
Et la rue où l'on passe est notre Westminster. [180]

Anglais! quand vos marins, ces laboureurs de l'onde,
Qui donnaient si souvent des suppléments au monde,
Découvraient par hasard un domaine inconnu
Où l'homme européen n'était jamais venu ;
Pour consacrer leurs droits sur la nouvelle terre,
Ils y plantaient un mât aux armes d'Angleterre,
Et clouaient fièrement une plaque d'airain
Avec ces mots : Ici l'Anglais est souverain.
Eh bien! franchissez donc l'onde qui nous sépare,
Il faut mettre l'orteil sur l'Europe barbare ;
Sur le même poteau ciselons une fois
Le lion d'Angleterre avec le coq gaulois ;
Plantons-le sur le Rhin comme un pieu d'épouvante
Pour ces rêves d'orgueil qu'un despotisme invente,
Et que sa triple face, aux trois points du chemin,
Porte ces mots écrits en tout langage humain :
« Ici, le Nord sauvage a des bornes prescrites ;
« Défense à tous les rois de franchir ces limites :
« C'est le sol du génie et de la liberté ;
« L'Angleterre et la France ainsi l'ont décrété! »
Voilà le protocole aux formes décisives
Qui retiendrait les rois dans leurs cités oisives ;

Qui peut dissoudre enfin tout appareil guerrier
Mieux que les beaux discours de Casimir Périer.
Oh! ce pacte sauveur, consolante chimère,
Qui demain va mourir sur ma feuille éphémère,
Pourquoi, jusqu'à ce jour par la raison promis,
N'a-t-il pas eu le sceau des deux peuples amis?
Pourquoi!.... ne cherchons pas dans l'abîme des nues
Des hauts secrets d'État les raisons inconnues;
Fouillons le cœur humain, cet obscur réservoir
Que l'œil de la pensée a seul le don de voir:
Sur un frêle pivot que la chair enveloppe
Gravite incessamment le destin de l'Europe;
Qui sait! l'obstacle vain qui retarde nos vœux,
C'est peut-être une femme aux blonds ou noirs cheveux,
Danseuse de boudoir, sultane diplomate,
En vitchoura soyeux, dépouille d'un Sarmate,
Qui pour prendre un ministre aux tresses de son cou,
Aventureuse Armide, arriva de Moscou.
Voilà l'histoire! hélas! les secrets politiques
Ont toujours un parfum de forfaits érotiques;
Pour connaître un ministre entr'ouvrez ses rideaux :
Les mystères d'État sont tous de chair et d'os.

XXX

AUX CARLISTES

30 OCTOBRE 1831

> *Es gibt in Frankreich eine Secte von Narren, welche die grossen Hæuser bewohnen, politische Juden welche seit 1789 auf den Messias warten.*
> (Jean-Paul RICHTER.)
>
> Il y a en France une secte de fous qui habitent les grandes maisons, juifs politiques qui depuis 1789 passent leur temps à attendre des Messies.

Ce monde sublunaire est au regard de l'homme
Ce qu'est le firmament à l'œil de l'astronome ;
Notre tête succombe avant de définir
Le champ illimité du possible avenir ;
Pour ses vagues destins l'histoire a ses prophètes :
Les grands événements sont comme les comètes
Qui, courant dans le vide, en bonds désordonnés,
Reparaissent un jour à des termes donnés.
Oui, sur notre horizon, que l'espérance dore,
L'astre républicain peut remonter encore ;
Oui, le sort peut remettre au pavois souverain

Le Fils de l'Homme, enfant dont je suis le parrain. *
Si, tout à coup, changeant la face du royaume,
Surgissait à nos yeux l'un ou l'autre fantôme,
Empire ou république, il aurait pour renfort
Des mains qui frappent bien, des cœurs qui battent fort ;
Oui, si l'aigle demain sortait de léthargie,
Si l'arbre se coiffait du bonnet de Phrygie,
Combien de vieux amis, au culte renaissant,
Idolâtres martyrs, apporteraient leur sang !
Un seul fait se refuse à l'espérance humaine,
A lui seul le possible interdit son domaine :
Royaume, république, anarchie ou terreur,
Régime consulaire ou règne d'empereur,
Tout peut dans l'avenir ressaisir une chance,
Tout, hormis Henri Cinq sur le trône de France !
C'est que, pour rallumer ce cierge de malheur,
Le souffle royaliste expire sans chaleur ;
C'est que l'Éliacin, pour qui les femmes pleurent,
Ne saurait point trouver de ces hommes qui meurent,
De ces chefs de forum par le peuple obéis,
Qui changent en trois jours le destin d'un pays ;
C'est que ceux qui pour lui s'épuisent en neuvaines
Aiment le peu de sang qui leur glace les veines ;
Que ce trône d'enfant qu'ils veulent rebâtir
Ne trouvera jamais le ciment d'un martyr.
Quoi ! leur infirmité n'est pas assez notoire !

* Si le duc de Reichstadt est aujourd'hui connu sous le nom du *Fils de l'Homme*, il doit ce surnom populaire au voyage que je fis à Vienne, et qui me valut en France trois mois de prison.

N'ont-ils donc jamais lu leurs quarante ans d'histoire?
Qu'ils nous citent un jour où, pour sauver un roi,
Le zèle royaliste a sonné le beffroi ;
Un jour où, pour sauver leur idole gothique,
Ils montrèrent à nu leur poitrine athlétique :
Dites ! quand, au Dix-Août, Santerre et ses tambours
Poussaient au Carrousel le peuple des faubourgs ;
Quand cinq cents Phocéens, arrivés de la veille,
Promenaient dans Paris le soleil de Marseille,
Et que votre monarque, en vêtements de deuil,
Vous appelait à lui par un dernier coup d'œil,
Que faisiez-vous ? pareils aux suppliants antiques,
Vous mouilliez de vos pleurs vos autels domestiques,
Et sans mêler vos bras au choc universel,
Vous laissiez l'étranger mourir au Carroussel.
Six mois après [181], le jour qu'une tombe furtive
Couvrit la royauté dans son lit de chaux vive,
Que faisiez-vous ? de cendre inondant vos cheveux,
Au fils de saint Louis vous adressiez des vœux ;
Et lui, qu'auraient sauvé vos forces réunies,
Lisait dans son chemin l'hymne des agonies,
Sans trouver, en montant au calvaire des rois,
Un autre Siméon pour alléger sa croix.
Que fîtes-vous encor, quand l'aigle revenue
Dans la nuit du vingt mars scintilla dans la nue ?
Quand reparut la gloire, et que l'exil amer
Rouvrit sa porte-basse à Louis d'Outre-mer ? [182]
Debout, la torche en main comme une girandole,
Vous éclairiez les pas de la goutteuse idole ;

Sur le grand escalier où défilait la Cour,
Vous formiez, en pleurant, des vœux pour son retour,
Puis vous alliez dormir dans vos calmes demeures.
Que faisiez-vous enfin aux soixante et douze heures,
Quand Paris étreignait d'un immense cordon
La trinité des rois exilée à Meudon ;
Quand, après trois grands jours.de gloire et de carnage,
La légitimité fit son pèlerinage,
Et vers la sombre Écosse où vont les souverains,
Chemina lentement la fourche dans les reins ? [183]
Dites, que faisiez-vous ? Votre vue abrutie
Contemplait le convoi de cette dynastie ;
Et pour sauver Joas de l'éternel exil,
Pas un homme de cœur qui s'armât d'un fusil !
Non, vous n'avez rien fait pour les royautés veuves,
L'histoire contre vous a quarante ans de preuves ;
Pour défendre leur vie ou leur trône, toujours
Les rois ont rencontré des royalistes sourds.
Allez ! quand on a vu la dynastie errante
Depuis quatre-vingt-neuf jusqu'en mil huit cent trente,
Et que, pour lui sauver l'exil ou le bourreau,
Jamais on ne tira le glaive du fourreau,
Alors, il faut se faire une justice prompte :
Il faut cacher sa tête, ensevelir sa honte,
Et dans le fond des cœurs, lacrymal réservoir,
Du retour des trois lis cadenasser l'espoir.

Certes ! le lendemain de la triple bataille,
Quand le peuple marchait grand de toute sa taille,

Et que sous son talon, qui couvrait mille arpents,
Il pouvait écraser vos têtes de serpents,
Vous auriez dû bénir cette haute clémence
Qui semait le pardon sur quinze ans de démence ;
Qui ne demandait pas compte du sang versé :
Qui, d'un bras généreux, dans l'oubli du passé
Plongea de vos forfaits la sanguinaire histoire :
Ney, fusillé par vous devant l'Observatoire ; *
Duvernet, expirant sous un plomb assassin ;
Brune, accusateur mort du comtat Venaissin ; 185
Vallé, mâchant sa croix en montant sur l'échelle ;
Les sergents glorieux, martyrs de la Rochelle ;
Tous ceux qu'assassina le stylet de vos lois ;
Didier, Labédoyère, orgueil des Grenoblois ;
Berton et ses amis, conjurés magnanimes ;
Lagarde poignardé par les héros de Nîmes ;
Tous ceux dont le sang pur, non encore tiédi,
Teint d'un sombre reflet les fleuves du midi ;
Et ces jeunes Faucher, jumeaux de la Réole,
Qui montèrent aux cieux sous la même auréole.
Oh ! vous deviez alors, embrassant ses genoux,
Dire au peuple vainqueur : Notre vie est à vous !
Quoi ! sitôt, reprenant votre audace impunie,
Vous avez oublié vos crises d'agonie,
Votre honte récente et celle d'autrefois !

*Pauvre Ney ! qui nous eût dit de voir son nom glorieux chargé par la cavalerie tricolore devant le Théâtre des Nouveautés ! Honneur du moins à Fontan et Depenty, qui ont essayé de traduire sur la scène cette grande et lumineuse figure ! Leur drame sera lu dans toute la France à défaut de représentations.

Quoi ! vous avez encore une langue, une voix !
Quoi! votre cause absurde, après tant de défaites,
Pour votre Eliacin trouve encor des prophètes!
Rodomonts, vous forgez des récits fabuleux
Où vos *blancs* assassins exterminent nos *bleus;*
Vous feignez d'ériger en héros de batailles
Vos petits Vendéens, ces géants de broussailles,
Laboureurs fainéants qui, sur le grand chemin,
Vont gagner leur journée un poignard à la main.
Interprétant pour vous nos lois de tolérance,
Vous usez de ce don pour insulter la France;
Mousquites importuns de la rébellion,
Vous titillez l'oreille et les flancs du lion;
Puis, si, fronçant la peau de ses tempes arides,
Le lion vous écrase entre deux de ses rides;
Si le peuple, ennuyé de ces petis tourments,
Veut imposer silence à vos bourdonnements,
Alors vous vous plaignez! votre voix hypocrite
Invoque avec grand bruit la loi qui vous abrite,
Charte que votre main traîna dans les ruisseaux,
Charte dont notre main rajusta les morceaux.
Savez-vous ce qu'il faut subir de rudes crises
Pour qu'à la fin, un jour, vos plaintes soient permises?
Il vous faut supporter, pendant deux fois quinze ans,
La censure, l'exil, les outrages cuisants,
Le Broë, les Bellart, les sellettes fatales,
L'échafaud voyageur et les Cours prévôtales;
Il faut que le trésor que votre main fouillait
D'un double milliard indemnise Juillet;

Il faut que de nos maux le retour parallèle
Impose à vos douleurs deux règnes d'un Villèle ;
Il faut qu'un Polignac, suscité dans nos rangs,
Étouffe par deux fois vos journaux expirants ;
Que, le lis à la main, vos bandes accourues
Pendant six jours de deuil ensanglantent les rues ;
Alors vous vous plaindrez, [186] vous en aurez le droit :
Au récit de vos maux nul cœur ne sera froid ;
Jusque-là taisez-vous ; sans roidir sa colère,
Bénissez chaque jour le bras qui vous tolère ;
Vous êtes les VAINCUS ! non pas dans un scrutin,
Non pas dans le secret d'un débat clandestin ;
Mais vaincus, en plein jour, dans la ville insurgée,
Vaincus, le fer en main, en bataille rangée ;
Car, à défaut du bras, votre esprit et vos vœux
Bourraient la balle suisse et dirigeaient les feux.

Ainsi, que voulez-vous, hommes aux couleurs blanches
Nous avons, pour vous plaire, épuisé les revanches,
Et vous niez toujours vos désastres complets ;
Comme un enfant boudeur qui joue aux osselets,
Quand vous avez dix fois perdu la dynastie,
Vous nous redemandez la dernière partie !
Eh bien ! pour contenter ce caprice d'enfant,
Je voudrais que le bras aujourd'hui triomphant,
Exhumant vos Bourbons de leur brume lointaine,
Rendît le trône au fils de la Napolitaine ;
Que Dieudonné, rentrant avec un sauf conduit,
Au Saint-Cloud paternel fût encore introduit ;

Qu'on lui restituât les honneurs de sa race,
Ses cavaliers portant la lance ou la cuirasse,
Ses gendarmes armés de pesants mousquetons,
Ses rouges fantassins, nés aux treize cantons ;
Qu'il eût autour de lui comme une garde sainte,
Tharin, Damas, Latil, Frayssinous, Hyacinthe ;
Pour conseiller, Cottu, [187] moderne Balaam,
Et le pâle trio de la prison de Ham.
Eh bien! croyez qu'alors, pour revanche dernière,
Tout Paris s'unirait sous la même bannière ;
Relevant, à deux mains, son immense marteau,
Il tomberait, en masse, aux grilles du château :
Oh! cette fois, le peuple, en brisant le colosse,
Ne lui laisserait pas une tombe en Écosse,
Mais préparant pour lui des cercueils plus étroits,
Il ferait en un jour plus qu'il ne fit en trois.
Eh! vous le savez bien : sans voir ce nouveau drame,
Vous pensez comme nous dans le fond de votre âme ;
Votre avenir de règne est à jamais perdu ;
Laissez donc au néant ce Messie attendu ;
Oubliez l'avorton d'une race abolie ;
Il est temps d'abjurer votre longue folie ;
Croyez-moi, renoncez au brevet de martyr ;
Rentrez tous au bercail ouvert au repentir :
Non que j'exige ici de votre foi récente
Ce zèle corrosif, cette chaleur puissante,
Ce feu des hommes purs, cette vertu des saints,
Que notre grand Juillet alluma dans nos seins :
à, po ur vos faibles yeux trop de vérité brille ;

Mais, du moins, pour compter dans la grande famille,
Avec le nouveau schisme adorant un faux dieu,
Plongez-vous tout vivants dans le juste-milieu.

XXXI *

A M. DE CHATEAUBRIAND

6 NOVEMBRE 1831

> *Sat Priamo datum.*
> VIRGILE:

Dans cette vaste arène où ton pied s'est lassé,
Ce monde, où devant toi tant d'hommes ont passé,
Jamais ton œil perçant ne me vit ; et peut-être
Nul homme mieux que moi n'apprit à te connaître ;
Excuse mon orgueil : ton poétique nom
Électrisa ma vie à son premier chaînon ;
Enfant, lorsque j'allais à la classe primaire
Où le triste rhéteur m'enseignait la grammaire,
Sur les bancs incisés par l'écolier mutin,
J'apprenais mot à mot ton livre clandestin.

---

* Mes souscripteurs voudront bien m'excuser si je transgresse aujourd'hui mes obligations en leur donnant un supplément : l'importance du sujet m'y a forcé.

Seul dans ma Béotie, au matin de mon âge, *
Je disais tes Martyrs, ton saint pèlerinage,
Ton nom rebondissant que l'écho répéta
Du cirque de Titus au pied du Golgotha ;
Puis, sur ma chaude mer que tant de soleil dore,
Je suivais en esprit la trirème d'Eudore ;
Rêveur au flanc des monts, comme saint Augustin,
Quand il pleurait aux chants du poëte latin,
J'écoutais dans son vol l'harmonieuse fée
Qui t'emporta du cloître aux roseaux de l'Alphée,
Cet esprit inconnu qui la nuit t'égara
Sous l'océan à pic du grand Niagara.
Je disais à la vague à mes pieds expirée,
A la vague d'Anxur, de Jaffa, du Pyrée :
As-tu dans l'orient suivi le pèlerin ?
Suspendue en écharpe à sa quille d'airain,
Quand il chantait, le soir, voguant vers l'Ionie,
Secondais-tu sa voix de ta molle harmonie ?
Dans ton bruit d'algue verte et de cailloux mouvants,
Dans cet orgue éternel des rochers et des vents,
N'as-tu pas retenu, dans cette mélopée,
Quelque sublime note à son luth échappée ?
Car depuis l'âge antique où, sur toutes ces mers,
Homère allait semant ses héroïques vers,
Jamais tu ne portas de Corinthe en Asie
Un homme, un voyageur plus grand de poésie.

* La ville où je suis né était béotienne à l'époque dont je parle ; elle est aujourd'hui aussi éclairée qu'aucune autre ville de France ; un quart de siècle a opéré ce merveilleux changement.

A M. DE CHATEAUBRIAND

Oui, tu m'es bien connu : je puis sous mes crayons
Peindre ton auréole avec tous ses rayons;
J'ai compté les éclairs qui, pendant quinze années,
Ont ouvert, pour jaillir, tes rides basanées;
Autour de ton soleil, roi de l'immensité,
Mon obscure planète a longtemps gravité;
J'entends le volcan sourd qui dans ton cœur résonne;
Moi, qui ne vais m'asseoir au foyer de personne,
Que je t'étonnerais si, m'asseyant au tien,
Je te ciselais vif dans un long entretien!
Oh! sans doute, le jour qu'une invisible flamme,
Qu'un baiser te créa sur des lèvres de femme,
L'horizon était chaud, l'air d'un matin riant
Semait dans l'Armorique un parfum d'Orient,
Et le grave Océan, sur les dunes bretonnes,
Interrompit son glas de plaintes monotones;
Aussi, quand tu parus dans ton vol triomphant,
Fils du Nord! le Midi t'adopta pour enfant.
Oh! Dieu t'avait créé pour les sublimes sphères
Où meurt le bruit lointain des mondaines affaires;
Il te mit dans les airs où ton vol s'abîma,
Comme le grand Condor que vénère Lima :
Oiseau géant, il fuit notre terre profane,
Dans l'océan de l'air il se maintient en panne;
Là, du lourd quadrupède il contemple l'abri,
L'aigle qui passe en bas lui semble un colibri,
Et noyé dans l'azur comme une tache ronde,
On dirait qu'immobile il voit tourner le monde.
C'était là ton domaine, alors que, revenant

Des huttes du Sachem sur le vieux continent,
Tu t'élevas si haut d'un seul bond, que l'Empire
Un instant s'arrêta pour écouter ta lyre ;
Le monde, des beaux-arts à peine renaissant,
Se débattait encor dans son limon de sang ;
Ce chaos attendait ta parole future ;
Tu dis le FIAT LUX de la littérature.

C'était donc peu pour toi ! pour tes ardentes nuits
Ton règne de poëte avait donc des ennuis !
Quoi ! ta vaste pensée, éternel incendie,
Consumait donc ta gloire à chaque instant grandie ?
Ton âme insatiable aux choses du moment
Redemandait toujours un nouvel aliment !
Quand ton char eut touché la borne de l'arène,
Tu voulus réunir dans ta main souveraine
La palme politique à celle des beaux-arts :
Comme l'aigle qu'on peint sur l'écu des Césars,
Dans l'un et l'autre monde enviant des conquêtes,
Vers un double avenir tu tournas tes deux têtes !
Hélas ! ce fut alors que changeant d'horizon
Tu descendis des cieux pour entrer en prison ;
L'aigle vint s'exposer au perchoir d'une cage ;
Tu respiras la Cour et son plat marécage ;
Mais, trop grand pour marcher dans la loge des rois,
Au moindre de tes pas tu heurtais les parois ;
De crainte de subir le regard d'un Villèle,
Ton front si radieux se repliait sous l'aile ;
Puis, si, te souvenant de ton vol colossal,

Noblement indigné d'un service vassal,
Tu poussais ce long cri de liberté sublime,
Ce cri qu'entendit Rome et qui frappa Solime,
L'étiquette des Cours, à son étroit compas,
Mesurait ta parole et ne comprenait pas ;
Un ordre sec, parti d'une main inconnue, 188
Te rendait, pour disgrâce, à ta pauvreté nue,
Et sorti du château, sans pécule et sans don,
Le ministre déchu reprenait le bourdon.

Mais aussi, quelle erreur ! tu poussais ta galère
Entre le vent de Cour et le vent populaire ;
Prenant à deux rivaux une part de terrain,
Tu crus t'édifier un domaine serein,
Et servir, dans ce poste où l'intrigue se rue,
Le maître de Saint-Cloud et celui de la rue.
Sans doute, en ce dessein, ton cœur si généreux,
Si noble, ne rêvait que le bonheur pour eux ;
Mais ce double triomphe, inouï phénomène,
Dépasse le pouvoir de la faiblesse humaine :
Te fus homme, l'erreur offusqna ton esprit,
Sur un chemin d'écueils le sommeil te surprit ;
Tu parlas dans un songe, et tes sourdes paroles
Annoncèrent des fers aux cités espagnoles. 189
Dans ce funèbre jour où le pied te glissa,
Ta splendide auréole un instant s'éclipsa,
Et l'on disait partout : C'est l'écume ternie
Qu'évapore en tournant le soleil du génie.
Le peuple sut te plaindre, il ne put oublier

Que dans mille tournois tu fus son chevalier ;
Ta gloire était flagrante, il s'est souvenu d'elle,
Même après ses trois-jours il te reste fidèle ;
Tu trouvas cependant des égoïstes froids,
Des hommes au cœur sec, des ingrats.... qui ? les rois.

Et tu viens, reprenant tes plaintes suspendues,
Achate malheureux des royautés perdues,
Apôtre du cercueil, défenseur du néant,
Tu viens jeter aux nains ton manteau de géant !
Tu veux galvaniser des cadavres putrides,
Nous demander pardon pour le fils des Atrides,
Offrir Oreste enfant à cet autre Ilion
Tout convulsif encor de sa rébellion ;
Et ton candide cœur pense que sous son aile
La France dormira dans la paix éternelle,
Dans un avenir d'or ; que ce roi de douze ans
Fermera sans pitié sa porte aux courtisans ;
Que ce Bourbon lancé dans une pure trace
A force de vertus démentira sa race ;
Que dans l'adulte roi les feux napolitains
Pour un sérail futur sont à jamais éteints ;
Que Barry, Montespan, Fontange ou La Vallière
Ne domineront pas sa jeunesse écolière ;
Qu'une Charte nouvelle introduite par toi
Sera la seule vierge aux genoux de ce roi ;
Qu'il ne passera plus, comme tous ses ancêtres,
Du jupon féminin à la robe des prêtres,
Et qu'il fera mentir, aux jours adolescents,

Le trio clérical [190] qui l'allaita d'encens!
Quels garants donnes-tu de sa vertu future?
As-tu par tes leçons réformé sa nature?
Quelle sorcière, ainsi qu'au pontife romain,
A lu son horoscope aux lignes de sa main? *
Nous, du moins, si trop tôt notre cœur se méfie
D'un jeune prince encore au matin de sa vie,
C'est que sans astrologue et sans magicien,
On peut savoir déjà quel chemin est le sien;
Bien mieux que le grimoire ou la baguette ailée,
Le cercle du devin, la glace constellée,
Notre histoire de France a fait luire à nos yeux
L'image de l'enfant au miroir des aïeux;
Et de plus, celui-ci porte sur sa figure
La nerveuse pâleur de redoutable augure,
Un front tout rétréci vers un sommet aigu
Et l'œil des Florentins au regard ambigu.
Même avant d'entamer son existence amère,
Il a dansé neuf mois dans le sein de sa mère;
Sa mère jeune et vive, au cœur évaporé,
Qui, secouant au bal son veuvage doré
Et s'épanouissant aux profanes délices,
Oubliait son époux tombé dans les coulisses.
Ah! si l'ancien Joas, l'hébraïque orphelin
Qui servait le grand-prêtre en tunique de lin,
Qui, sous l'ombre de Dieu, dans la demeure sainte,
Coula ses premiers jours sans franchir son enceinte,

---

* Allusion à l'admirable tableau de M. Schnetz, qui représente une sorcière tirant l'horoscope de Sixte-Quint enfant.

Si cet enfant pieux, dans l'âge reculé,
Put changer en plomb vil son or immaculé, *
Peux-tu, justifiant ta louange précoce,
Garantir sur ta foi l'Éliacin d'Écosse,
L'élève de Tharin dont la sainte vigueur
A mis en mandements le *credo* du ligueur, **
Le Joas de Saint-Cloud, qui dans sa jeune tête
A gravé pour toujours ses souvenirs de fête,
Ses arabesques d'or, de topaze, d'émail,
Ses cortèges moirés d'évêques en camail,
La cour de son aïeul transformée en concile,
Les airs efféminés des chantres de Sicile,
L'appareil enivrant de ce culte latin
Qui s'incruste à jamais dans tout cœur enfantin?
Et pourtant tel qu'il est, tel qu'à l'heure virile
Il paraîtra vêtu de sa royale argile,
Grâce à ce titre saint de LÉGITIME ROI,
La France le pourrait accueillir sans effroi,
Si, comme tu le dis, ce dogme politique,
La légitimité, fille de l'âge antique,
Était le seul pilier d'inébranlable appui
Qui soutienne sans fin l'état bâti sur lui;
Mais cette fiction par les femmes rêvée
Tombe sous l'argument de la chose prouvée:
Laissons la vieille histoire; en quinze ans, que de fois

* *Comment en un plomb vil l'or pur s'est-il changé ?*
(Racine, Prophéties sur l'Henri-Cinq de Jérusalem:)

** Qui ne se rappelle les mandements furibonds d'intolérance jésuitique publiés par monseigneur Tharin, évêque de Strasbourg, précepteur d'Henri-Cinq?

Le trône a secoué ses légitimes rois!
Ces antiques Bourbons, que leur droit de naissance
Avait faits, disais-tu, si stables de puissance,
Comme des voyageurs, logent dans un palais :*
Ces royaux pèlerins, de Brighton à Calais,
Depuis quatre-vingt-neuf jusqu'aux crises dernières,
A force de passer ont laissé deux ornières.
Est-ce là ce repos, ce calme illimité
Que donne aux nations la LÉGITIMITÉ?
Jamais déprédateurs de couronne ravie
N'ont eu dans l'univers plus orageuse vie.
C'est aujourd'hui surtout que ce vieux droit divin
N'est plus qu'une vapeur, qu'un simulacre vain;
Ces vieilles royautés, vénérables de rides,
Ces troncs d'arbres noueux qu'on croyait si solides
Étalent sur le sol de longs rameaux épars,
Comme ceux que l'enfant sciait aux boulevards.[191]
Et certes, si jamais un trône sur la terre
Dut croire avoir assis sa base héréditaire,
C'est celui qui survit en tes regrets amers,
C'est celui dont la planche erre au-delà des mers;
Il avait tout pour lui, phalanges alignées,
Canons qui font bondir les têtes désignées,
Bombes dont le fracas domine les tocsins,
Hommes d'armes sans peur, dévoués fantassins,
Sabres, fusils, obus aux flammes condensées,
Terribles confidents des royales pensées,

---

* On pourrait mettre maintenant à la porte des palais des rois légitimes ces transparents si connus dans Paris : *Ici on loge à la nuit.*

15.

Il avait tout enfin; un souffle a tout détruit :
A cet enseignement le peuple s'est instruit;
Il a vu que le dieu dont il fut idolâtre
Sous un buste de bronze avait des pieds de plâtre;
Son grand secret de force à la fin est trouvé;
Nous jugeons aujourd'hui ce que pèse un pavé :
On compte à point précis, par un calcul d'estime,
Le temps où doit sombrer le vaisseau légitime,
Et l'on sait maintenant combien de temps il faut
Pour que le peuple change un trône en échafaud !

Crois-moi, Chateaubriand, nul sage ne le nie,
Il n'existe qu'un DROIT : la force et le génie ;
La légitimité, c'est (un jour l'a fait voir)
La raison agissante installée au pouvoir.
Donc, bannis de ton cœur cette haute chimère,
Cet avenir d'un roi qui tette encor sa mère ;
Car ce vieux point d'honneur, vertu hors de saison,
Aux yeux d'un peuple libre est une trahison.
Puis, une vérité me reste encore à dire ;
Écoute jusqu'au bout ma courtoise satire :
Par un double démon ton esprit obsédé
Vers un but fixe et droit ne fut jamais guidé;
Avec ces deux instincts qui harcellent ton âme,
Ce zèle généreux qui pour les rois t'enflamme,
Ce populaire élan de si noble fierté
Qui ravit à ta bouche un cri de liberté;
Avec ce double feu qui tour à tour t'inspire
Des regrets pour les lis et des vœux pour l'empire;

Avec ces mots froissés dans ta magique voix
D'hommes libres, de serfs, de charte, de tournois,
De vieux monuments grecs, de saintes basiliques,
De royaumes éteints, de jeunes républiques,
Au siècle où la raison conseille les esprits,
Tu parles mieux qu'un homme et tu n'es pas compris :
Tes systèmes d'état se heurtent dans nos têtes ;
Il faudrait pour t'entendre un peuple de poëtes ;
Ton politique rêve est au-dessus de nous ;
Devant ta langue d'or nous serons à genoux,
Nous entendrons tes chants comme cette harmonie
Que versait Ossian dans la Calédonie.
Étoile sans déclin, sois le Chateaubriand
Qui se leva si pur au splendide Orient ;
Dans les publics débats, sublime pamphlétaire,
Jusqu'à de meilleurs jours ta bouche doit se taire ;
Prends la cithare d'or du Carmel et de Tyr,
Le luth de Velléda, d'Eudore le martyr,
Sur nos pages de deuil, par le chagrin ridées,
Verse tout l'Océan de tes fraîches idées ;
Homme heureux! si nouveau, si jeune à soixante ans!
Ressaisis ce laurier que conquit ton printemps,
Et ferme, avec tes mots dont l'oreille est ravie,
Le cercle étincelant d'une si pleine vie!

XXXII

BRISTOL

13 NOVEMBRE 1831.

Jam proximus ardet.
Virgile.

Vous aussi, nobles ducs, comtes héréditaires,
Baronnets, qui chassez le renard sur vos terres,
Descendants orgueilleux des antiques Saxons,
Vous vous êtes instruits à de hautes leçons.
Méditez bien ceci : l'heure n'est que remise :
Vos châteaux si hautains qui longent la Tamise
Peuvent, un jour, rasés à niveau de terroir,
S'abîmer dans cette eau qui leur sert de miroir.
Méditez! car le ciel, pour l'instinct des tempêtes,
Vous donna des cœurs froids avec de calmes têtes.
Vous avez jusqu'ici, d'un dédaigneux orgueil,
Repoussé les conseils du prolétaire en deuil ;
En vain, pour vous prouver que votre île s'allume
Manchester a vingt fois retenti sur l'enclume ; [192]
Il fallut que Bristol, pour argument nouveau,
Sur vos têtes de plomb fît tomber son marteau.

Effroyable début! terrible Jeu de Paume!
Ce choc a rebondi sur le triple royaume,
Et ce long contre-coup doit rebondir encor
Aux comptoirs du Bengale et de Chandernagor.
Désormais, qu'on s'attende à des œuvres hardies
D'un peuple qui procède avec des incendies,
Qui, pour faire voir clair aux mylords délinquants,
Présente sa requête aux lueurs des volcans.
L'entendez-vous mugir l'incendiaire mine?
Comme un bivac de mer la côte s'illumine;
Hurlant au sein des nuits son populaire vœu,
La ville se revêt d'une robe de feu;
On dirait que Bristol, embrasant sa ceinture,
Pose devant Martin, * Byron de sa peinture.
Un immense reflet resplendit sur nos ports :
Jamais punch allumé sur la table des lords,
Fournaise d'alcool avec ses flammes vives,
Ne s'éleva si haut sur le front des convives ;
Quelle orgie! admirez!.... la ville de Bristol
Transforme son enceinte en gigantesque bol ;
Elle jette à la rue où le pavé pétille
Tout le rhum qu'exprima la généreuse Antille ;
Et la cité bacchante, ivre jusqu'au matin,
Prend pour lit de repos sa coupe de festin.
Voilà comment ce peuple, ami du ministère,
Voulut porter un toast à la vieille Angleterre!
Anglais, ce toast suffit : pour purger l'horizon,

* Peintre anglais dont le nom est populaire à Paris, et qui attriste, avec ses Daniel et ses Sardanapale, la gaieté de nos boulevards.

Malheur à l'insensé qui brûle sa maison !
Du livre de Juillet sublimes plagiaires,
Repoussez comme nous les feux incendiaires ;
Le temps viendra sans doute où vos représentants
Vous donneront les biens attendus si longtemps.
Le monde applaudira : de son froid mausolée
L'ombre de Shéridan sortira consolée ;
Oui, votre âge de fer est peut-être fini,
Votre sol épuisé doit être rajeuni :
Les grands tiennent encor vos fronts sous leur scandale.
La terre qu'on dit libre est encor féodale ;
Cette terre où l'orgueil garde ses arsenaux
Porte comme Cybèle un casque de créneaux ;
Attendez : ces créneaux dont l'orgueil se décore
Combleront le fossé qui nous sépare encore ;
Un jour, sur les débris des gothiques palais,
Vos matelots à pied marcheront vers Calais.
Allez, pleine justice un jour sera rendue,
La leçon de Bristol ne sera pas perdue ;
Westminster a pâli ; votre cri solennel
Est tombé de Saint-Paul sous l'arceau du Tunnel ;
Aux oreilles des lords c'est un bourdon qui tinte ;
La flamme de Bristol ne sera pas éteinte.
Ce phare dont le feu si long-temps vacilla
Sur les rocs aboyants où s'engouffre Scylla,
De sa massive tour le temps l'a fait descendre ;
Aboukir ne voit plus le phare d'Alexandre,
Mais celui que Bristol alluma sur l'écueil
Doit éternellement épouvanter l'orgueil !!!

LES EXCÈS DE LA RÉVOLUTION

A M. DREUX-BRÉZÉ

Ton père, Dreux-Brézé, fut un prophète habile !
Sur son trépied de Cour c'était une sybille :
Il vit le trône antique allumé de brandons,
Le jour que vint s'asseoir, devant la table ronde,
Au Conseil du château Roland de la Gironde, [193]
    Avec des souliers à cordons.

En effet, le Pouvoir, cloué sur sa banquette,
Chancela dès cette heure où la sainte étiquette
Perdit son vierge honneur de quatorze cents ans ;
Chose étrange ! ce trône inscruté d'escarboucles,
Trône fondé par Dieu, ne tenait qu'à deux boucles
    Sur l'orteil des pieds courtisans !

Qu'eût-il dit, au palais des monarques despotes,
S'il eût vu de vos jours des ministres en bottes ?
Quels soupirs eût poussés l'héraldique Nestor
S'il eût vu notre reine, orgueil du Pausilippe,
Sous un chapeau tissu dans Florence, et Philippe
    Sous sa couronne de castor ?

Noble fils ! ta fierté pouvait-elle se taire ?
Le peuple en s'installant au trône héréditaire
Prit pour manteau royal la blouse des rouliers;
Les Rolands du faubourg, les cent mille ministres
Qui vinrent au château dans les trois jours sinistres
    N'avaient ni boucles, ni souliers !

Aussi, quand pour pleurer tant de grandeurs éteintes
Tu vins au Luxembourg psalmodier tes plaintes,
Ton navrement de cœur fendit l'âme des Pairs;
Leurs hydrauliques yeux en larmes se fondirent ;
Nobles gens ! ils pensaient à tout ce qu'ils perdirent,
    Ils pensaient à ce que tu perds ;

Moi, surtout, qui si bien avec toi sympathise,
Moi qui dans le blason, cette docte sottise,
Ai porté tant de fois ma plume ou mon burin ;
Moi qui seul avec toi, dans la France barbare,
Puis encore expliquer, par le *chef* ou la *barre*,
    Les logogriphes de Chérin ; [194]

Car je suis descendu par mes nobles aïeules,
D'un doge de Venise ayant un champ de *gueules*
Fascé d'or et d'azur avec un *chef* pareil ;
Un mien Barthélémy, mort à Constantinople,
Portait sur son écu *terrassé* de *sinople*
    Un aigle *affrontant* le soleil.

Avec ce double écu qu'en deux vers je t'indique,
Ces titres que perdit ma tendresse héraldique,

A M. DREUX-BRÉZÉ

Je n'ai pu que pleurer à ton dernier discours :
J'ai maudit comme toi les excès populaires
Quand j'ai vu s'abolir dans nos mœurs séculaires
    La sainte étiquette des Cours.

Ah ! je les comprends bien, ces excès dont tu parles !
Ces crimes ne sont pas ni l'exil du roi Charles,
Ni l'arrêt qui proscrit la trinité des rois,
Ni la fureur d'un peuple insultant la Pairie,
Ni le noir écriteau qui transforme en mairie
    La nef de Germain-l'Auxerrois ; [195]

Ni le parc de Quélen sous une main obscène
S'abîmant, par deux fois, au gouffre de la Seine,
Ilion qui revit dans les saints entretiens ;
Ni l'hôtel moscovite aux cent vitres brisées, [196]
Ni les croix d'or tombant au milieu des risées
    Du haut des minarets chrétiens.

Non, ce ne sont point là les insignes désastres
Qui consternent le monde et ternissent les astres ;
Un attentat plus noir troubla le genre humain :
Cet exécrable peuple a mis aux gémonies
Ton bâton augural, roi des cérémonies,
    Héréditaire dans ta main.

Depuis que ce bâton n'a plus ton bras pour tige,
Le pavillon Marsan a perdu son prestige,
Le château de nos rois n'est plus qu'une maison ;

L'œil-de-bœuf est éteint; le Carrousel fourmille
De cochers d'omnibus, de chevaux sans famille
  Et de voitures sans blason.

Plus de jours d'audience où le prince maussade
Sans prononcer un mot recevait l'ambassade;
Plus de ces grands couverts où le roi dînait seul;
Plus de ces grands levers où toujours endormie
Aux yeux des courtisans la royale momie
  Se prélassait dans son linceul.

C'en est fait! désormais toute chose est permise :
Une reine aujourd'hui peut changer de chemise
Seule, impudiquement, sans un ordre de toi;
Ils ne sont plus ces jours où, touché jusqu'aux larmes
Un garde s'inclinait et présentait les armes
  Devant le potage du roi. [197]

Et devant ces affronts qui contristent les âmes
Tu n'aurais rien dit, toi, vieux ami de Fitz-James!
Ton front aurait pâli devant Barbé-Marbois!
Quelques Pairs jacobins dans leur déserte enceinte
Auraient mis sur ton banc une coupe d'absinthe,
  Et la Chambre t'aurait dit : Bois!

Et tu n'aurais rien dit, géant parlementaire!
Le grand-maître eût fléchi devant le ministère!
Non ; tu rêvas longtemps penché sur ton bureau ;
Longtemps pour le grand jour tu méditas ce rôle,

A M. DREUX-BRÉZÉ

Et le glaive prudent de ta vive parole
    Resta quinze mois au fourreau.

Bien ! ta voix a flétri le jour des barricades ;
Elle aura des échos par-delà les Orcades ;
Walter Scott te prendra pour héros de roman ;
Dans son livre futur que Defauconpret guette,
Il te fera marcher avec une baguette
    Sous la forme d'un nécroman.

Tant de fidélité mérite un grand salaire,
Charles-Dix t'ouvrira son refuge insulaire ;
Aux salles d'Holyrood va ressaisir tes droits ;
Là de nos condamnés erre la colonie,
Pars donc, et d'un pas grave entre en cérémonie
    Dans la Botany-Bay des rois.

XXXIII

LE PALAIS-ROYAL EN HIVER

20 NOVEMBRE 1831.

> *Paulò minora canamus.*
> VIRGILE.
>
> Vous nous aviez promis quelques tableaux de mœurs
>
> Trêve à la politique au moins une fois l'an.
>
> Une digression morale délasse l'esprit.
>
> Peindre les mœurs, c'est faire la satire de l'époque.
>
> (Lyon, Bordeaux, Rouen, Strasbourg, Toulouse, Rennes, Paris, Périgueux, Limoges, Beauvais, Versailles, Toulon, Aix, Dijon, les deux Châlons, Nancy, Metz, Perpignan, Brest, etc., etc.)!
>
> (*Extrait de la correspondance de Némésis.*

J'obéis une fois à l'ordre épistolaire :
Némésis va parler sans haine et sans colère,
Et contre le Pouvoir suspendant ses clameurs,
Elle effleure aujourd'hui la satire des mœurs.
Quand le neuvième fils de la changeante année
Pose au front maternel sa couronne fanée ;
Quand l'ardoise qui pleure aux angles des toits vieux
Mêle sa couleur triste au brouillard pluvieux ;

Sitôt que Chevalier, 198 dans sa tourelle obscure,
Au-dessous de zéro comprime son mercure ;
Que le noir Auvergnat, Vulcain des carrefours,
Jette aux vapeurs des nuits la flamme de ses fours ;
Que sur les chevalets tourmentés par la scie
Tombe en double faisceau la falourde amincie,
Et que le manteau brun, cuirasse de l'hiver,
Sort du coffre soigneux empreint de vétiver, *
Tout change, et dans Paris, cette Babel immense,
Pour l'homme qui n'a rien l'âge d'airain commence.
Voulez-vous résumer, dans ce cercle sans fin,
L'épisode du froid qui marche avec la faim ?
Venez : pour se montrer sous sa face nouvelle,
Dans le Palais-Royal tout Paris se révèle :
Là, comme refoulés par l'âpreté du temps,
L'indigence et le luxe ont leurs représentants ;
C'est une chambre obscure où l'hiver nous étale
Le grand panorama de notre capitale.
Entrons dans ce palais, car l'heure des festins
Va sonner sourdement dans les creux intestins ;
Au fronton du midi, sous la corniche haute,
Quatre fois retentit le timbre de Lepaute. **
Par la première grille abordons le jardin ;
Ce n'est plus la saison où le gai citadin
Aligne en espalier sa décente famille

---

* Racine vermifuge (pour les vêtements de laine, fort en vogue à Paris depuis un an.

** Horloger de toutes les dynasties.

Sous l'arbre qui donna la cocarde à Camille ; *
Ce n'est plus l'étouffoir au repos consacré,
Où le soleil vient boire aux tables de Mascré, **
Où le vent du dehors ne trouve point d'issue
Pour porter sa fraîcheur au promeneur qui sue;
Le solstice est passé ; les ormeaux rabougris
De leurs dards épineux déchirent le ciel gris,
Novembre a secoué leurs manteaux de toilette,
Et ces verts éventails n'ont plus que le squelette ;
Le canon de midi se tait sur les essieux, ***
Son sublime artilleur ne tombe plus des cieux;
Partout on voit jaunir le feston de liane,
Depuis le piédestal où frissonne Diane, ****
Depuis le pavillon où le lecteur muet
Commente les journaux que timbre Cornuet, *****
Jusqu'au trône lointain où l'Apollon s'indigne
De paraître en public sans la feuille de vigne.
Alors, ce grand jardin par trois murs enlacé
Semble se rétrécir sous un dôme glacé ;
Là, pourtant, l'homme heureux, pour jouir d'un contraste,

---

* Camille-Desmoulins prit pour première cocarde une feuille des arbres du Palais-Royal.

** Mascré, limonadier de la Rotonde, fermier des guéridons extérieurs.

*** Canon solaire qu'on a placé au sud du Palais-Royal pour qu'il fût plus rapproché du soleil ; il est silencieux onze mois de l'année.

**** Les deux pelouses du jardin sont ornées des statues fraternelles de Diane et d'Apollon ; cette dernière est aussi scandaleuse que le Méléagre des Tuileries. Toutes les dames qui se sont effarouchées de la ravissante comédie de M. Delatouche, ont passé sans rougir devant cet acteur de bronze pour se rendre au théâtre voisin.

***** Cornuet, locataire d'un des pavillons de lecture politique.

Projette autour de lui les rayons de son faste ;
Suivez-le, soit qu'il entre au magique palais
Par l'escalier fangeux de l'égoût Beaujolais,
Soit qu'il tombe du sud par les cours, soit qu'il vienne
Du sombre Radziwill ou de l'arceau Vivienne :
Sa large chaîne d'or flottante sur le sein,
Sa botte secouant l'éperon fantassin,
Égoïste imposant, seul au milieu du monde,
De son bonheur immense il remplit la Rotonde.
Jetez vos yeux partout : partout l'œil s'éblouit
De l'enivrant tableau de l'homme qui jouit ;
Les élus du destin aux faces rayonnantes,
Les riches armateurs de Bordeaux et de Nantes,
Des manteaux de Berchut [199] largement pavoisés,
Frappent les hauts plafonds d'idiômes croisés ;
Ils vont chez Corcelet, [200] ce savant qui leur nomme
Les mets universels du monde gastronome ;
Malte-Brun de la table, il dit quelle cité
Offre un tribut plus large à la voracité,
Et désigne du doigt ses poudreuses archives
Où dorment tous les vins des chaleureuses rives.
D'autres qui, pour dresser de splendides festins,
S'agenouillent encor devant les noms éteints,
Visitent de Chevet le menteur étalage ; [201]
Là, des saumons géants venus par le roulage,
Des colosses de mer sur son banc échoués,
Des grappes de faisans à ses frises cloués,
Des monstres inconnus aux quatre académies,
D'énigmatiques chairs, des pâtés de momies.

De ce grand muséum encombrent les trois seuils,
Clamard des esturgeons, Montfaucon des chevreuils.
D'autres ont dédaigné cette cuisine peinte ;
Du parallélogramme ils arpentent l'enceinte,
Et quand, sous le portique où chante Séraphin, [202]
Ils se sont infusé le bonheur de la faim,
On les voit s'élancer vers l'odorante salle,
Des Frères éternels, trinité provençale, [203]
Réfectoire embaumé des succulents repas,
Seul temple où pour dîner l'enseigne ne ment pas.
Là, se rendent encor ceux que Dieu même envie,
Ceux qui dans un instant se font toute une vie,
Les fortunés joueurs dont l'étroit pantalon
Trahit, en relief, l'or conquis au salon.
Puis, quand tous ont calmé cette faim dévorante
Que donne le jardin ou le trente-et-quarante,
Brûlés de Clos-Vougeot, de Pomard et de Nuits,
Ils vont se perdre seuls dans le secret des nuits.

Vivez heureux, ô vous dont la fortune est faite !
Pour vous le rude hiver n'est qu'une longue fête ;
Allez, croyez-le bien, troupeau prédestiné,
Personne n'est à jeun quand vous avez dîné.
Savez-vous que tantôt, dans ce brillant domaine,
La faim se promenait sous une face humaine ;
Qu'après votre festin, en ce même moment,
Elle avale le froid à défaut d'aliment ?
Oh ! quand vous vous plongiez dans les coupes vineuses,
A travers le cristal des vitres lumineuses,

LE PALAIS-ROYAL EN HIVER

Vous n'avez donc pas vu sur le seuil éclatant
Ces grands yeux affamés qui vous regardaient tant,
Qui vous ont tant suivi quand votre front superbe
Divisait en passant l'arc-en-ciel de la gerbe? *
Non : cette gerbe d'eau, panache de l'hiver,
A jeté, dans ce jour, moins de gouttes dans l'air,
Moins qu'ils n'ont fait de pas dans ces tristes allées
Où la pluie a fondu les nocturnes gelées.
Pareils aux condamnés parqués dans une cour,
Qui de leur noir préau font mille fois le tour,
Ils marchent sans repos, depuis l'heure où les gardes
Des cent grilles de fer ouvrent les hallebardes.
Voyez-les ces proscrits, ces ilotes errants,
Ces hommes que la faim a rendus transparents,
Ces Orestes bourgeois que le bras des furies
Semble faire tourner devant les galeries,
Ces atomes sans poids, que le plus léger vent
Déracine du sol comme un sable mouvant,
Ces êtres qui, le soir, chassés du jardin sombre,
Passent à la lumière et ne laissent pas d'ombre,
Ces cibles du malheur qui, dès l'âge enfantin,
Émoussent chaque jour le fleuret du destin ;
Troupeau contagieux que la lèpre calcine,
Ils n'ont pas le denier pour payer la piscine,
L'obole qu'on échange aux angles du quartier
Contre l'immonde pain du hideux regrattier.
A l'heure du dîner ce peuple se condense ;

* La gerbe d'eau du bassin du Palais.

Ils ont depuis longtemps nié la Providence ;
Ils n'invoquent jamais, pour raffermir leurs os,
Celui qui donne vie aux petits des oiseaux ; *
Mais comme un dieu sauveur ils flairent au passage
Quelque ami de collége à l'opulent visage
Qui prélève, en courant, de son riche budget
L'aumône qu'on déploie au comptoir de Rouget,**
Ou dans le soupirail du sombre Larosière :
Plaignons celui qui fait une vaine croisière ;
Qui n'a pas recueilli dans son osseuse main
De quoi ne pas mourir jusques au lendemain
Suivez-le du regard : convive imaginaire,
Il dérobe à Véfour son parfum culinaire ;
Sa lèvre est suspendue aux mets éblouissants
Qu'une vitre interdit à la main des passants ;
Il contemple surtout avec un œil étrange
La fille de Joseph, la Rébecca du change ; [204]
Les immondices d'or, amas pyramidal,
Potose qui rayonne aux grilles de Vidal. ***
Hélas ! de cette boue une mince parcelle
Redonnerait la vie à son corps qui chancelle ;
Et cet or satanique, objet de tant de vœux,
Dans son gousset désert crispe ses doigts nerveux

* Aux *petits des oiseaux* il donne la pâture
RACINE.

** Rouget et Larosière, antipodes gastronomiques des Frères Provençaux, revers de médaille du Palais-Royal.
*** Célèbre changeur de la galerie Valois.

Puis, quand il a franchi cette crise d'une heure,
Il sent qu'il peut passer une nuit sans qu'il meure ;...
Et, se fortifiant d'un calme désespoir,
Il s'apprête à subir l'éternité du soir.

Voilà les doux tableaux que, dans son beau domaine,
L'inexorable hiver tous les ans nous ramène,
En attendant le jour où quelque heureux essai,
Conquis aux songes d'or de Malthus et de Say, [205]
Quelque plan social, étayé sur deux tomes,
Couvre d'un peu de chair tous ces errants fantômes,
Donne à chacun sa part, promise aux fils d'Adam,
De pain quotidien et de drap de Sédan.
Ah ! n'allons pas courir aux rives du Bengale
Pour voir chez les humains cette part inégale,
Pour voir ces *Parias*, rebut de l'univers,
Que notre Delavigne a vengés en beaux vers ;
Sa tragédie est là, sous nos riches demeures ;
Chaque jour on la joue, elle dure seize heures ;
Quatre actes sont donnés dans ces riches bazars,
Et la dernière scène est sous le Pont-des-Arts.
Non, ce tableau n'est point un jeu de poésie,
Un portrait idéal, œuvre de fantaisie ;
L'hyperbolique Dante a fait un Ugolin ;
Les miens sont devant vous, ce palais en est plein.
Voyez-les : sans trouver un lit qui les endorme,
Ils errent jour et nuit sous le même uniforme ;
Ils épinglent sur eux quelques lambeaux étroits,
L'un à l'autre cousus par des fils maladroits ;

Le malheur fait passer sous ses fourches caudines
Ces décombres vivants habillés de ruines ;
Leurs vêtements, rebut d'opulentes maisons,
Donnent des démentis à toutes les saisons :
L'hiver, quand un froid vif embrase leurs narines,
Ils se glissent parés de robes zéphirines ;
L'été, quand l'horizon allume ses fourneaux,
Ils traînent en suant l'alpaga de Ternaux.
Triste peuple, roseaux effeuillés sur les aires,
Plastrons déchiquetés par toutes les misères,
Ils semblent adresser, du fond de ces abris,
Un sarcasme éternel au luxe de Paris.

Mais autant qu'un ormeau s'élève sur l'arbuste,
Autant que Cornuet domine l'homme-buste, *
Sur cette obscure plèbe errante dans l'enclos,
Autant plane et surgit l'héroïque Duclos : [206]
Dans cet étroit royaume où le destin les parque,
Les terrestres damnés l'ont élu pour monarque ;
C'est l'Archange déchu, le Satan bordelais,
Le Juif-Errant chrétien, le Melmoth du Palais ; **
Jamais l'ermite Paul, le virginal Macaire,
Marabout, Talapoin, Fakir, Santon du Caire,
Brame, Guèbre, Parsis adorateur du feu,
N'accomplit sur la terre un plus terrible vœu :

* Nain distributeur des grands journaux, occupant le pavillon littéraire qui fait pendant à celui de Cornuet.

** *Melmoth* ou *l'Homme errant*, admirable création du révérend Mathurin.

Depuis sept ans entiers, de colonne en colonne,
Comme un soleil éteint ce spectre tourbillonne ;
Depuis le dernier soir que l'acier le rasa,
Il a vu trois Véfour et quatre Corazza ; *
Sous ses orteils, chaussés d'éternelles sandales,
Il a du long portique usé toutes les dalles ;
Être mystérieux qui, d'un coup d'œil glaçant,
Déconcerte le rire aux lèvres du passant ;
Sur tant d'infortunés infortune célèbre !
Des calculs du malheur c'est la vivante algèbre ;
De l'angle de Terris jusqu'à Berthelemot,
Il fait tourner sans fin son énigme sans mot.
Est-il point d'arrêt à cette ellipse immense ?
Est-ce dédain sublime, ou sagesse, ou démence ?
Qui sait ? il veut peut-être, au bout de son chemin,
Par un enseignement frapper le genre humain ;
Peut-être, pour fournir un dernier épisode,
Il attend que Rotschild, son terrestre antipode,
Un jour dans le palais l'aborde sans effroi,
En lui disant : Je suis plus malheureux que toi !

* Nom primitif d'un des meilleurs cafés du Palais-Royal, illustre par la fortune de ses quatre successeurs.

XXXIV

LE LUXEMBOURG

AUX PAIRS FUTURS

27 NOVEMBRE 1831.

Heu ! fuge vestibulum genitoris cœde cruentum.
LUCAIN.

J'aime du Luxembourg la pose solennelle :
Aux quatre points du ciel il élargit une aile ;
Sous une Médicis, le ciseau florentin [207]
Voulut donner ce Louvre au vieux quartier latin.
Le temps qui ronge tout, de ses dents incisives
N'a pas encor mordu sur ses pierres massives ;
Vierge d'impur ciment, fort de son unité,
Ce compacte château vit pour l'éternité.
Il étale au dehors de ses murs granitiques
La colonne toscane aux bracelets antiques,
Et semble dédaigner, dans son style grossier,
Ces frêles monuments que cartonne Percier, *

---

* Célèbre architecte contemporain, collaborateur de M. Fontaine.

Ces colonnes d'un jour qui, pour être immortelles,
Coiffent leurs chapiteaux de bonnets de dentelles,
Ces feuillets de sculpture où, par quatrains égaux,
L'architecte galant écrit ses madrigaux.
J'aime surtout ses bois, terrestres Élysées ;
Ses pelouses de fleurs par des talus brisées ;
La mousse en relief sur les murs décrépits ;
L'allée où le gramen déroule son tapis ;
Ses autels où la fable a sculpté ses idoles ;
Les cignes du bassin, gracieuses gondoles ;
Et les lacs de gazon qu'un balustre épineux
Borde en faisant courir ses losanges de nœuds.
Là, toujours indocile au goût systématique,
Quelque plan imprévu rompt les lignes d'optique ;
Là, rien n'attriste l'œil, car un heureux dédain
Au compas de Lenôtre enleva ce jardin. 208

Oui, que ce lieu, voisin du triste Observatoire,
Plaise aux vieux citadins oublieux de l'histoire ;
Qu'il charme ces cœurs secs où les regrets cuisants
Ne trouvent plus de germe au-delà de quinze ans.
C'est un jardin maudit où, la nuit, se dessine
L'ombre de Médicis, sa patronne assassine :
Sur la porte qui s'ouvre au double corridor
On lit : PALAIS DES PAIRS, écrit en lettres d'or ;
Eh bien ! moi, sur le front de cette haute Chambre,
Je lis, en traits de sang, ces deux mots : SEPT DÉCEMBRE ! 209
C'est un anniversaire ; il approche, il est là...
Ce jour, quand sur Paris l'aube se déroula,

Elle étendit sur nous une brume épaissie
Qui semblait empruntée au ciel de la Russie ;
Le palais florentin si morne dans l'hiver,
Isolant ses terreurs sous la grille de fer,
De l'opaque brouillard implorait le mystère
Comme pour s'aguerrir au meurtre solitaire.
Le soleil ne vint pas : comme au réveil des camps.
Le froid courait dans l'air en aiguillons piquants ;
Une neige récente et l'humide gelée
Pétrissaient en limon le sable de l'allée.
Alors, on vit sortant du palais Médicis
Quelques hommes hideux qui, d'un pas indécis,
Marchaient le long du bois, le fusil sur l'épaule ;
Pareils aux égorgeurs de notre vieille Gaule,
On eût dit qu'ils cherchaient la pierre du Dolmin
Pour consommer dans l'ombre un sacrifice humain. *
Le convoi s'arrêta sous la tour isolée
Qui sert de piédestal aux nouveaux Galilée ; [210]
Alors le char funèbre entr'ouvrit sa prison,
Un homme étincelant parut sur l'horizon ;
Les gardes, les bourreaux et la foule timide,
Tous tremblaient près de lui dans l'atmosphère humide ;
Lui seul ne tremblait pas de ce frisson de mort
Qui contracte la chair sur le cœur du plus fort ;
Il avait salué dans sa course lointaine

---

* J'ai lu dans un livre écrit par un témoin que, non loin des vétérants chargés de l'exécution, marchait un peloton de *faux grenadiers*. C'étaient sans doute des agents de police déguisés sous cet uniforme et destinés à agir en cas de refus des vétérants.

Tous les boulets fondus du Tage au Boristhène;
Même son corps de fer ne put être assailli
De ce froid qui glaça l'échafaud de Bailly; [211]
Car au lit des soldats quand il prenait sa place,
Comme sur l'édredon il dormait sur la glace.*

Les apprêts furent courts, l'assassinat fut prompt:
On lui troua cinq fois la poitrine et le front.
Quel est-il? — C'est celui que tout bulletin nomme;
C'est l'homme qui fut grand, même près du grand homme;
C'est le glorieux Ney; c'est celui qui trouva
Un baptême nouveau devant la Moskowa;
Celui qui, revenu des confins de la terre,
Réchauffait, sous les plis de son manteau de guerre,
Nos soldats égarés sous des bois inconnus,
Et rougissait la neige au sang de leurs pieds nus;
Celui qui, des canons éteignant la fournaise,
Suivit, plus de dix ans, l'Iliade française
Sans qu'un boulet vomi des cent mille volcans
Osât frapper de mort l'Achille de nos camps!
Eh bien! il est tombé comme un vil réfractaire
Qu'on livre, pour l'exemple, au prevôt militaire,
Comme un lâche conscrit qu'un plomb vulgaire abat
Pour avoir déserté la veille du combat!
Oh! comment tant de gloire est-elle disparue?

---

* M. de Ségur, que je n'ai pas en ce moment sous les yeux, dit à peu près, je crois : « Qu'au passage de la Bérésina, Ney s'enveloppa de son « manteau et dormit sur la terre glacée; » car, ajoute l'historien, « il « avait une de ces puissantes constitutions sans lesquelles il n'y a point « de héros. »

Un assassin posté dans l'angle d'une rue
Sur le cœur du héros appuya le canon,
Et le voilà gisant sur un terrain sans nom.
Les soldats des Bourbons, ignoble valetaille,
Ont pris un carrefour pour leur champ de bataille ;
Ils s'éloignent honteux, et le cadavre est seul :
Alors la charité lui prête son linceul,
On l'emporte, et devant le brancard de misère
Une femme à genoux récite son rosaire. 212

Et dans le Luxembourg aux lugubres arceaux
Que faisaient cependant ces Pairs, ces grands vassaux
Qui, pour plaire à leur Cour sanguinaire et dévote,
A défaut de poignard égorgeaient par le vote ?
Croyez-vous qu'oublieux de leur crime récent
Ils dormirent la nuit comme dort l'innocent ?
Non, l'épineux remords tourna dans leurs entrailles ;
La nuit donna des voix aux fentes des murailles ;
Des squelettes humains pétris de sang et d'os
Traînèrent leurs reflets sur le blanc des rideaux ;
L'homme dort, mais le cœur veille dans l'insomnie.
Avez-vous oublié cette horrible agonie
Où le pâle Bellart, levé sur son séant,
Revit le fusillé qu'il croyait au néant ?
En voyant sur son lit la grande mort vivante,
L'accusateur se tut, il râla d'épouvante,
Et de rouges sueurs froidement inondé
Il rendit tout le sang qu'il avait demandé. *

* C'est bien à regret que j'invoque ici le souvenir de l'agonie de Bel-

Car la tombe des morts est pleine de mystères;
La mort a beau tarir le canal des artères,
Le sang de l'homme juste élève une vapeur
Qui fume dans la nuit et qui glace de peur.
On dit que depuis lors, depuis cette journée,
Seize fois à nos pleurs par le temps ramenée,
Le Sept Décembre, jour qu'on nous l'assassina,
Tous les spectres glacés de la Bérésina,
Du Luxembourg désert ouvrant la grande salle,
Entraînent au jardin une ombre colossale;
Sous le drap qui le couvre, un tambour gronde et bat
Le nocturne rappel de l'horible sabbat;
De leur propre désastre effroyables copies,
Ils collent sur leurs os de sanglantes charpies :
Avec des doigts osseux, raidis par des frissons,
De leurs cheveux pendants ils peignent les glaçons;
Les uns sur le bassin où l'eau s'est épaissie
Glissent, en souvenir du désert de Russie;
D'autres, se nivelant aux fossés du chemin;
Implorent des amis en leur tendant la main;
Ou, sur la neige assis, de leurs mains de squelettes,
Ils soignent en riant de hideuses toilettes;
Puis, comme sur un pont du fleuve désastreux,
Tous marchent, en convoi, vers l'enclos des Chartreux,[21]
Aux bornes du jardin la fantastique armée
Glisse par les barreaux de la grille fermée;

lart; mais de hautes considérations doivent l'emporter sur les simples convenances; d'ailleurs les journaux du temps, les endemain même de la mort de Bellart, donnèrent des détails sur cette agonie, qui fut troublée par un délire de remords et par d'épouvantables visions.

Sur les lieux où le meurtre à tel jour s'acheva
Chaque spectre en passant murmure : Moskowa !
Au sommet de la tour un lumineux fantôme
Porte les os de Ney, débris qui furent homme,
Et les bras étendus devant ces restes saints,
Il nomme lentement tous les Pairs assassins.
Après, troublant la nuit de sanglots et de râles,
Tous ces spectres guerriers s'élèvent en spirales ;
Ils rasent dans leur vol le sombre Luxembourg,
Et de là se ruant sur l'orgueilleux faubourg,
Ils fouillent les hôtels ; et partout où réside
Un homme qui trempa dans ce grand homicide
Ils entrent ; sous l'alcôve ils plongent un regard
Et soufflent sur le lit les songes de Bellart. *
Tant que dans ce palais de mémoire fatale
Un assassin de Ney restera sur la stalle ;
Tant que d'impures mains, par un tardif remord,
N'auront pas effacé ce jugement de mort,
Et qu'un arrêt nouveau, devant l'Observatoire,
Ne décernera pas un marbre expiatoire,

* Voici une anecdote remarquable qu'on lit dans l'excellent ouvrage de M. l'avocat Claveau sur la police de Paris :

« M. Bellart, mélancolique et triste de son dévouement fatal aux Bour-
« bons, cherchait à se distraire et recevait chez lui beaucoup de monde,
« afin sans doute de s'étourdir. Son vaste salon ne désemplissait pas de
« gens de toutes les professions qui venaient saluer l'homme puissant. Un
« soir, dit-on, la réunion était fort nombreuse et très-calme ; tout à coup
« la porte s'ouvre, et la voix d'un domestique annonçant une nouvelle
« visite se fait entendre : M. le maréchal Ney ! s'écria-t-elle tout haut et
« au milieu du silence général. A ces mots, les spectateurs hésitent, le
« maître se trouble et pâlit. On fait place, et l'on voit entrer un ami de la
« maison, M. Maréchal aîné, dont le valet de chambre, qui ne servait que
« depuis peu de temps, avait estropié le nom d'une façon si singulière. »

Le Pair qui siégera près du banc du héros
Servira de complice aux quarante bourreaux; *
Ce siége est teint de sang, malheur à qui l'envie!
Honte à qui prend sa part de ce remords à vie!
Plaignons ceux qui déjà sont venus dans ces lieux
Échanger contre un titre un serment oublieux!
D'autres, pour s'installer dans cette haute Chambre,
Se donnant un sursis, viendront le sept décembre;
Qu'on ouvre devant eux la porte à deux battants,
C'est le jour du grand deuil... Fils de Ney, je t'attends!!!

XXXV

LYON

4 DÉCEMBRE 1831

> *Malesuada fames.*
> VIRGILE.

Mon volcan tant prédit a déchaîné ses laves ;
La voilà devant nous; la guerre des esclaves!
De nouveaux Spartacus sortent des ateliers,
Les conscrits de la faim s'enrôlent par milliers;

---

*. Il ne reste plus que quarante Pairs, de ceux qui ont voté la mort du maréchal Ney.

En guise de drapeaux, de guidons, de cornettes,
Ils arborent un pain au bout des baïonnettes,
Et par le sort injuste écartés du festin;
Ils vont asseoir leur camp sur leur Mont-Aventin :
Qui les fera descendre, et quel ami du trône
Viendra mettre une écluse à la vague du Rhône ?
Hommes d'État, on lit dans un livre ancien
L'art de remettre un peuple au joug patricien;
De calmer ses fureurs sous la branche d'olive :
Eh bien ! qu'un doctrinaire armé de Tite-Live,
Qu'un Agrippa moderne élu par Villemain,
Passe le nouveau Tibre en costume romain ;
Qu'au nom de l'*estomac*, en style pédagogue,
A ces *membres* mutins il conte l'apologue.
Mais, hélas ! l'apologue a perdu son pouvoir ;
Le peuple s'est fait vieux, rien ne peut l'émouvoir ;
L'Agrippa déclamant sur le mont de Fourvières
Irait finir sa fable entre les deux rivières.
Que faire?... pour finir un drame commencé,
L'acerbe République eut son Dubois-Crancé ; [124]
L'échafaud voyageait vers Commune-Affranchie :
Quand le Midi royal flamboyait d'anarchie,
Elle terrorisait, par la voix du canon,
Le Port-de-la-Montagne et la ville sans nom ;
Mais les temps ne sont plus où, devant deux abîmes,
La France punissait les crimes par des crimes ;

---

* On sait que *Commune-Affranchie* fut le nom donné à Lyon par la république ; Toulon se nommait aussi *Port-de-la-Montagne*, et Marseille *la ville sans nom*.

Où la loi, pour saigner la patrie aux abois,
De l'horrible lancette armait Collot-d'Herbois ; [215]
Sombre histoire, qui laisse aux nations à naître
Un problème de sang qu'un jour fera connaître !....
Non, ces temps ne sont plus; et puis cette cité
Est vénérable encor dans son adversité ;
C'est la sœur de Paris [216] : sublime prisonnière,
Elle veille avec nous sous la grande bannière ;
Quand sa faim a poussé de légitimes cris,
L'a-t-on vue, arborant les emblèmes proscrits,
Tendre, pour obtenir l'obole demandée,
Une main royaliste à l'infâme Vendée ?
Oh ! si nos artilleurs arrivent sur ces monts
Qui couronnent les murs de ceux que nous aimons ;
Si, prenant pour redoute un point qui les domine,
Ils veulent bombarder ce camp de la famine,
Pour charger les canons et les mortiers d'airain,
Qu'en forme de boulets ils pétrissent le pain :
Quand ces boulets sauveurs descendront sur la ville,
Le peuple soufflera sur la torche civile,
Et sans peine abdiquant un règne passager,
Il n'en conservera que le droit de manger.

Triste sort du Pouvoir ! la doctrine qu'il aime
A jeté son vaisseau sur l'écueil du dilemme ;
Ou dans le sang du peuple éteignez ce brandon,
Ou flétrissez la loi par un humble pardon.
Qui vous l'eût dit ! avant cette triste semaine,
Paris était pour vous un bienheureux domaine ;

Le sofa nonchalant vous avait assoupis ;
Le salon, sous vos pieds, déroulait ses tapis ;
Comme l'avait dit Thiers, prophète de la chambre,
Les fleurs naissaient pour vous dans le mois de novembre ;
Noyés dans vos fauteuils, le visage vermeil,
Vos yeux ternes encor d'un lubrique sommeil,
Sans souci pour le Rhin, ou la Loire, ou l'Ardèche,
Vous lisiez en riant la bénigne dépêche ;
Puis au Conseil, le soir, devant le Carrousel,
Votre orgueil se targuait du calme universel :
Plus de ces tristes nuits où Paris sans laternes
Entendait le tambour, ce toscin des casernes ;
Le riant télégraphe, à Montmartre endormi,
N'avait, à son réveil, que des gestes d'ami :
Pour défendre le seuil de chaque ministère,
C'était assez pour vous qu'un garde sédentaire,
Mariant la giberne à l'innocent briquet,
Balançât sur l'épaule un frauduleux Gisquet.[217]
Quel réveil ! ils dormaient sur le roc de Sisyphe !
Soudain le télégraphe, effrayant logogriphe
Automate de l'air par novembre engourdi,
Tend ses bras torturés vers l'orageux midi :
Ce n'est plus cette fois une émeute de femmes ;
C'est Lyon tout entier qui roule dans les flammes ;
C'est un peuple affamé qui, des toits descendu,
Pour la Charte promise à son travail ardu,
Attaque l'industrie aux calculs économes ;
C'est le rugissement de soixante mille hommes ;
C'est un grand désespoir par la faim suscité,

Un suicide immense où court une cité.

Voilà, voilà le fruit de vos œuvres iniques,
Journaliers du Pouvoir, Hercules pulmoniques,
Qui voulez soutenir sur votre dos étroit
Un accablant fardeau que chaque jour accroît !
Venez, courtiers-marrons de la diplomatie,
Hommes à fibre molle, à cervelle endurcie,
Entre les bras sanglants de ses fleuves jumeaux,
Venez voir la cité que crispent tant de maux.
Vous aviez posé là, pour double sentinelle,
Le préfet Dumolard et le maire Prunelle ;
L'un, faisant à sa ville un éternel adieu,
S'encroûtait au sénat dans le juste-milieu ;
L'autre, depuis trois mois, n'avait pas su connaître
Le complot d'une ville ourdi sous sa fenêtre ;
La veille où de la loi fut rompu le lien,
Ce Pangloss des préfets écrivit : *Tout est bien.*
Partout vous étalez vos étranges bévues ;
Le brave et vieux Gazan, qui s'endort aux revues,
Est chargé d'ouvrir l'œil sur nos ardents climats ; *
A ses côtés se meut un opaque Thomas ; [218]
Aujourd'hui, pour surcroît, le ministre colère
Leur expédie en poste un homme impopulaire,
Molitor, maréchal nommé par Charles Dix

---

* Le général comte Gazan, une de nos plus belles illustrations militaires ; il commande la plus importante division du midi ; son grand âge et ses glorieuses blessures devaient l'éloigner d'un poste si important, où il n'a pour appui que le plus absurde des préfets.

Pour avoir escorté le Dauphin à Cadix.
C'est qu'on ne vit jamais dans nos tristes annales
Plus de marchés honteux, plus d'intrigues vénales;
Les députés, élus pour nous faire des lois,
Ouvrent effrontément leurs boutiques d'emplois;
L'impur solliciteur, que rien ne rassasie,
Retire son brevet des jupons d'Aspasie;
Le virus doctrinaire, inondant les chevets,
De stigmates honteux macule les brevets.
Ainsi, des flancs impurs de tous nos ministères
Tombent sur notre sol des fœtus adultères,
Avortons souffreteux, automates mouvants,
Mannequins que Périer empaille tout vivants.
Et puis, étonnez-vous si ces nains rachitiques
Sentent craquer leurs dos sous les chocs politiques;
Si, devant les périls qu'ils n'ont pas su prévoir,
Pour s'échapper plus vite ils jettent le pouvoir!
Ah! quand de tant de deuils l'argument énergique
D'un ministère absurde accuse la logique;
Quand tout s'échappe et fuit sous vos doigts oppresseurs;
Quand une ville, grande entre toutes ses sœurs,
Celle que le Midi nomme sa capitale,
Sur le trône des lois met la force brutale;
Quand la haine ou la faim, que ligue le malheur,
Aux torches de Lyon vont allumer la leur;
Que dans chaque cité gronde l'écho du Rhône,
Il faut résilier son bail avec le trône,
S'abîmer au néant de toute sa hauteur,
Et signer son exil au front du *Moniteur*.

Comment répondrez-vous? Que la France elle-même
Semble s'agenouiller devant votre système?
Que vingt fois accusés, le sénat, chaque fois,
Vous acquitta toujours aux deux tiers de ses voix?
Que la majorité vous soutient? oui, sans doute,
Vous l'avez, et l'on sait même ce qu'elle coûte ;
L'homme qui veut se vendre est toujours acheté ;
Tout ministre qui paye a la majorité :
Et combien sont sortis de l'urne électorale,
Candides, le cœur plein d'une austère morale,
Cerbères que le miel ne pouvait endormir,
Hurlant à triple gueule au nom de Casimir,
Qui depuis, dans l'Éden, d'un souris débonnaire,
Écoutent le serpent de l'arbre doctrinaire,
Et qui, sur leur famille étendant tous leurs vœux,
Placent, en votant bien, leurs fils et leurs neveux !
Et pourtant voilà ceux qui brisent notre force !
Du chêne de l'État ils n'ont vu que l'écorce !
Oui, débiles prôneurs d'une paix à tout prix,
Aux besoins du moment vous n'avez rien compris ;
Mieux que vous dans le ciel nos regards savaient lire :
Ce n'était point l'ardeur d'un belliqueux délire,
Ni l'atroce plaisir d'ensanglanter nos mains
Qui des champs de bataille imploraient les chemins ;
Ne valait-il pas mieux appeler aux frontières
Nos villages, nos bourgs et nos villes entières,
Recommencer Arcole, ou Modène, ou Lodi,
Que d'inonder de sang le fraternel Midi ?
Avec quels cris de joie, aux brises printanières,

Le Rhône aurait jeté ses soyeuses bannières,
Et sur les nobles toits, purs de rébellion,
Arboré l'étendard où rugit le lion ! *
Oui, cette ville seule, accouchant d'une armée,
Eût atteint d'un seul bond les îles Borromée ;
De là, fiévreuse encor de son premier élan,
Elle eût montré la France aux portes de Milan.
Oh ! que n'auraient pas fait sur un champ de bataille
Ces deux peuples, tous deux géants de même taille,
Le peuple de Paris et son frère immortel !
Comme deux chevaliers acceptant un cartel,
Nobles jumeaux des camps qu'un même pacte lie,
Ils eussent en trois jours dominé l'Italie.
Ils ne l'ont pas compris, ces stupides docteurs,
Ces crétins de comptoirs, bétail d'agioteurs,
Citoyens de la Bourse, esclaves de la rente !
Et la guerre civile est aujourd'hui flagrante !
Et nos braves soldats que le Rhin attendait,
Combattront, sans honneur, le pauvre ou le Verdet ![219]
Oh ! gloire à vos calculs, diplomates serviles !
Vantez-nous une paix qui désole nos villes ;
Un second Austerlitz pouvait luire demain, **
Mais vous avez barré tout belliqueux chemin,
Et nos soldats, exclus du Rhin et de la Sambre,
Dans Lyon tout sanglant fêtent le deux décembre.

---

* On sait que Lyon porte un lion dans ses armes véritablement *parlantes*.

** J'écrivais ce vers le 1er décembre, veille du glorieux anniversaire d la bataille d'Austerlitz.

Que c'est digne de vous! oh! soyez bien contents!....
Ah! feuilletez l'histoire, et dans les premiers temps
Cherchez-y pour vous tous des leçons salutaires :
Quand ces hommes obscurs, qu'on nomme prolétaires,
Viennent à découvrir que, des infimes rangs,
Ils peuvent se hisser à la taille des grands,
Que le pain appartient aux bouches affamées,
Alors, malheur à tous! même si les armées
Sous leur artillerie écrasent les mutins,
Leur chute annonce encor des désastres certains.
Spartacus vit tomber sa force colossale ;
Mais la guerre du pauvre amenait à Pharsale,
A Pharsale, à ce jour où périt abattu
Le dernier des Romains en niant la vertu.

XXXVI

A HENRI CINQ

11 DÉCEMBRE 1831.

Neu tu pueri contempseris annos.
JUVÉNAL.

Par un soir de juillet, quand la lune sereine
S'exile au fond du ciel comme une pâle reine,

En songeant au dix-août, je traînais mes pas lents
Devant le Carrousel semé de pavés blancs.
Déjà la voix du jour commençait à se taire :
Sur le grand échiquier du pavé solitaire,
Comme un pion obscur, seul, modeste, j'allais,
Regardant les deux tours qui flanquent le palais; [220]
Je voyais à travers les lumineuses vitres
Les fous bariolés de rubans ou de mitres,
Et l'automate-roi qu'au bas des escaliers,
Dans sa case d'honneur, gardaient deux cavaliers.
Partout, dans le château des hautes cheminées,
Brillaient les salles d'or, toutes illuminées ;
C'était un de ces jours chers à tes courtisans,
Veille de Saint-Henri.... tu n'avais que six ans.
Quatre joueurs de flûte adossés à la grille
Exécutaient pour toi de vieux airs de famille ;
Sérénade déserte! orchestre malheureux !
Les Amphions urbains ne jouaient que pour eux :
Par ordre de Gontaut, [221] de ta main caressante
Tu semais les saluts sur une foule absente ;
Nuls cris ne fêtoyaient le futur souverain,
Hormis les chants aigus de l'orchestre forain.
Eh bien! je fus ému de ce silence morne,
Je pris pour piédestal une royale borne,
Et me montrant à toi dans toute ma hauteur,
Par piété pour l'enfant je me fis auditeur.

Oui, tant qu'avec ta sœur tu vécus en tutelle ;
Tant que le Fils de France allait à Bagatelle ;

A HENRI CINQ

Tant que le jeune Henri, de son pas enfantin,
N'avait pas enjambé le trône encor lointain,
Le peuple, sans songer à ton grand apanage,
Pouvait encor sourire aux plaisirs de ton âge,
Et mon œil libéral contemplait sans effroi
Un être faible où rien ne présageait le roi.
Mais ces temps ne sont plus : forçant tes destinées,
Un soleil t'a mûri de plus de dix années,
Et le sang des Trois-Jours, dans son large caillot,
En pourpre souveraine a changé ton maillot.
Non, tu n'es plus enfant, on doit te craindre, et comme
On veut te faire roi, nous devons te faire homme.

Oui, le ciel a marqué d'un respectable sceau
L'infirme chair qui sort des langes du berceau;
Anathème cent fois à la main sacrilége
Qui torture l'enfant que sa candeur protége!
Honte à qui veut flétrir l'innocence! malheur
A la bouche de fiel qui bave sur la fleur!
Toujours, quand des partis la fureur se déchaîne,
L'enfant seul est absous dans la commune haine;
Toujours un peuple sage, à la justice enclin,
En punissant le père embrasse l'orphelin.
Mais quand cet orphelin, quand cet enfant débile
Est le drapeau vivant d'une guerre civile;
Quand sur son jeune front, semé de blonds cheveux,
L'anarchie a placé de fratricides vœux;
Quand d'absurbes vaincus qu'un désespoir rallie
Rattachent à ce nom leur royale folie,

Alors l'âge n'est rien, l'enfance disparaît,
L'orphelin est puni d'un équitable arrêt,
Et cet humble roseau qui relève sa cime
Est la verge de fer qu'on peut tordre sans crime.
Honneur aux deux tribuns dont la haute raison *
Te vota, loin de nous, une libre prison,
Et voulut que la France écartât de ses portes
Ta royauté vivante et deux royautés mortes !
Dans tous les cœurs français leurs vœux étaient écrits ;
Ils est beau quelquefois de faire des proscrits,
Quand l'arrêt de l'exil tombe sur une race
Qui ne laisse au départ qu'une sanglante trace,
Et qui, reparaissant au sol qu'elle a quitté,
Le souillerait encor de son iniquité.
Ne crois pas cependant, dans ton lointain asile,
Que la peur ait dicté cette loi qui t'exile,
Que l'ombre d'un enfant trouble notre avenir....
Si tu sortais du cercle où l'on veut te bannir,
Avant de mettre un pied sur notre capitale,
Tu serais dévoré par la terre natale.
Songe bien qu'Holyrood qui te sert de palais
Fut habité longtemps par les Bourbons anglais,
Les Stuarts ; et ceux-là pour combattre à la Boyne
N'étaient pas des héros comme ton oncle Antoine.
Ou comme ton aïeul qui, tournant l'aviron,
Au moment du péril déserta Quiberon. 222
Ils avaient, pour saisir leur couronne usurpée,

---

* MM. Baude et Bricqueville.

Des lords, des chefs de clans, vaillants hommes d'épée ;
Eux-mêmes, les premiers dans le sanglant chemin,
Combattaient à cheval et tuaient de leur main ;
Eh bien! leur dynastie est à jamais éteinte.
Et toi, toujours suivi d'hommes à pâle teinte,
Qui depuis quarante ans, en petits comités,
Suivent le corbillard des Légitimités,
Croirais-tu que le sort quelque jour te destine
A revoir les témoins de ta joie enfantine,
Le parc, le pont chinois, l'allée au sable fin,
Et le Trocadéro tout rempli du Dauphin ?
Non, pauvre Astyanax, rien ne pourra te rendre
Ton hochet d'Ilion et ton petit Scamandre ;
Prends donc un cœur viril pour des ennuis si longs ;
Daigne croire surtout que si nous t'exilons,
C'est qu'en te proscrivant de notre territoire,
Nous voulons éviter le deuil d'une victoire ;
Qu'un triomphe certain, s'il nous avait coûté
Le sang de l'un de nous, serait trop acheté ;
C'est que, si tu touchais la rive qui t'écarte,
Deux pays relégués aux marges de la carte,
L'Ouest et le Midi, foyers de déraison,
Partisans routiniers de ta vieille maison,
De l'autel et du trône exhumant la chimère,
Nous feraient rebâtir l'échafaud victimaire,
Et qu'il faudrait encor voter, en gémissant,
Pour guérir leur folie une douche de sang.
Voilà de quels malheurs la France maternelle
Sauve tous les partis abrités sous son aile ;

Voilà quels jours de deuil, quel sinistre avenir
Sa sévère prudence a voulu prévenir.
Tes ennemis sont ceux dont le zèle t'assiége;
Agents provocateurs, ils te dressent un piége;
T'abusant d'un espoir dont leur songe est tout plein,
Eux seuls votent ici la mort de l'orphelin.
De ces faux conseillers que ton cœur se méfie;
Ouvre le rudiment de la philosophie,
Jeune prince! ce livre, ou profane ou chrétien,
T'apprendra l'avenir qui doit être le tien.
Oui, la philosophie est l'auguste patrone
Qui prête son égide aux exilés du trône,
Ferme leur plaie aiguë, et leur rend plus légers
Le toit du voyageur et les cieux étrangers.
A peine aux doux festins de Meudon et Sèvres
Dans la coupe royale as-tu mouillé tes lèvres;
Le bandeau paternel a couru sur ton front :
Ces vagues souvenirs bientôt s'effaceront ;
C'est le rêve d'un jour; ta jeunesse envieuse
Ne regrettera point la ville pluvieuse,
Le château de l'ennui, le parc de tes aïeux,
Fantastique tableau qui glissa sous tes yeux.
Cesse de désirer cette aube rayonnante
Que pleure chaque soir ta noble gouvernante;
Laisse tes titres vains, ton duché de Bordeaux,
La couronne, le spectre, éblouissants fardeaux;
Que ferais-tu d'un trône où l'on dort par secousse?
Vas à Naples, c'est là que l'existence est douce;
Ville des jours dorés, des lumineuses nuits,

Où les Césars de Rome oubliaient leurs ennuis :
Là, dans son beau palais que le soleil colore,
Ton oncle te réserve un pavillon de Flore,
Que n'environne pas un Carrousel fangeux
Comme la sombre tour qui vit tes premiers jeux ;
Palais de marbre blanc ; pour le bâtir si rare
Les rois napolitains ont épuisé Carare ;
Il semble s'adosser, dans un mol abandon,
Au Pausilippe vert, bien plus beau que Meudon ;
Là tu verras courir jusqu'au cap de Misène,
Ls fleuve d'Ischia plus large que la Seine ;
Tu verras tout vivant l'embaumé Portici
Qu'un décor d'opéra te donnait mort ici,
Et pour feu d'artifice, aux veilles de ta fête,
Ton sujet le Vésuve allumera sa tête.

Va, prends l'indemnité que t'offre le destin ;
Jeune encor, prends racine au sol napolitain ;
Renonce à la cité qui voulut être libre,
Où ton nom dans les cœurs n'émeut pas une fibre ;
Car ne t'abuse pas sur ces faux cris d'amour
Que de menteurs amis t'adressent chaque jour ;
Ah ! nous comprenons bien leurs plaintes assidues,
Ils gémissent en chœur sur leurs places perdues,
Et ton nom invoqué, dans ces piteux refrains,
Ne sert qu'à mieux couvrir d'égoïstes chagrins.
Quelle gloire, d'ailleurs, de ton berceau surgie,
Arrondit sur ton front un cercle de magie ?
Tu ne peux emprunter dans les fastes récents

Aucun nom protecteur aux rois dont tu descends.
Les peuples aujourd'hui, dans leur vague caprice,
N'aiment pas un enfant d'un amour de nourrice,
Ils n'idolâtrent plus un fétiche au berceau,
Qu'il s'appelle Bourbon ou Bragance ou Nassau,
Qu'à l'urne baptismale il ait eu pour marraine
La maison de Brunswick ou celle de Lorraine.

Il n'est qu'un fils de roi dont le nom soit puissant,
Un seul, que notre amour accueillit en naissant;
Ici, même avant moi, toute bouche le nomme,
C'est celui dont le titre est d'être FILS DE L'HOMME.
Lui, quand sur la terrasse aux rideaux d'espaliers,
Il courait sur le char que traînaient deux béliers.
Comme toi, dans tes jours de tristes promenades,
Il ne marchait pas seul devant ses colonnades;
Tout un peuple joyeux aux grilles du jardin,
Ébranlait de ses cris l'hippodrome enfantin;
De ces songes d'été nul qui ne se souvienne!
Et si même aujourd'hui le pèlerin de Vienne,
Insoucieux du trône où son droit l'appelait,
Venait revoir Paris qui lui donna son lait;
Oh! Paris, l'embrassant de toutes ses murailles,
Baignerait de ses pleurs ce fils de ses entrailles;
Et les deux fils du roi, Nemours et d'Orléans,
Iraient le voir passer avec des yeux béants :
Car c'est l'enfant sacré, l'enfant de l'HOMME-GLOIRE,
Du seul roi dont le peuple ait gardé la mémoire,
De celui qui, prenant le marteau des Romains,

Dans les rocs du Simplon cisela des chemins ;
Qui, comme Périclès, dans sa nouvelle Athènes
Fit ruisseler un fleuve et soixante fontaines ;
Qui de tout monument de granit ou d'airain
Est encore aujourd'hui le glorieux parrain ;
C'est le fils de celui dont la tombe respire ;
De celui qui laissa dans ses dix ans d'empire
A la France, à Paris, de plus riches présents,
Que soixante-sept rois en quatorze cents ans.

XXXVII

APOLOGIE DU CENTRE

A M. MAUGUIN.

18 DÉCEMBRE 1831

> Si la force centripète s'accroissait aux dépens de la force centrifuge, l'équilibre du monde serait détruit.
> NEWTON.

Toujours, pour soutenir ta phrase commencée,
Le mot ingénieux tombe avec la pensée ;
Toujours le dard aigu de ta langue d'acier
Perce des lourds cerveaux l'entendement grossier ;

Mais, cette fois, rebelle au ton parlementaire,
Tu bouche a blasphémé devant le ministère,
Elle a dit... et mon vers est suspendu d'effroi,
Que le Centre obéit aux ministres du roi!
Horreur! mais sais-tu bien ce que ta phrase indique?
Tu l'osas prononcer devant l'autel pudique
Où les enfants de chœur, chers à Girod de l'Ain, 225
Gardent la pureté de leur robe de lin;
Devant ces fronts brillants de candeur purpurine,
Ce jardin du milieu, vase de la doctrine,
D'où s'exhale, en montant vers les gradins rivaux,
Le parfum de Collard et de Bertin de Vaux.
Aussi, quand sur les bancs de la naïve école,
Imprudent orateur, tu lanças ta parole,
Le Centre en frissonna dans sa chair et ses os:
Sur les marais vaseux où dorment les roseaux,
Où croupit une eau verte, où règne un plat silence,
Si le choc imprévu d'une pierre qu'on lance,
Si la chute d'un gland tombé d'un chêne vert
Brisent l'épais miroir de nénuphar couvert,
On entend des voix croître, aigres comme une basse,
Orgue criard et froid, orchestre qui coasse;
Tous les chantres visqueux, députés des étangs,
Font grincer de terreur leurs gosiers haletants;
Tels, dans le marécage où Périer les rassemble,
Ils ont exécuté dans un morceau d'ensemble
Cet alphabet de cris, de voyelles, de sons
Que la rage improvise à défaut de raisons.

APOLOGIE DU CENTRE

D'une sainte fureur on les a vus se tordre :
Oh! sans doute, ils ont dû te rappeler à l'ordre,
Toi, Mauguin, qui changeais en bourbeux réservoir
Ce limpide vivier où puise le Pouvoir.
Ta phrase de tribune est une calomnie :
Le Centre est un lieu pur, malheur à qui le nie !
Là, de nos saints élus l'honneur accumulé
Lève vers le plafond un front immaculé ;
Pléiade de Brutus, ils bâtissent des digues
Contre tous les budgets des ministres prodigues ;
Le bonheur du pays est le seul de leurs vœux ;
Ils laissent dans l'oubli leurs fils et leurs neveux ;
Nouveaux Cincinnatus, leur foyer domestique
Se pare avec orgueil d'une table rustique ;
Appelant sur leurs biens la charge de l'impôt,
Ils veulent que le pauvre ait une poule au pot.
Leur farouche vertu se peint sur leur visage ;
Ils portent dans leur cœur la maxime du sage ;
Croix, richesse, ruban, place, honneurs, dignité,
Devant ces Salomons tout n'est que vanité.
Non, tu n'as jamais vu quelque tribun du Centre
Son placet à la main, se glissant sur le ventre,
Au chevet du Pouvoir avant que l'aube ait lui,
Demander un brevet pour son fils ou pour lui ;
Nul d'eux, quand un ministre apparaît dans la lice,
Ne vient le saluer d'un regard de complice ;
Il ne solde jamais, à l'heure du scrutin,
Par le vote du soir les faveurs du matin.
Le CENTRE est répulsif aux impures caresses,

Les Tarquins du pouvoir trouvent là des Lucrèces,
Et des froides vertus buvant le nénuphar,
Il laisse sa tunique aux mains de Putiphar.

Assez ! sur cette feuille il faut passer l'éponge ;
Mon vers, soixante fois, a rimé le mensonge ;
A la pâle ironie il faut, en finissant,
Une péroraison rouge comme du sang :
Quoi ! depuis quinze mois, goules du ministère,
Vous buvez la sueur au front du prolétaire ;
Phrynés de la tribune, aux gestes agaçants,
Vous tirez par l'habit les ministres passants ;
Toutes les charges d'or pleuvent sur vos épaules ;
Vous vous installez chefs dans tous les monopoles ;
Emplois de publicains ou charges de parquet,
Tout ce que la faveur hache dans son baquet,
Vous mangez tout : et puis si quelque voix hardie
Soulève contre vous la France abâtardie ;
Si quelque fort tribun, de la foule connu,
Des orteils aux cheveux vous déshabille à nu ;
Soudain on vous entend, lascives courtisanes,
Chanter votre pudeur sur le ton de Suzannes,
Et le tribun du peuple, ahuri de clameurs,
Est contraint de s'asseoir par respect pour les mœurs.
Qu'il se taise : eh bien ! moi, rien ne me fera taire ;
Je ne reconnais pas le ton parlementaire ;
Absurde bouclier, il ne peut garantir
Ceux que je veux clouer aux cibles de mon tir :
Dans Paris policé, moi je reste barbare ;

Dût le Centre indigné me traduire à sa barre,
Dût-il, pour arrêter mon vers perpétuel,
Avec tous ses héros m'appeler en duel,
Et là, devant témoins, matamore intrépide,
Bourrer ses pistolets avec la **Philippide**,
Je m'en ris; sans chercher un timide détour,
Sur leurs turpes secrets je veux porter le jour,
Et quand même Persil, guichetier du Parnasse,
Traînerait au cachot ma courageuse audace,
Au milieu de la nuit, comme un ardent tison,
Mon phosphorique vers luirait dans la prison.

LE DÉPUTÉ MINISTÉRIEL

C'était un citoyen aux manières ouvertes,
Ayant un œil serein, sous des lunettes vertes;
Il lisait les journaux à l'heure du courrier;
Et tous les soirs, au cercle, en jouant cœur ou pique,
Il suspendait le whist avec sa philippique
    Contre le système Périer.

Il avait de beaux plans dont il donnait copie;
C'était, de son aveu, quelque belle utopie,
Pièce de désespoir pour tous nos écrivains;
Beaume qui guérirait les blessures des villes,

En nous sauvant la guerre et la liste civiles
    Et l'impôt direct sur les vins.

Il disait: En prenant mon heureux antidote
Notre pays sera comme une table d'hôte
Où l'on ne verra plus, après de longs repas,
Quand les repus du Centre ont quitté leurs serviettes,
Les affamés venir pour récolter les miettes
    Que souvent ils ne trouvent pas.

Les crédules bourgeois que ce langage tente,
Les rentiers du jury, les hommes à patente
L'écoutaient en disant : Que ce langage est beau !
Voilà bien les discours que prononce un digne homme !
Si pour son député notre ville le nomme,
    Il fera pâlir Mirabeau.

Il fut nommé: bientôt, de sa ville natale,
Il ne fit qu'un seul bond jusqu'à la capitale,
S'installant en garni dans le quartier du Bac ;
On le vit à la Chambre, assis au côté gauche,
Muet, ou ne parlant qu'à son mouchoir de poche
    Constellé de grains de tabac.

Grave comme un tribun de notre république,
Parfois il regardait avec un œil oblique
Ce Centre où s'endormaient tant d'hommes accroupis ;
Quel déchirant tableau pour son cœur patriote !
En longs trépignements le talon de sa botte
    Fanait les roses du tapis.

LE DÉPUTÉ MINISTÉRIEL

Lorsque Girod de l'Ain, qui si mal les préside,
Disait: Ceux qui voudront refuser le subside
Se lèveront debout; le tribun impoli,
Foudroyant du regard le ministre vorace,
Bondissait tout d'un bloc sur le banc de sa place
    Comme une bombe à Tivoli.

Quand il était assis, c'était Caton en buste;
Le peuple s'appuyait sur ce torse robuste;
De tous les rangs du cintre on aimait à le voir.
Qui donc a ramolli ce marbre de Carare,
Quel acide a dissous cette perle si rare
    Dans la patère du Pouvoir?

Peut-être avez-vous vu dans le cirque hippodrome
Martin, l'imitateur de l'Androclès de Rome,
Entre ses deux lions s'avancer triomphant;
Son œil fascinateur domptait les bêtes fauves;
Il entrait, sans pâlir, dans leurs sombres alcôves,
    Comme dans un berceau d'enfant.

Aujourd'hui nous avons la clef de ces mystères;
Il se glissait, la nuit, au chevet des panthères,
Sous le linceul du tigre il étendait sa main;
Il trompait leur instinct dans la nocturne scène,
Et l'animal sans force à ce jongleur obscène
    Obéissait le lendemain.

Voilà par quels moyens l'Onan du ministère
Énerve de sa main l'homme le plus austère;

Du tribun le plus chaste assouplit la vertu ;
Il vient à lui, les mains pleines de dons infâmes:
Que veux-tu ? lui dit-il ; j'ai de l'or, j'ai des femmes,
    Des croix, des honneurs, que veux-tu ?

Eh! qui résisterait à ces dons magnifiques !
Hélas! les députés sont des gens prolifiques,
Ils ont des fils nombreux, tous visant aux emplois,
Tous rêvant jour et nuit un avenir prospère,
Tous par chaque courrier lui disant : O mon père,
    Placez-nous en faisant des lois !

Et le bon père, ému par ces chaudes missives,
Dépose sur son banc les armes offensives,
Se rapproche du Centre et renonce au combat.
Oh ! pour faire au budget une constante guerre,
Il faudrait n'avoir point de parents sur la terre
    Et vivre dans le célibat ;

Ou bien, pour résister à ce coupable leurre,
Il faut aller le soir où va Dupont de l'Eure,
Près de lui retremper sa vertu de tribun ;
Là, veille encor pour nous une pure phalange ;
Cénacle politique où personne ne mange
    Au budget des deux-cent-vingt-un.

XXXVIII

L'ÉMEUTE UNIVERSELLE

AUX ÉGOÏSTES.

25 DÉCEMBRE 1831

> *Fiant aures tuæ intendentes in vocem deprecationis meæ.*
> (Psalm.)

Comme les deux Gracchus, ces énergiques frères,
Je ne viens point ici prêcher les lois agraires,
Ni, dans les longs versets d'un mystique sermon,
Convertir l'homme riche aux lois de Saint-Simon.
Le temps viendra peut-être où, du grand héritage,
L'équitable raison refondra le partage ;
Les lois proclameront, après de longs retards,
Que le sol maternel n'a point d'enfants bâtards,
Et la première Charte octroyée à la terre
Sur les points inégaux passera son équerre.
Mais, pour nos enfants seuls, sous un Code nouveau,
Ce siècle d'or promis prépare son niveau ;
Laissons mûrir des temps la sagesse profonde ;
Si les vieux pilotis qui soutiennent le monde
Étaient changés d'un coup par une brusque main,

Ce monde crevassé s'écroulerait demain ;
Aujourd'hui, cependant, que sa base chancelle,
Il faut qu'on se prépare à l'œuvre universelle,
Que l'égoïsme froid, si longtemps imploré,
Prête au vieil édifice un étançon doré.
Méditez bien ceci, riches! l'heure est venue
De donner une veste à la pauvreté nue,
A la faim, un pain noir ; à ce prix seulement
Gardez votre manteau, mangez le pur froment.
Hommes qui jouissez devant l'homme qui souffre,
Pour sauver le vaisseau que demande le gouffre,
Hâtez-vous de jeter à ce flot mugissant
Votre lest superflu, dans la cale gisant ;
De ce que vous donna le caprice céleste
Démembrez un lambeau, vous sauverez le reste ;
Faites comme les rois : tant qu'ils peuvent l'avoir,
Dans leurs rétives mains ils gardent le pouvoir ;
Cramponnés jusqu'au bout sur un gothique trône,
D'une Charte moderne ils refusent l'aumône ;
Puis, quand ils sont forcés dans leur dernier rempart,
De leurs droits absolus ils cèdent une part ;
Contraints de diviser une puissance intacte,
En face du péril ils souscrivent le pacte,
Et charmés d'obtenir un règne de sursis,
Sur le bord du fauteuil ils demeurent assis.
Soyez prudents comme eux ; sur un écueil placée,
La royauté de l'or est aussi menacée ;
La faim, que si longtemps l'égoïsme exila,
Vous présente aujourd'hui sa Charte, signez-la :

Laissez-lui ramasser les miettes des centimes :
A ce prix, tous vos biens vous seront légitimes ;
Vous garderez encor vos chevaux, vos laquais,
Vos châteaux dans les bois, vos hôtels sur les quais,
Vos tapis d'Aubusson, vos couches paresseuses,
Vos loges d'Opéra que lorgnent les danseuses ;
A vous l'or et l'argent, aux pauvres les deniers ;
Grâce pour la fourmi qui hante vos greniers !
Même en jetant l'aumône à cette plèbe vile,
Vous n'épuiserez pas votre liste civile.
Hâtez-vous ; l'horizon est sombre et menaçant :
Ne soyez pas trop fiers d'un triomphe récent ;
Sans doute, dans Lyon, que la terreur comprime,
Le geste de la faim est puni comme un crime ;
Dans le Nord, dans l'Ouest, [226] ou sur tout autre point,
Le désespoir vaincu meurt en serrant le poing ;
Longtemps à vos canons je promets la victoire ;
Mais ne vous targuez pas d'un succès transitoire,
Écoutez aujourd'hui mon prophétique vers,
Ceci n'est point un songe, et mes yeux sont ouverts :
En vain la loi triomphe, en vain le sang ruisselle,
Rien ne comprimera l'émeute universelle ;
D'un bout du monde à l'autre elle étend ses chaînons ;
Ceux-ci n'invoquent pas de politiques noms ;
Pour des soins plus pressants ils dressent leur supplique ;
Que leur font l'Empereur, le roi, la république,
L'orphelin de l'Écosse ou Napoléon-Deux ?
Que leur font les partis ? ils n'attendent rien d'eux :
Ils ont faim, et voilà le complot qui les pousse.

Explorons les cités, toutes ont leur Croix-Rousse : [227]
Des affamés partout, voilà le genre humain,
Ils sont mille contre un et nous tendent la main.

Point d'espoir !.... rien n'émeut la stupide opulence,
Même devant la mort elle reste en balance ;
Un atome d'argent peut encor les sauver ;
Non, pour garder le tout ils veulent tout braver.
La peur de l'avenir à peine les effleure.
Eh ! comment espérer une époque meilleure !
De sordides calculs sur le cinq et le trois
S'alignent nuit et jour dans leurs cerveaux étroits ;
La vertu charitable, au concours condamnée,
Escroque à Monthyon son prix de chaque année ;
L'autel de la pitié laisse éteindre son feu,
Et n'a pour desservant que l'homme au manteau bleu ; [228]
On spécule partout sur le sale décime,
L'*auri sacra fames* est leur seule maxime.
C'est peu que le marchand, de ses doigts amaigris,
Caresse de vieux sous hideux de vert-de-gris ;
Qu'au poids de sa balance où la fraude lésine,
Il taxe d'un impôt la mansarde voisine ;
Mais quoi ! le riche, l'homme idole des salons,
Celui dont les laquais sont zébrés de galons,
Celui qui peut, comptant, acheter à l'enchère
Un hôtel près la Bourse, avec porte cochère,
Un beau parc dans les bois de Meudon ou de Sceaux,
Va pincer les liards aux fentes des ruisseaux ;
Sous ses ongles crochus que l'avarice exerce

Tout, jusqu'aux brins de paille, est objet de commerce,
Et derrière la haie, en silence tapi,
Dans la moisson du pauvre il va glaner l'épi.
Ceux que fit le destin pour être les Mécènes
Des sciences, des arts et des lyriques scènes ;
Ceux qui sur l'industrie aux paresseux ressorts
Devraient faire tomber l'huile de leurs trésors,
Trouvent l'art d'échapper à la taxe commune ;
On voit tel Député, libéral de tribune,
Qui pour sauver six francs, qu'un poëte paîra,
Change un billet de Chambre en billet d'Opéra :
Aux théâtres royaux, sur la rampe qui brille,
Voyez ces publicains parés de leur famille,
Environnés d'amis qui, rangés sur deux rangs,
Pour garantir leurs yeux font tourner les écrans ;
Eh bien ! le régisseur, pour eux et pour leur suite,
Réserve chaque soir cette loge gratuite,
Et du contrôle ouvert affrontant le commis,
Dans le tronc de l'hospice ils n'ont jamais rien mis.
Oh ! qui pourrait compter tous les tours de harpie
Joués sous le manteau de la philanthropie !
Quel cri d'étonnement si je livrais tout nus
Nos avares titrés à Molière inconnus !
Ils pullulent surtout dans notre aréopage ;
Je n'en évoquerai qu'un seul sur cette page :
Aux prix des cinq cents francs par la loi dévolus,
Traiteur hebdomadaire, il fête nos élus ;
Un jour, une Didon que ce tribun farouche
Introduisait parfois dans sa morale couche,

18.

Aux portes du sénat, d'un geste menaçant,
Réclama pour salaire un billet de cinq cent ;
L'orateur féminin ne voulait en démordre :
Que faire? ne pouvant la rappeler à l'ordre,
Ni calmer par la voix l'exigeante Didon,
Dans le fond d'un couloir il lui glissa le don.
Mais l'avare a toujours une ressource prête :
Le budget supporta la dépense secrète,
Et pour récupérer ce cadeau clandestin,
La semaine suivante expira sans festin. [229]

Et ces honteux trafics, cette basse infamie,
On ose les parer du nom d'économie !
Ah ! depuis trois mille ans, un cahier à la main,
De stupides rhéteurs prêchent le genre humain ;
Ils frappent chaque jour d'un éclat de colère
Les prodigues enfants, les Cléon, les Valère,
Ceux qui, d'un père avare oubliant les leçons,
Dans les sillons publics rejettent leurs moissons ;
Tous les dissipateurs qui, sortant du notaire,
Vont secouant partout le sac du légataire ;
Le grand crime ! oh ! plutôt, faisons de sages vœux
Que le monde soit plein de fils et de neveux,
Glorieux héritiers, qui, de leurs mains prodigues,
Des fleuves paternels ouvrent toutes les digues ;
Pour leur riche semence un sillon est partout,
L'or même que leurs mains jettent dans un égout,
L'or qu'on donne aux Phrynés, l'or que le dé hasarde,
Pour sauver l'indigent remonte à la mansarde.

Les fléaux de l'État, cancers des indigents,
Ce sont ceux que le monde appelle honnêtes gens,
Ceux dont la main se ferme aux généreux services,
Qui n'ont point de vertus et pas même des vices,
Qui montrent en public un visage ingénu,
Qui soldent leurs billets quand le terme est venu :
Ils ont soumis leur vie au joug mathématique ;
La probité du Code est chez eux en pratique ;
Un pauvre va mourir devant leur porte, eh bien !
Qu'il meure, disent-ils, nous ne lui devons rien.

Vous ne lui devez rien, il est vrai, c'est justice :
Qu'au coin de votre seuil sa plainte retentisse ;
Sans doute, pour avoir sa part de votre pain,
Il n'a pas un billet signé de votre main :
Mais prenez garde, il est une lettre de change
Que tire l'homme à jeun sur l'homme heureux qui mange,
Elle est au point d'échoir, escomptez-la ; l'huissier
Qui doit la présenter a le geste grossier.
Mais non, vous attendrez jusqu'aux dernières heures,
Nul cri ne trouble encor vos sereines demeures,
Et tant que le péril n'est pas dans vos salons,
Vous ajournez l'aumône à des termes plus longs.
Quand le journal du soir, par un triste message,
Refoule dans vos cœurs tout le sang du visage ;
Quand par le désespoir le pauvre suscité
Ensanglante le sol d'une grande cité,
Alors développant vos bourgeoises tactiques,
Vous cherchez à ce mal des causes politiques,

Vous voyez tour à tour dans votre optique étroit,
Le club républicain et l'école-de-droit;
Nul doute, dites-vous, que le mal ne provienne
De l'enfant d'Holyrood ou de l'Homme de Vienne;
Vous accusez le maire et le préfet du lieu,
Le parti radical ou le juste-milieu!
Oui, le juste-milieu, ce Typhon doctrinaire,
Est bien des maux présents la cause originaire,
Et si de nos beaux jours le dernier avait lui,
Je pourrais hardiment n'en accuser que lui;
Mais un forfait plus noir fait siffler mes couleuvres :
La misère publique est fille de ses œuvres;
La misère! voilà le formidable agent
Qui change en révoltés tout un peuple indigent;
Ainsi de nos malheurs le grand secret s'explique;
Les chances de l'Empire ou de la République,
Les rêves du moment ne font pas le danger;
L'énigme a quatre mots : Le Peuple veut manger!

XXXIX

L'ESPAGNE ET TORRIJOS

A FERDINAND VII.

1er JANVIER 1832

> Comme ces citoyens qui, suspendus au gibet par ordre du proconsul de Sicile, tournaient, en mourant, leurs regards accusateurs vers cette Rome puissante qui les délaissait.
>
> (J. J. ROUSSEAU.)

Voilà ce roi chrétien que sa mère appelait
Ferdinand *cœur de tigre et tête de mulet*;
Bercé par les deux mers qui bordent sa presqu'île,
Dans ses assassinats le Bourbon dort tranquille;
C'est le type incarné de l'absolu pouvoir,
Le bras inquisiteur qu'un moine fait mouvoir;
Esclave et souverain de toutes les misères,
Il porte autour du cou la chaîne des rosaires,
Et d'un clergé despote orgueilleux mannequin,
Il pare le gibet du cordon franciscain.

O terre généreuse où tant de soleil brille,
Qui donc a fait tomber tes deux tours de Castille?

Quelle main muscla tes deux nobles lions ? [230]
Quel souffle dans la mer plongea tes galions?
De tes siècles éteints souvenir illusoire!
Feuillet pâle et flétri d'une héroïque histoire !
Où sont tes chevaliers, tes Maures, tes tournois ?
Qu'est devenu ce temps où le marin génois [231]
Jetait à son retour quelque Espagne nouvelle,
Comme un joyau de femme au genoux d'Isabelle ?
Rien, plus rien, tout est mort; un silence de plomb
Pèse sur le pays du Cid et de Colomb :
A peine si l'on voit sur un sol si vivace
Quelque vieil aqueduc que le lichen crevasse,
Et ces biens naturels qu'on ne peut lui ravir,
Ses îles de rosiers sur le Guadalquivir,
Ses frais ruisseaux courant le long des rocs arides,
Ses verts jardins où croît l'arbre des Hespérides,
Ses buissons étoilés de jasmins espagnols,
Et ses acacias aimés des rossignols.

Triste peuple, cadavre empoisonné d'ulcères,
La vermine du cloître a rongé ses viscères;
L'étranger qui le voit sur la terre gisant,
D'un pied injurieux le repousse en passant;
Sous le fardeau du deuil son âme s'est brisée,
Il est aux yeux du monde un acteur de risée ;
Comme un pauvre honteux qui reste sur le seuil.
Au congrès de l'Europe il n'a point de fauteuil :
Espagne abâtardie! à peine si l'on daigne,
Par pitié t'abaisser au rang de la Sardaigne;

Le moindre petit duc aligné sur le Rhin
Ne se troquerait pas contre ton souverain ;
Dans l'océan de l'Inde autrefois à la gêne,
Ta flotte n'est qu'un brick mouillé sous Carthagène,
Et les banquiers hébreux, par ton clergé maudits,
Ne te prêteraient pas quatre maravédis.
Qu'un hardi citoyen, rêvant un nouvel âge,
Parle d'une voix libre aux enfants du Pélage,
Au nœud de la potence il expire étouffé.
Le culte politique à ses auto-da-fé ;
Là jamais le bourreau n'accorde aucune trêve ;
L'Espagne est pour l'Europe une place de Grève
Où sur les premiers rangs, muets nous contemplons
Un gibet éternel aux sanglans échelons ;
Chose horrible! on dirait que depuis neuf années,
Comme sur des gradins, assise aux Pyrénées,
L'Europe, par plaisir, contemple avec effroi
La liberté qui meurt sous les griffes d'un roi.
Et nous, pour admirer ce long martyrologe,
Nous nous sommes placés dans la première loge,
Comme si l'on jouait quelque drame innocent
Où l'acteur égorgé n'épanche point de sang.
Si la France, autrefois de l'Espagne complice,
Put rester immobile aux bancs de cette lice,
Du jour où pour fermer le cratère voisin
Le Bourbon de Paris secourut son cousin,[232]
Aujourd'hui, que nos cœurs sentent battre leurs fibres
Pour nos frères en deuil qui veulent être libres,
Que, par un pacte saint, les peuples sont unis,

Quelle honte pour nous de laisser impunis,
De la mer catalane au rivage atlantique,
Tant de forfaits commis par un roi fanatique !
Quoi! l'Autriche lointaine, à l'aide d'un Frimont,
Étend son bras puissant jusque dans Piémont?
Quoi! les deux Cours du Nord dictent leurs lois altières
Même aux peuples assis aux bords de nos frontières;
Et nous, nous peuple fier, qui, sous le grand drapeau,
Chassons les rois mauvais comme un lâche troupeau ;
Nous, avec nos soldats et nos agiles flottes,
Nous ne pouvons sauver nos frères patriotes,
Qui, sous d'autres Verrès, en mourant sur la croix,
Tournent leurs yeux vers nous et maudissent les rois;
Nous qui pouvons si bien leur tendre une main forte,
Nous souffrons qu'on les pende au seuil de notre porte,
Et les pieds convulsifs de ceux qui vont mourir
Sont comme les marteaux qui nous disent d'ouvrir!
Ce n'était point assez que dans ces tristes fêtes,
L'Espagne eût abattu tant d'héroïques têtes,
Eût versé la ciguë à tant d'hommes vaillants,
Eût étranglé Riégo, le Ney des Castillans,
Et peuplé de Ceuta les fétides galères
De ce qui lui restait de Cortès populaires;
Aujourd'hui le spectacle est encore plus hideux;
On ne les traîne plus à la mort deux à deux,
L'abattoir est plus ample et l'œuvre plus fréquente :
Le royal Minotaure en exige cinquante.

Hommes libres! fuyez ce rivage, ce port

Où l'hospitalité s'achète par la mort,
Où la vertu n'a pas de bras qui la soutienne ;
L'Espagne est aujourd'hui la Tauride chrétienne,
Refuge désastreux où tous les naufragés
Aux autels de Thoas succombent égorgés.
Cinquante sont venus, dans une heure fatale,
Respirer un instant l'atmosphère natale,
Le traître Gibraltar les avait fait partir ;
Ils avaient avec eux Torrijos le martyr,
Ame de vieux soldat à la guerre endurcie
Et neuf ans retrempée aux cachots de Murcie ;
Un de ces vaillants Cids que Castille et Léon
Suscitèrent cinq ans contre Napoléon,
Et qui de leur sang noble épuisé sur leur route
N'avaient pour l'échafaud réservé qu'une goutte.
Eh bien ! ils sont tous morts, sans ployer les genoux,
Morts en nous appelant, morts à deux pas de nous ;
Pour cortége ils ont eu la populace vile,
Qu'un moine fait sortir des égouts d'une ville ;
Comme pour assister aux courses des taureaux,
Elle inondait l'arène où venaient les bourreaux ;
Le clergé radieux préparait le calice
Pour recueillir le sang attendu dans la lice ;
Avant leur jugement le supplice était prêt ;
L'Hérode catholique avait dicté l'arrêt,
Et seule, avec ce front que l'esclave révère,
La liberté mourut sur ce dernier Calvaire.

Et quel est donc le dieu, le Baal espagnol,

19

Pour qui fume ce sang répandu sur le sol?
Quel est l'homme assez fort pour que dans ses domaines
On recrute pour lui des victimes humaines?
Eh bien! connaissez donc le monarque puissant
Qui reçoit en tribut l'holocauste de sang.
C'est un Bourbon qui suit ses aïeux à la trace,
Imbécile héritier d'une stupide race,
Un roi capuchonné qui, dans une oraison,
Mêle un verset d'église avec la pendaison :
Comme Charles son père, en hurlant, il dévore
Les bœufs amoncelés qui palpitent encore;*
Il hume à plein gosier, dans ses ennuis profonds,
Ces parfums de caserne imprimés aux plafonds;
Signe de son instinct, il a sous un front chauve
Le cerveau déprimé, comme une bête fauve ;
Sa grossière ignorance a toujours méprisé
Ce qui charme partout l'homme civilisé :
Les lettres, les beaux-arts dont l'utile commerce
Égayait les tyrans de Sicile et de Perse.
Devant un livre ouvert son œil s'appesantit;
Il ne suit qu'un instinct, qu'un brutal appétit:
Dans son lit conjugal, tombeau de ses épouses, [233]
Il se plaît à broyer les belles Andalouses,

---

* Les Bourbons sont des rois mangeurs. On sait quelle énorme consommation de viandes faisait en Angleterre Louis le Désiré. Charles IV a surpassé par sa voracité tous les rois de sa race. Nous l'avons vu à Marseille et nous avons même assisté à ses repas : au moment où l'on apportait sur la table les filets de bœuf saignant, il s'agitait avec convulsion sur son fauteuil et poussait des rugissements rauques comme ceux du tigre. Son fils Ferdinand n'a pas dégénéré : il conserve encore ce royal appétit.

Et pâle, le matin; dans son royal salon,
Il vante aux Hidalgos ses vertus d'étalon.
Roi fangeux que le ciel pétrit dans sa colère!
Voilà pourtant celui que l'Europe tolère!
Dans les jours solennels, courbé sur son chemin,
L'ambassadeur français va lui baiser la main; *
Fi!!! par son envoyé, quand cet affront la touche,
La France avec horreur doit essuyer sa bouche.
La main de l'égorgeur! la main de Ferdinand!
Il n'est rien de plus vil dans tout le continent!

Oh! des peuples souffrants la justice est tardive:
Elle a le pied boiteux, mais enfin elle arrive;
Le peuple est patient, car il est éternel;
Nos pleurs ont trop coulé sur le sang fraternel;
Il ne faut plus juger ce roi par contumace,
La France contre lui doit se lever en masse;
Cette fois nous avons le droit d'intervenir;
Oui, quand un criminel si grand est à punir,
Quand son nom fait bouillir la haine universelle,
Il faut le réclamer au sol qui le recèle;
Si cet infâme roi, fuyant de son palais,
Court chercher un asile au Gibraltar anglais,
Il faudra, par pudeur, qu'on nous le restitue;
Car le vrai droit des gens demande qu'on le tue;
Car il faut voir la fin d'un règne de forfaits;

---

* La cérémonie du *baise-main* est toujours en honneur à l'Escurial; il n'y aurait pas de grande solennité de cour sans *baise-main*.

Les peuples de l'Espagne, une fois satisfaits,
Épouvantant les rois d'un juste régicide,
Suspendront son cadavre aux colonnes d'Alcide.

A MM. LES SOUSCRIPTEURS.

C'est une obligation pour moi de tenir mes Souscripteurs au courant des tracasseries sourdes ou patentes que l'autorité suscite à NÉMÉSIS ; j'espère que ce ne sera pas une des moindres preuves de mon zèle à remplir mes obligations que cette lutte prosaïque soutenue depuis neuf mois et qui se renouvelle tous les jours, quoique je ne fasse éclater mes plaintes qu'à de longs intervalles pour ne pas fatiguer mes lecteurs de détails purement personnels. La tactique suivie contre NÉMÉSIS a été tout opposée à celle dont on s'est servi contre les journaux patriotes : M. Persil a fait usage envers moi d'un raffinement particulier de persécution ; il a voulu me tuer sans esclandre, à petit bruit ; il a pensé qu'une succession continuelle d'exploits, de procès-verbaux, d'amendes, de timbres devait nécessairement étouffer dans sa source un travail poétique et assidu, qui exige une grande sérénité d'esprit. C'était adroitement combiné ; mais M. Persil a le tempérament trop faible pour lutter avec moi : je soutiendrais dix procès par jour contre lui, sans que ma publication hebdomadaire en fût retardée d'une minute. M. Persil est l'excitant qu'il me faut ; il peut continuer ses tracasseries sourdes si cela l'amuse. Je tiens seulement à prévenir mes souscripteurs que je ne passe pas un seul jour sans recevoir un procès-verbal, une assignation, une balayure de parquet, sans payer une amende. Je lis les exploits, je paye mes amendes, je fais mes plaidoyers et mes mémoires, et NÉMÉSIS paraît et paraîtra toujours.

En bonne justice, l'affaire du cautionnement de NÉMÉSIS aurait dû être terminée après la décision de la Cour royale ; non : M. Persil en a appelé en Cassation, ce qui est incroyable d'acharnement ! M. le procureur général Dupin, qui peut quelquefois errer, à mon avis, dans les choses purement politiques, mais qui, dans les questions judiciaires, conserve une supériorité incomparable de tact et de bon sens, M. Dupin a conclu pour le rejet du pourvoi. Certes, l'opinion de M. Dupin devait être décisive, et je ne crois pas qu'au Palais il y ait un jurisconsulte plus habile, plus profond que lui, surtout lorsqu'il s'agit de ces causes où il faut faire un arrêt plutôt avec la raison naturelle qu'avec la loi. Eh bien ! la Cour n'a pas fait droit aux conclusions de M. Dupin : mais NÉMÉSIS a eu encore de nombreux et de tenaces défenseurs, même au sein de la Cour suprême ; la décision n'a pas été emportée d'assaut, il a fallu quatre heures pour l'établir. C'est maintenant à la Cour royale de Rouen à réformer ou à confirmer l'arrêt de la Cour royale de Paris. Némésis fera donc le voyage de la Normandie et plaidera sa cause dans la terre classique des procès. Toutefois, M. Persil est prévenu que, malgré ce dérangement de Parnasse, la Satire hebdomadaire paraîtra toujours le dimanche à Paris, à sept heures précises du matin, comme toujours.

XL

LA LIBERTÉ DE LA PRESSE

A M. PERSIL.

8 JANVIER 1832

Depuis que *Némésis*, ta hautaine vassale,
Du prétoire gothique arpente la grand'salle,
Heurtant, à chaque pas, avocats généraux,
Huissiers, juges, recors, présidents et bourreaux,
Recevant des exploits ou payant une amende,
Cette muse d'enfer quelquefois me demande,
En causant avec moi dans un morne entretien,
S'il existe un métier plus triste que le tien ;
Comment, pour exercer ce que le peuple nomme
La justice, il ait pu se rencontrer un homme ;
Et quel crime si grand il faut avoir commis
Pour siéger sur la strade où le destin t'a mis.
Je sais que dans le monde où l'erreur règne encore,

Tout office abhorré d'un beau nom se décore :
Que l'homme revêtu de ton funeste emploi
Se dit pompeusement le tuteur de la loi,
Le bras fort qui défend la morale publique,
Et range au droit chemin le criminel oblique !
Mais celui qui voit clair dans le dédale humain,
Qui perce l'âme et lit dans le creux de la main,
De ces prétextes faux démêle l'artifice;
Il sait qu'en acceptant son odieux office,
L'accusateur public, sympathique aux méchants,
Obéit, dans son cœur, à de mauvais penchants;
Qu'il peut, sous un manteau que le peuple vénère,
Contenter, sans péril, son instinct sanguinaire,
Et que, si trop timide il fuit les grands chemins,
En guise de poignard le Code est dans ses mains.
Histrions de morale aux faces hypocrites,
Voilà des vérités qu'on n'a jamais écrites,
Et qu'il faut dire enfin, car l'instant est venu
Où le vice habillé doit être mis à nu.

Sans doute la justice est un mal nécessaire ;
Sur le corps social il existe un ulcère
Qui finirait enfin par ronger le vivant
Si les gens du parquet ne le brûlaient souvent :
Contre l'être immoral qui tue ou qui dérobe,
Il fallut susciter l'accusateur en robe,
Qui poursuit, par instinct, et garde enregistré
Le crime aux cheveux roux, à l'œil gris et vitré.
L'homme le plus obscur au parquet s'habitue :

Dans les halliers du crime on fait une battue,
Les coupables traqués passent sur son chemin,
Il n'a plus qu'à tirer sur le gibier humain.
Eh bien! soit : pour remplir ce triste ministère,
Le parquet, je l'avoue, est encor salutaire;
Il applique les lois, prêche de longs sermons,
Et protége nos toits, la nuit, quand nous dormons.
Mais qu'on fasse métier, qu'on accepte le rôle
De dénoncer l'écrit qui calque la parole;
Qu'une brûlante main étouffe en sa primeur
La vérité qui sort fraîche de l'imprimeur;
Qu'on s'arroge le droit de dire à la pensée :
« Reste dans la prison que ma loi t'a tracée,
« Le prudent écrivain doit t'exprimer tout bas;
« Ou s'il te jette, un jour, dans les publics débats,
« Qu'il reçoive aussitôt sa juste récompense :
« J'ai des cachots ouverts pour tout être qui pense. »
Qu'un homme ait accepté, sans qu'il en ait rougi,
Les emplois que jouaient Bellart et Marchangy; [234]
Qu'il ajoute à son nom, comme un nouveau baptême,
Tous les noms exécrés qu'invente l'anathème,
Voilà ce que l'esprit ne saurait concevoir;
Pour croire à ce prodige il a fallu te voir!
Ne valait-il pas mieux, par ta vieille cautèle,
Exploiter tous les ans ta riche clientèle;
Dans les angles discrets des tortueux couloirs
A des procès sans fin aiguillonner les hoirs,
Et dans les sourds tripots de cette vie errante

Harponner, à coup sûr, cent mille francs de rente?*
Nul ne parlait de toi, ton nom était obscur ;
Seulement au palais, sur l'affiche du mur,
Dans l'échoppe où Barbin tient ses bibliothèques,
On lisait bien : PERSIL, *Traité des Hypothèques;*
Mais ton livre, annoncé sur ce seul écriteau,
N'avait jamais trahi ton large incognito.
Quoi! des bas échelons de ta modeste histoire
Tu voulus te hisser au grand réquisitoire !
A peine le grand peuple eut-il été vainqueur,
L'ardente ambition satanisa ton cœur;
Des sanglants justiciers quand la place est vacante,
Au lieu d'un, au concours, on en trouve cinquante :
Tu fus choisi ; ton nom parut au *Moniteur,*
Le peuple des Trois-Jours eut son inquisiteur.
Moderne Hiéroclès nommé par ordonnance,
Sous le dais du prétoire assis en permanence,
Tu dis : « Défense à tous d'adorer d'autre dieu
« Que la sainte Doctrine et le juste-milieu. »
Chaque fois que, brisant ces idoles d'argile,
Les chrétiens de Juillet prêchent leur évangile,
Tes farouches licteurs, debout à tes côtés,
Devant ton escabeau les traînent garrottés,
Et bientôt, au sortir de l'interrogatoire,
Tu les jettes vivants aux bêtes du prétoire.
De ces œuvres de deuil, quoi! rien ne t'a distrait !
Ton horrible devoir te trouve toujours prêt!

* On estimait à cent mille francs le revenu annuel de M. Persil lorsqu'il n'était rien.

Cris de publique haine ou peur de ridicule,
Dans ton âpre chemin rien ne t'a dit : Recule !
Oh ! de combien d'affronts seize mois t'ont couvert !
Figaro sur ta robe a brisé son bois vert ;
Ton nom est tout criblé sous le feu du *Corsaire* ;
Le théâtre t'a pris pour son bouc émissaire,
Et vingt fois Philippon cloua tes traits maudits
Au poteau que sa main dresse tous les jeudis. 235
Ainsi, dans le chemin où ton pied s'embarrasse,
Tu vas parodiant l'homme juste d'Horace,
L'homme tenace et fort qui, sans être abattu,
Accomplit jusqu'au bout une œuvre de vertu.
Sous ton marteau de plomb qui partout nous oppresse,
Nous regrettons déjà l'heureux temps de la presse
Où tes prédécesseurs de par le droit divin,
A peine dans un mois frappaient un écrivain :
Aujourd'hui, grâce à toi, sur tout ce qu'on imprime,
Journal fait au crayon, gravure, prose, rime,
Fables de La Fontaine, œuvres de Philippon, *
La saisie affamée applique son harpon ;
Nul homme mieux que toi, dans ton triste domaine,
N'appliqua la torture à la pensée humaine ;

---

* Rien ne prouve mieux l'acharnement systématique du pouvoir contre la presse que les fréquentes saisies qui ont frappé les fables si ingénieuses de M. Eugène Desmares. On s'indigne de penser qu'aujourd'hui, avec notre législation si vicieuse, et de plus si mal interprétée, La Fontaine serait saisi chaque semaine et serait forcé de payer cautionnement; car on sait qu'il publiait ses fables par livraisons périodiques. La même rigueur est exercée contre une des plus spirituelles créations de l'époque, la *Caricature*. On a même fait un procès à son courageux éditeur, M. Philippon, pour un dessin représentant des *poires* : c'étaient des fruits de la pensée, on les a saisis.

Desmortiers qui, drapé de son large manteau,
Traverse, au point du jour, la place du poteau,
Arrive et reconnaît en toi son digne émule
A l'aspect des dossiers que ton zèle accumule ;
Ce magistrat carliste appelle à son secours
Les substituts à jeun qui flânent dans les cours ;
Il les harangue tous, donne à chacun son rôle,
Leur prescrit fièrement de porter la parole ;
Lui-même de sa main aiguise leur scalpel
Pour l'ignoble police ou la salle d'appel.
Toi, dans cet autre enfer, comme Astaroth, tu planes ;
Des ailes de ta robe agitant les membranes,
Ta griffe anime tout, et ton souffle, en passant,
Attise la chaudière où gémit l'innocent.
Et quels sont les damnés que tenaille ta haine,
Ceux que tes substituts conduisent à la chaîne ?
Ce sont..... et nos enfants, après cinquante hivers,
Du mensonge historique accuseront ces vers ;
Ce sont ceux dont la main, sans relâche occupée,
Quinze ans tint une plume et trois jours une épée,
Et qui, tout radieux d'une double vertu,
Savent écrire encor quand ils ont combattu ;
Ce sont ceux qui t'ont mis au fauteuil où tu siéges ;
Ceux qui de la faveur déjouant tous les piéges,
Qui de l'or corrupteur toujours se préservant,
Voulurent rester purs et pauvres comme avant.
Malheur à tout journal qui, libre sans licence,
Garde depuis Juillet sa robe d'innocence,
Qui grave sur le front de chaque numéro

Pour devise : *Vitam impendere vero!*
Malheur à qui l'écrit! malheur à qui le signe !
Il est noir à tes yeux, fût-il blanc comme un cygne ;
Le sbire qui pour toi le commente et le lit
Est forcé chaque soir d'y trouver un délit ;
Vainement les jurés, dans de justes balances,
Pèsent à leur valeur les mandats que tu lances ;
L'écrivain courageux qu'on acquitte le soir
Revient le lendemain aux mêmes bancs s'asseoir ;
Au sortir de prison un autre arrêt l'écroue ;
La presse est Ixion sur l'éternelle roue,
Qui tourne sous le fouet de tes lâches suppôts ;
Dans l'enfer du parquet il n'est point de repos.
Il en est quelques-uns que ton caprice injuste
Semble appliquer, par goût, sur le lit de Procuste ;
Qui, par le noir huissier cités à tout moment,
Servent à tes vautours d'éternel aliment ;
Toujours les mêmes noms subissent la torture :
Philippon, Juvénal de la caricature,
L'impérial Lennox, journaliste des camps,
Desmares, Belmontet, Marrast, Thouret, Bascans, [236]
Soldats aventureux, hommes de forte race,
Qui sur nos premiers rangs se battent sans cuirasse,
Et qui, prophétisant un plus pur horizon,
Retrempent leur courage à l'air d'une prison.
Et tu crois follement, dans tes mains de pygmée,
Étreindre, sans retour, la presse inanimée,
Étouffer le volcan des généreux écrits,
Menotter notre zèle et bâillonner nos cris !

Écoute, pèse bien ton dangereux office :
La presse est le pilier qui soutient l'édifice ;
Les afficheurs publics, sur ses bords anguleux,
Peuvent coller parfois des feuillets scandaleux ;
Les cyniques passants écrivent sur sa pierre
Des mots qui font baisser la pudique paupière.
Qu'importe! ce pilier est le ferme soutien
Qui fait notre salut et doit faire le tien !
Et si, nouveau Samson, aveuglé de délire,
Tu sapes ce pilier où le peuple vient lire,
La poutre des lambris qui se démoliront
Sur le pavé du temple écrasera ton front !

XLI

A M. D'ARGOUT

MINISTRE DES BEAUX-ARTS ET DES TRAVAUX PUBLICS

15 JANVIER 1832

Oui, tu calcules bien ce qu'on gagne par toise
Sur un chemin de fer de Paris à Pontoise ; *.

---

* L'entreprise du chemin de fer de Paris à Pontoise a failli être adjugée à une compagnie de Rouen. Le conseil d'État a repoussé des commissions captieuses. M. d'Argout prenait un grand intérêt à cette adjudication.

Nul ne fait mieux que toi, déguisant ses trafics,
Un travail clandestin dans les travaux publics :
Tu sais, avec Bérard, mettant un fleuve en gage, *
Sur des ponts projetés percevoir un péage,
Ou pendant deux hivers retenir dans la main
L'argent réparateur qui pave un grand chemin :
Mais qu'on ait fait de toi le dieu de la peinture,
Le patron des beaux-arts, de la littérature,
Le Mécène français qui tient en reservoir,
Pour le talent à jeun, l'aumône du Pouvoir;
Oh ! de ce que Juillet nous légua de funeste,
De tout ce qu'enfanta le politique inceste,
Dans l'ignoble chaos de tant de choix bâtards,
Rien de plus monstrueux n'attrista nos regards.
Quoi ! l'ignorance brute au sot orgueil unie
Préside, sous ton nom, aux œuvres du génie !
Quoi ! pour suprême chef dans le temple du goût,
L'imbécile faveur t'a choisi, toi, d'Argout !
Toi qui, malgré ton âge, écolier impubère,
Ignores du savoir le premier syllabaire,
Et qui, pour tout service, étant préfet de Pau,
De ta main d'apostat brûlas le saint drapeau. [237]

Aussi, depuis dix mois que tu les tiens en laisse,
Les beaux-arts ont atteint leur âge de vieillesse :
Comme des orphelins qu'un tuteur négligent
Abandonne au hasard sous le toit indigent,

* M. Bérard, directeur des Ponts-et-Chaussées, travaille avec M. d'Argout.

Ils sont nus, dépouillés, ils vont de porte en porte,
Ils attendent le pain que la pitié leur porte,
Et frustrés, chaque jour, de l'or que tu leur dois,
A d'indignes travaux ils soumettent leurs doigts.
Paris est plein d'auteurs qui, mourant par ta faute,
Se condamnent, pour vivre, à la meule de Plaute, *
De Gilbert, charriant l'eau du fleuve par seau ; **
Je pourrais te citer de modestes Rousseau
Qui soutiennent le jour leur estomac phthisique
En copiant, la nuit, des notes de musique :
Il existe à Paris plus d'un obscur Puget [238]
Qui cisela son œuvre en songeant au budget,
Et qui, prostitué par la faim qui le tue,
Pour en vendre le marbre a scié sa statue.
Mais, quoi ! répondras-tu, jusqu'au fond d'un grenier
Puis-je aller découvrir le talent prisonnier ?
Pour payer le génie il faut qu'il se dévoile,
Qu'il s'expose en public sur le marbre ou la toile...
Eh quoi ! ministre absurde, aujourd'hui le Pouvoir
Dans les clubs clandestins a des yeux pour tout voir ;
Il évente, à coup sûr, un complot, soit qu'il vienne
Des tours de Notre-Dame ou des clochers de Vienne ; [239]
Gisquet tient sous son œil, dans ses mille bureaux,
Tous les hommes suspects classés par numéros ;
Et quand dans un grenier, avec la fièvre ardente,

---

* On sait que ce vieux comique latin était réduit, pour vivre, à tourner la meule.

** On sait que Gilbert faisait quelquefois, pour vivre, le métier de porteur d'eau.

Se désole un Weber, un Raphaël, un Dante,
Implorant, pour gagner un avenir promis,
Un atome de l'or que gardent tes commis,
Ta police n'a pas un œil divinatoire
Pour trahir le génie et dénoncer la gloire!
Et si l'homme inspiré, trop pressé de finir,
D'un seul coup de crayon s'esquisse un avenir;
Si dans le grenier sombre où rien ne le décèle,
De ce tison qui meurt jaillit une étincelle,
Est-ce toi qui pourrais, dans ce coup de crayon,
Du grand peintre futur deviner le rayon?
Est-ce un œil de d'Argout qui saura reconnaître,
Dans le jeu de l'artiste un Raphaël à naître,
Surtout si, pour t'aider dans l'examen de l'art,
Tu n'as auprès de toi que ton Royer-Collard? 240

Au désert d'un faubourg il existe un jeune homme 241
Que tu ne connais pas, mais que tout Paris nomme :
De l'étau du malheur son talent s'échappa;
Un jour au Muséum il pendit Mazeppa :
Non ce Russe Adonis que vers des champs de neige
Emporte galamment un cheval de manége,
Un de ces étalons qu'en ses cadres étroits
Habille de satin le goût de Vernet-Trois; 249
Mais un Russe nerveux, un géant musculaire
Qui remplit le tableau d'un éclair de colère;
La foule l'admirait, il déplut au Pouvoir,
Et Corbière passa devant lui sans le voir :
C'était dans l'ordre. Au moins quand Juillet tricolore

Nous promit tant de biens qu'on nous promet encore,
Il fallait aussitôt, dans les premiers instants,
Qu'un ministre appelât l'artiste de vingt ans,
Et qu'il lui dît : « Jeune homme, il est temps, vas au Louvre:
« Pour ceux qui l'ont conquis il est juste qu'il s'ouvre;
« La toile et les couleurs ne te manqueront pas,
« Désormais ton génie est libre du compas ;
« Plus de ces tableaux nains où le goût se jalonne,
« Choisis pour chevalet le fût d'une colonne;
« Si tu veux peindre ici le sabbat de l'enfer,
« Les grands combats de ceux qui s'habillaient de fer,
« Ou du ciel des chrétiens l'innombrable phalange,
« Prends tout un pan de mur, toile des Michel-Ange ;
« Va, décore à ton gré cet autre Vatican ;
« Cette fois tes tableaux n'iront pas à l'encan
« Des brocanteurs hébreux subir l'ignominie ;
« Au nom du Peuple-Roi je solde le génie. »
C'était là ton devoir : tuteur officiel,
Tu devais sur les arts courber ton arc-en-ciel ;
Mais non, le jeune artiste a tronqué sa carrière,
Le grain de son génie est tombé sur la pierre,
Et ses étroits dessins pendent sous le cordon
Du populeux vitrage ouvert par Giraldon. *

Et qu'attendre de mieux ! dans ce riche domaine,

---

* Giraldon, marchand de gravures de la galerie Vivienne, dont le vitrage est toujours encombré de curieux. La foule s'y arrête en ce moment pour admirer la belle création de M. Boulanger, *le Feu du Ciel*. Ce jeune artiste a trouvé le secret de se montrer original dans cet ouvrage, même après les grands poëtes Martin et Victor Hugo.

Dans le salon des arts quand l'ennui te promène,
D'Argout, tu n'aperçois sur les murs ennuyeux
Qu'un amas de couleurs qui tournent sous tes yeux :
Ame inerte, cœur sec, tête sans poésie,
Devant de froids décors ton faux goût s'extasie,
Tes regards sont trop bas, ton coup d'œil est trop lent
Pour suivre dans son vol le sillon du talent :
Pareil au villageois qui vient, les jours de fête,
Étaler au Salon sa mine stupéfaite,
Tu n'admires, pendus aux plans les plus voisins,
Que les plateaux chargés de grappes de raisins,
Le papillon flamand à l'aile diaphane
Suçant, avec son dard, la rose qui se fane,
Et près d'un vase étrusque aux contours bien luisants
Les épagneuls assis qui gardent des faisans.
Tu te pâmes de joie en découvrant aux frises
Les reliefs menteurs escortés d'ombres grises,
Les homériques dieux qu'à trente pieds du sol
Élève pesamment le plafonneur Pujol,
Et la femme aux yeux noirs, qu'une larme sillonne,
Que de son doux pinceau Dubufe vermillonne,
Qui, rubiconde encor d'un amoureux délit,
Un portrait à la main sanglote sur son lit.
Voilà ce qui sourit à ton œil de Vandale !
Des choix les plus grossiers tu donnes le scandale ;
Si, par hasard, pressé par d'unanimes vœux,
Tu fais ce que tu dois et non ce que tu veux ;
S'il te faut quelquefois feindre un goût tutélaire
Pour l'ouvrage imposé par l'instinct populaire,

Ta main qui du génie ignore la valeur
Ne consent qu'à payer le cadre et la couleur,
Et par de faux marchands, complices de ta honte,
Tu les fais à vil prix acheter pour ton compte. *

Voilà pour la peinture : à ton joug oppresseur
Tu voulus accoupler la sculpture, sa sœur :
Debout, devant le seuil de ton hôtel avare,
Elle verse des pleurs sur un bloc de Carrare.
Les monuments publics au niveau des pavés,
Sous d'ignobles cloisons vieillissent enclavés.
O douleur ! nous voyons pendre à leurs cannelures
Des barbes de gramen, honteuses chevelures.
Ta main hérésiarque, au Louvre, aux Innocents,
Pour le culte des morts n'a pas trouvé d'encens ; 243
Leur tombe provisoire est même disparue,
La cendre des martyrs est laissée à la rue ;
Qu'attends-tu pour dresser à ces mânes amis
Le temple colossal qui leur était promis ?
Pour toute œuvre, à défaut de l'œuvre expiatoire,
De l'Institut lépreux tu grattes la peau noire ;
Ses murs sont recrépis... C'était là que brillait
La constellation des balles de Juillet !!! **

---

* Les tableaux de Robert, de Delacroix, de Delaroche, Garneray, Decamps, Schnetz, et d'autres illustrations, ont été acquis à des prix indignes, après des débats mercantiles comme on en élève encore dans les boutiques du Marais.

** M. D'Argout a répondu noblement à ceux qui lui reprochent sa négligence pour les beaux-arts : il a payé des ouvriers pour effacer les stigmates des balles du peuple sur la façade et la coupole de l'Institut. Nous ne connaissons que l'incendie du drapeau tricolore, par le même auteur, qu'on puisse comparer au recrépissage de l'Institut.

C'est ainsi que tout meurt! une flasque atonie
A détendu partout la fibre du génie;
Le souffle doctrinaire étouffe tout élan :
Les théâtres déserts déposent leur bilan ;
La salle Ventadour que l'étranger admire,
Si jeune, nous rappelle un temple de Palmyre ;
A peine si, sorti du passage Choiseul,
Le voyageur Laurent [244] vient y méditer seul :
L'Odéon, dépouillé du plus mince subside,
Organise dans l'ombre un nouveau suicide ;
Sur ses planches, bientôt, malgré les soins d'Harel, [245]
L'herbe va dessiner un décor naturel :
Le Théâtre-Français, hué des romantiques,
N'est plus qu'un cabinet de médailles antiques ;
Il ne lui reste plus que son orchestre sec,
Qui grinça, quarante ans, sous l'archet de Gossec : *
Hormis dans le grand cirque où Taglioni danse,
Partout le roi des arts atteint sa décadence ;
Et depuis qu'au mépris des tolérantes lois
Ta censure arbitraire a poignardé Langlois, **
Les nobles écrivains, les enfants de la lyre,
Qui firent de tout temps la gloire d'un empire,
Déshérités en bloc de leur part au budget,
D'un chef-d'œuvre attendu subissent le rejet.
Et réponds maintenant : dis-nous, où donc est-elle,

---

* Gossec a dirigé quarante ans l'orchestre, sans musiciens, du Théâtre-Français.

** Directeur du théâtre des Nouveautés. Ce théâtre ne serait pas fermé aujourd'hui si le *procès d'un Maréchal de France* eût été joué.

Cette faveur de cour, cette haute tutelle
Que Juillet nous promit et qu'attendant en vain
Sous leurs toits délaissés l'artiste et l'écrivain ?
Tu dis que sur les arts, que tant de soucis rongent,
De l'arbre du Pouvoir les rameaux se prolongent...
Sans doute, et je crois voir au seuil de ton hôtel
L'Upas, arbre-poison dont l'ombrage est mortel.

XLII

LA CONFÉRENCE DE LONDRES

22 JANVIER 1832.

> *Sic notus Ulysses.*
> VIRGILE.

Toujours, quand un congrès trouble la politique,
Toujours les mêmes noms passent dans un optique ;
Ces noms que Metternich tient dans ses arsenaux ;
Ces noms qu'on voit toujours en tête des journaux :
Talleyrand, Palmerston, Wessemberg, Nesselrode,
Ils sont là, méditant une affaire de fraude,
Cinq vieillards gangrenés de forfaits de salon
Qui scandaliseraient le bagne de Toulon ;

Dans le noir cabinet d'une taverne immonde,
Ils coupent en morceaux la liberté du monde,
Et chacun des forbans retarde son départ
Pour avoir au butin une meilleure part.

Voilà mon style, à moi; c'est la vérité crue:
Pour la traduire en vers je l'emprunte à la rue,
Et je me fais l'écho du trivial bon sens
Que jette en mots grossiers la bouche des passants.
Libre à vous de parler en style académique,
De sucrer de bon ton la tiède polémique :
Moi, quand des glaives nus fondent sur mon pays,
Quand le mal est flagrant, quand nous sommes trahis,
Quand cinq Machiavels se rassemblent pour fondre
L'*ultimatum* des rois dans l'arsenal de Londre,
Moi, qu'éveille déjà le bruit de ce canon,
A ces forbans de cour je donne le vrai nom;
J'abjure la pudeur de la noble grammaire,
Mon désespoir brutal crée une langue amère;
Elle invente des sons, des syllabes, des cris,
Qui brûlent, en tombant, le papier où j'écris;
Au bout de chaque vers, avec mes âpres rimes,
Je forge deux crampons qui tenaillent les crimes;
J'emprunte chaque soir aux infernaux concerts
Le dur timbre qui suit les mots dont je me sers;
Du bon ton minaudier je saute la limite.
Qu'en ces jours décisifs tout écrivain m'imite;
Nous reprendrons bientôt cette langue aux doux sons
Qui caresse l'oreille et que nous vernissons;

Mais il faut aujourd'hui que notre langue brûle
Le fauteuil du ministre ou la chaise curule;
Afin que les mangeurs assis au grand repas
Tombent devant la table et n'y remontent pas.
Que si l'on veut encor tenir à la décence,
Velouter la satire et l'embaumer d'essence,
Tout est perdu ; les jours déjà venus viendront
Où l'on lance pour vers des balles dans un front.
Ainsi jetons les mots dans leur crudité nue.
Toute chose secrète est aujourd'hui connue;
Les congrès ont perdu leur mystère profond;
Que font-ils, dites-vous, à Londres?... Ce qu'ils font!
Pour le savoir, voyez quel homme on associe
Aux travaux clandestins de leur diplomatie !
Le mensonge incarné, le parjure vivant,
Talleyrand-Périgord, prince de Bénévent!
Judas impénitent, le front oint du saint chrême,
Il ouvrit sa carrière en trahissant Dieu même ;
Aux autels, à la Cour, doublement apostat,
Comme il traita l'église il a traité l'État ;
Exercé quarante ans dans les chancelleries,
Protée au pied boiteux, Satan des Tuileries,
Au pilier du Pouvoir il s'est toujours tordu :
République, Empereur, rois, il a tout vendu :
Il aime à piétiner sur des trames ourdies;
Mascarille impudent des hautes comédies;
De son œuvre d'intrigue en silence occupé;
Il voit dans chaque peuple un Géronte dupé;
Dans notre siècle grave, étrange anachronisme,

De son vernis de cour il pare le cynisme ;
A son petit lever, devant ses courtisans,
Il dit de froids bons mots qu'il a semés dix ans,
Et croit dissimuler, sous cet esprit frivole
Tout ce qu'a d'odieux son politique rôle.
Vieux type qui servit aux salons du Régent,
Il aime à promer le mépris négligent,
Le babil enfantin d'un jeune octogénaire,
Sur ces choses d'honneur que tout homme vénère ;
Aussi pour y chercher un atome de bien
Si l'on ouvrait son cœur, on n'y trouverait rien.
Nous, du moins, parvenus à l'extrême vieillesse,
Quand notre front se glace et que le sang nous laisse,
Nous, peuple, nous aimons, pensifs dans un fauteuil,
Remonter au passé par un dernier coup d'œil,
Nous recueillir, enfin, pour ouïr dans l'espace
Les funèbres appels du squelette qui passe,
Et songeant à nos jours si mauvais et si longs,
Demander le chemin des lieux où nous allons.
Mais lui, ce renégat, ce vieillard au front pâle,
Ce prêtre qui vendit sa mitre épiscopale,
Ce roué de salon dont le lit clandestin
Épouvante peut-être un palais florentin,*
Quand de ses doigts glacés sa béquille qui tombe
Semble à chaque moment lui mesurer sa tombe,
Au lieu de s'abîmer dans des lieux souterrains,
La cendre sur le front et le cilice aux reins,
Regarder en tremblant dans sa vie en arrière,

* M. Talleyrand occupe à Paris l'hôtel Florentin de la rue de ce nom.

Pour la première fois ouvrir son bréviaire,
Et demander à Dieu, dans un regard mourant,
Qu'il invente un pardon pour sauver Talleyrand,
Que fait-il? il s'embarque, il quitte sa demeure,
Pour voir s'il peut nous vendre encore avant qu'il meure;
Souteneur permanent des brelans de palais,
Il veut jouer encor dans les tripots anglais;
Avant que du tapis le fossoyeur l'écarte,
Il veut encore filer la frauduleuse carte,
Et, doyen expirant des pécheurs endurcis,
Pour sa dernière intrigue il demande un sursis.
Noble terre de France aux grands destins promise,
Dans les conseils secrets qu'écoute la Tamise,
Pour sauver ton honneur, voilà l'homme pourtant
Qu'on osa te donner comme Représentant!!!
O pudeur! quand aux yeux des quatre diplomates
Apparut ce Caïn maculé de stigmates,
De surprise et d'horreur nul d'eux ne frissonna
Comme les sénateurs devant Catilina:
C'est que tous quatre, acteurs du satanique drame,
Au front de l'apostat reconnurent leur âme;
C'est que dans chaque Cour quand naît un différend,
Le démon des congrès suscite un Talleyrand.
Les voilà tous les cinq, pétris de même boue,
Assis devant la table où notre sort se joue;
Au nom de la Hollande, au nom des Pays-Bas,
Pour allonger le temps ils feignent des débats;
Ils tiraillent entre eux un morceau de royaume
Pour le roi Léopold ou pour le roi Guillaume,

Et signent chaque nuit, de leur quintuple main,
Un nouveau protocole, effroi du lendemain.
Des courriers tout fumants, inclinés sur leurs selles,
Arrivent de Paris, de Vienne, de Bruxelles,
Portant sur des chevaux au vol aérien
Soixante *ultimatum* qui ne terminent rien ;
A peine débottés ils repartent encore,
Usent les grands chemins du couchant à l'aurore,
Et des maîtres de poste épuisant les relais,
Le protocole en main, débarquent à Calais.
Casimir, à tout prix, veut que la paix soit soit faite.
Il habille son fils en poudreuse estafette,[216]
Déclarant, par sa bouche, à l'univers en deuil,
Qu'au refus de signer il quitte le fauteuil ;
Et l'on ne signe pas, et Périer, en colère,
Se résigne à garder son trône impopulaire ;
Et le congrès déclare à l'évêque d'Autun
Que le quinze du mois est remis au trente-un [217]

O chaos ! il faut bien qu'un jour on le dévoile ;
Après ce long prologue on lèvera la toile ;
Alors apparaîtra ce plan d'iniquité
Que cinq machinateurs ont neuf mois médité !!!
Il est vrai, jusqu'ici la saison nous protége :
Car le traité de paix est écrit sur la neige ;
Mais quand le tiède mois qui porte un nom guerrier
Dissoudra les glaçons sous les pas de Périer,
Cent mille ambassadeurs, le fusil sur l'épaule,
Marcheront vers le Rhin des frontières du pôle ;

L'Autriche cauteleuse, aux appareils si lents,
Teindra les Apennins de ses cavaliers blancs;
La Prusse à l'avant-garde enverra ses écoles :
Voilà ce qu'auront fait soixante protocoles;
Alors nos ternes yeux s'ouvriront par degrés,
Et verront clair enfin dans ce nouveau congrès.
Rois pervers! ils ont cru, dans leur soif de conquête,
Du sanglant Waterloo renouveler la fête;
Hommes vils, ils ont dit à chaque ambassadeur :
« De ce peuple orageux amortissez l'ardeur;
« Par l'ennui de la paix sachez flétrir leurs âmes;
« Qu'ils épuisent leur force en querelles de femmes;
« Quand six mois de dégoût sur eux auront pesé
« Nous romprons sans effort leur faisceau divisé. »
L'astucieux congrès a suivi l'ordonnance;
Eh bien! après l'hiver, que l'Europe s'avance,
Nous l'attendons : sans doute, après le grand Juillet,
Depuis ces nobles jours où tant d'accord brillait,
La haine des partis trouble la France entière;
Mais qu'un premier boulet déchire la frontière,
Et vous verrez alors qu'en ce grave moment
La poudre des canons est pour nous un ciment;
Les trois partis rivaux, oubliant leurs querelles,
Ne verraient que la France et s'uniraient pour elle;
Tout Français marcherait à l'appel du canon,
Hormis ceux qui vingt fois ont renié ce nom,
Des vagabons royaux les sujets mercenaires :
Ralliés cette fois aux rangs des doctrinaires,
Ces lâches déserteurs iront, la corde au cou.

Demander assistance aux soldats de Moscou ;
Pour nous tous qui datons de la grande décade,
Baptisés par le feu devant la barricade,
Nous courrons rappeler aux despotes du Nord
Que le chant marseillais est leur hymne de mort;
La France de Juillet s'élancera, suivie
Des soldats fraternels venus de Varsovie;
Un seul jour nous fera d'illustres vétérans ;
Les Kléber, les Marceau jailliront de nos rangs,
Et, chassant tous les rois de leurs hideux repaires,
Nous recommencerons l'histoire de nos pères !

AVIS.

Le Directeur des bureaux de NÉMÉSIS prévient Messieurs les spéculateurs des journaux carlistes, qu'il n'accepte l'ÉCHANGE d'aucune feuille de Henri V, pas même du *Journal des Débats*.

XLIII

A L'ITALIE

29 JANVIER 1832.

> *Italiam ! Italiam !*
> VIRGILE.

O généreuse sœur que la France abandonne;
Non, tu n'es pas esclave aux pieds d'une Madone;

Non, tu n'as pas perdu les nobles parchemins,
Héritage immortel de tes aïeux romains !
Tu te souviens des jours où tu fus grande et belle ;
Le feu n'est pas éteint sur l'hôtel de Cybèle,
Car dans le saint asile où son culte est resté,
Pour dernière vestale il eut la liberté :
Comme le vieux Janus, père de ton histoire,
Que Saturne doua d'une double mémoire,
Par un don merveilleux, tu sembles réunir
Un front pour le passé, l'autre pour l'avenir.
Non, non, tu n'es pas morte, ô mère des empires,
Ton souffle consolant nous dit que tu respires,
Qu'après tant de travaux tu goûtes le sommeil,
Comme un géant lassé qui s'endort au soleil.
Les peuples qui sur toi sont broyés en poussière,
Ont formé de ton sol la couche nourricière,
Et les restes pourris de tant de bataillons
D'un engrais immortel ont chargé tes sillons.
Si dans tes champs, où dort l'instrument aratoire,
Une main promenait le soc de la victoire,
Et sur ces germes froids faisait courir les vents,
Que d'antiques héros en sortiraient vivants !
O qui peut mieux que toi, majestueuse reine,
Ressaisir un vieux sceptre enfoui dans l'arène,
Pour former des soldats, pétrir des ossements,
Rendre leur jeune teinte à de vieux monuments,
Et d'un robuste bras arracher son étole
Au Jupiter chrétien qui dort au Capitole !

A L'ITALIE

Eh ! que lui manque-t-il à ce pays aimé,
A ce sol éclatant de miracle semé ?
Son peuple est fait de bronze ; éternelle médaille,
Des héroïques temps il conserve la taille,
Les cheveux arrondis, l'œil, les traits aquilins,
Et le grave maintien des dieux capitolins ;
Toujours les mêmes mœurs ; au sortir d'une lutte,
Il aime les bouffons et les joueurs de flûte ;
Son poétique esprit, dans ses rêves dévôts,
Repeupla son Olympe avec des dieux nouveaux ;
Chaque hiver il emprunte à ses vieilles annales
Son carnaval joyeux, modernes bacchanales,
Ses fêtes de l'automne, où, vers les champs voisins,
Roule le charriot ruisselant de raisins,
Avec les taureaux noirs liés au joug antique,
Les symboles païens d'une fête rustique,
Les thyrses résineux, d'âge en âge venus,
Les filles des Sabins qui dansent les pieds nus,
Et le Saint villageois qui, parcourant la plaine,
Trébuche à chaque pas comme le vieux silène.
Et puis, sur les gradins, au cirque de Milan,
Voyez ce même peuple, écoutez son élan,
Quand, remuant soudain les fibres de son âme,
Un mot de liberté tombe au milieu d'un drame ;
Applaudissant des yeux, de la voix et des mains,
Tous ces Italiens redeviennent Romains ;
Ils semblent protester, devant les sentinelles,
Qu'ils n'ont pas renié les cendres paternelles,
Et sous les pelotons des fantassins hongrois

Comme au temps de Brutus ils maudissent les rois.

C'est qu'un instinct secret les avertit sans doute
Que la grande Appia, cette éternelle route
Qu'ouvrit la Rome antique aux pères triomphants
Doit retentir encor sous le pied des enfants;
C'est que le fleuve saint qui coule vers Ostie
S'indigne de laver la grande sacristie;
C'est que la louve en deuil, qu'attriste l'*Angelus*,
Attend sous sa mamelle un nouveau Romulus;
C'est qu'une voix a dit dans le vieux hippodrome
Que les dieux immortels vont retourner à Rome,
Et que l'on trouve écrit aux livres sybillins :
« On rendra l'héritage à de grands orphelins. »

Tous les peuples anciens que l'histoire dénombre
Sur le sol d'Orient ont passé comme l'ombre;
Aucun d'eux n'a revu le sol qu'il a quitté;
Ils sont morts pour toujours, morts sans postérité.
La Grèce n'offre plus que des cités squelettes.
L'Égypte, reine au front chargé de bandelettes,
Qui semblait, unissant ses villes en faisceau,
Une rue où le Nil passait comme un ruisseau;
L'Égypte d'aujourd'hui, largement dépeuplée,
De tout ce qu'elle fut n'est que le mausolée;
L'Égypte s'est éteinte avec ses oppresseurs.
Seule, du monde entier, parmi toutes ses sœurs,
Jeune, après trois mille ans, la vivace Italie
Dans le même cercueil n'est pas ensevelie;

L'homme y reste debout et garde dans sa voix
Cet accent musical des langues d'autrefois;
Architecte éternel, il a de ses mains fortes
Reconstruit des cités avec des cités mortes!
Ses fleuves ont des ponts, ses jardins des châteaux;
Il veille avec orgueil sur ses vieux piédestaux:
Il entoure d'amour ses images brisées,
Ses aqueducs croulants, ses vastes Colisées;
L'Italie est encor, comme au temps des Césars,
L'école où vient s'asseoir le peuple des beaux-arts;
Là, chaque nom de ville où l'étranger afflue
Trouve au fond de tout cœur un cri qui le salue;
C'est Florence qui dort sous ses berceaux de fleurs,
Merveilleux muséum de marbre et de couleurs;
C'est Mantoue où naquit l'Homère d'Ausonie;
Le sonore Milan, orchestre d'harmonie;
C'est la molle Capoue, amante d'Annibal;
Venise, qui n'est plus qu'une salle de bal,
Venise, qui pareille à la Vénus antique,
Sa chevelure au vent, sort de l'Adriatique;
Parme, Pise, palais bâtis de marbres blancs,
Celles que l'Appenin abrite de ses flancs,
Toutes dans leur histoire ayant quelque prodige,
Filles de l'Eridan, du Tésin, de l'Adige;
Et cette Rome enfin, merveilleuse cité,
Si rayonnante encor dans sa caducité,
Qui, veuve des Césars, à leur couche fidèle,
Ne jugea que Dieu seul pour époux digne d'elle.
Les grands infortunés qui sont encor debout

Viennent te voir, cité qui consoles de tout !
Ils te trouvent pleurante au pied des sept collines ;
Tu leur montres encore tes augustes ruines ;
Tes tombeaux dispersés au souffle d'Attila,
Ton Jupiter-Stator qu'un prêtre mutila,
Ton Panthéon sans dieux, où pend la graminée.
L'arène de Titus par les âges minée,
Les débris des Césars, des Sixte, des Léon,
Et la femme aux vieux jours qui fit Napoléon. [249]
Toutes ces nobles sœurs qu'un secret pacte lie,
Pléiades que le ciel sema sur l'Italie,
Si le cri du réveil retentissait demain,
De l'Abruzze au Tyrol se donneraient la main ;
Fières de secouer vingt siècles d'esclavage,
Elles délaisseraient l'île au triple rivage,
Cette terre où l'Etna n'est plus qu'un grand charbon,
Ce royaume honteux qui subit un Bourbon ;
Car, au joug des tyrans, l'Italie indocile,
De son pied dédaigneux repousse la Sicile,
Et sur le sol commun par deux mers limité,
Veut ressaisir encor sa première unité.

Quelle main, balayant les moines et l'Autriche,
Fécondera ce sol où la gloire est en friche ?
Quel vengeur, à Milan, tombé comme l'éclair,
Posera sur son front la couronne de fer,
Effacera du pied ces vieilles mosaïques,
De princes et de ducs tonsurés ou laïques,
Et formant tant d'États sous un même lien,

Fondra dans un seul nom le peuple italien?
Cet homme vint un jour, quand notre Directoire
Aux pleines des Lombards décrétait la victoire;
Oh! l'Italie alors, en songeant aux Tarquins,
Se fit pour un moment des jours républicains.
Ils te seront rendus ainsi que tu l'espères,
Ces jours de liberté qu'ont entrevus tes pères;
Terre de notre amour, les rocs des Apennins
Briseront, en tombant, tous tes monarques nains;
Ne désespère point de ta sublime cause :
Dans un calme fangeux la France se repose,
Mais l'avare égoïsme aura son terme; attends,
Encore quelques jours il aura fait son temps;
Sa glace va se fondre à l'aube printanière;
Quand du jeu politique une chance dernière
Donnera le pouvoir à ceux que nous aimons,
Ton sol doit s'embraser au delà de tes monts;
La voix des Apennins te dira : « Voici l'heure
« De rendre le sourire à ton beau front qui pleure;
« Levez-vous, légions! que dans chaque cité
« Le spectre de Varus passe ressuscité;
« Que toute l'Italie, ardente de colère,
« Suive, dans son élan, le même vexillaire,
« Et dans le creux des bois retrouvant son chemin
« Qu'elle aille anéantir l'Arminius germain. »
Et nous, nous serons là, sur les Alpes connues;
Faisant étinceler nos couleurs dans tes nues,
Nous viendrons, s'il le faut, pour garantir tes lois
Jeter dans le bassin notre glaive gaulois.

Alors, pour te payer tes reliques usées
Que le fourgon vainqueur porta dans nos musées,
Nous te présenterons comme un digne secours
Une image de marbre, *ex-voto* des Trois-Jours,
Digne de tes palais et de tes galeries,
L'esclave Spartacus qui règne aux Tuileries ; [250]
C'est le gladiateur de tes antiques jeux ;
Un vif éclair jaillit de son œil orageux ;
Qu'il est fier ! on distingue à sa pose sublime
Qu'il a brisé ses fers sans l'aide d'une lime ;
Détachés d'un seul coup, par la force disjoints,
Ces fers victorieux tremblent à ses deux poings :
Voilà ton nouveau saint que la liberté nomme ;
Par la Porte-du-Peuple il entrera dans Rome.* [251]
Oh ! ce grand avenir ne vous faillira pas ;
Vous y touchez peut-être, il s'avance à grands pas ;
Poétiques enfants, croyez-en le poëte
Qui prédit les malheurs comme les jours de fête ;
Qui dans ses claires nuits voit tomber sur son front
Le magique reflet des choses qui viendront.
N'allez pas consulter la muette sybille :
Le ciel, le ciel pour vous si longtemps immobile,
Comme au temps des Césars ouvrant ses arsenaux,
Pour parler à vos yeux fait marcher des signaux,
Car il veille toujours sur la chose romaine ;
L'an nouveau s'est ouvert par un grand phénomène :
Le Vésuve, debout, sous son horizon bleu

* La Porte-du-Peuple ; *Poria del Popolo*, à Rome.

A vomi sur la neige une lave de feu ; *
Le ciel, pour consoler l Italie orpheline,
Place les trois couleurs sur l'ardente colline,
Et le peuple romain, debout, sur le Forum,
Contemple dans la nuit ce nouveau Labarum.

* Dans les premières semaines de ce mois, plusieurs journaux ont mentionné ce phénomène.

Les sourdes persécutions du parquet continuent à s'exercer sur *Némésis* : les procès se compliquent tellement et se hérissent de tant d'anomalies judiciaires, que personne n'y comprend plus rien, pas même M. Persil. La même affaire est à la fois pendante en première instance, en cassation, en appel ; tour à tour gagnée, perdue, puis ni perdue ne gagnée : c'est un labyrinthe sans fil Or, cette éternelle affaire a été portée mardi dernier à la sixième chambre, présidée par M. Portalis. M. Barthélemy s'est contenté, pour sa défense, de rappeler l'excellent discours que M. le procureur général Dupin a prononcé à la Cour de cassation dans cette même affaire, qui est en ce moment instruite en appel à Rouen, et qui était appelée à Paris, après avoir été gagnée en appel. Mardi, donc, la sixième chambre a acquitté M. Barthélemy, par un jugement qui fait le plus grand honneur à l'exquis bon sens des magistrats qui l'ont rendu. *Némésis* continuera à paraître le dimanche matin, dût-elle soutenir cinq procès par jour. MM. les Souscripteurs peuvent toujours compter sur l'exactitude de leur commettant.

XLIV

LE JEU DE LA BOURSE

5 FÉVRIER 1832.

Je ferai cette fois un portrait digne d'elle,
Je crayonne à ma vitre et calque mon modèle ;
Sur la rue où j'assieds mon bruyant Hélicon,
De la rampe de fer qui borde mon balcon,
D'où jaillit *Némésis* à l'aube des dimanches,
Je puis toucher du doigt ces colonnades blanches,
Ces aiguilles de fer que le crime puissant
Élève pour noyer un tonnerre innocent,*
Ce toit chargé de plomb en feuilles laminées
Que noircit le nuage éclos des cheminées ;
J'ai choisi, pour mieux voir tous ces panoramas,
Le numéro premier des Filles-Saint-Thomas ;
Là, dès que le volcan de la Bourse s'allume,
Il fait trembler les doigts qui conduisent ma plume ;

---

* On a prodigué les paratonnerres sur le toit de la Bourse.

LE JEU DE LA BOURSE

Aujourd'hui l'agio ne m'échappera point,
Car sur lui *Némésis* tire à brûle-pourpoint.

A l'aspect de ce temple aux formes poétiques,
Avec ses escaliers et ses quatre portiques,
On croit à tout moment voir entrer au saint lieu
Quelque prêtre qui porte un holocauste à Dieu ;
Le bon provincial, étranger néophyte,
Arrivé le matin par Caillard et Laffite,
Demande avec candeur, en le montrant du doigt,
Quelle divinité réside sous ce toit :
Hélas ! l'agioteur a, sous ses colonnades,
Commencé, dès midi, ses lentes promenades ;
Il est là chaque jour, même quand la saison
De son dôme glacé comprime l'horizon ;
Serré dans son manteau, les lèvres sur l'agrafe,
Il épie avec soin le voisin télégraphe ;
Il accuse vingt fois, d'un regard soucieux,
Le brouillard qui retient la hausse dans les cieux,
Et qui suspend le cours de ses rentes prospères
En clouant la vigie aux tours des Petits-Pères. *
Sur un chemin de neige, au milieu de janvier,
Voyez l'agioteur : pareil au loup-cervier,
Il semble calculer, dans ses courses errantes,
L'heure de déterrer le cadavre des rentes :
Les honteux coulissiers, les frauduleux marrons,
Craignant l'abord du temple, errent aux environs ;

---

* Télégraphe placé sur l'église des Petits-Pères, à deux cents pas de la Bourse.

On les distingue tous à leur mine sournoise,
Embusqués sous l'auvent de la *Porte Chinoise*,
Au café Gobillard, au Magasin de thés
Qui coupe brusquement l'angle des *Nouveautés*. *
Mais le temple est ouvert; tout ce peuple reptile
Se croise en serpentant sous le haut péristyle;
Béni soit l'architecte au mémorable nom
Qui pour les Grecs français bâtit ce Parthénon !
O qu'il est digne d'eux ! L'homme qui le fréquente
Aime à faire un réport sur les feuilles d'acanthe;
Il faut que l'usurier trouve sur son chemin
Une colonne grecque avec le fût romain;
Le pudique agio s'installe dans des niches,
Ou se plaît à courir sur le fil des corniches;
Et sur les piédestaux, de son bras caressant,
Le tiers consolidé serre le trois pour cent.
Dans ce frais Parthénon où la raison s'énerve,
Au lieu du saint autel de la sage Minerve,**
S'élève un rond balustre où de noirs écriteaux
Du crédit de l'État enregistrent le taux; [252]
Là, le banal huissier, d'une voix de sibylle,
Dit les cahotements de la rente mobile;
Il révèle aux mortels si de meilleurs destins
Sont promis par les dieux aux fonds napolitains;
Aux pasteurs de la Bourse il apprend sous quels astres

---

* La Porte Chinoise, le Café Gobillard, le Magasin de Thés et le Théâtre des Nouveautés, sont en face de la Bourse. (Note pour la province.)

** On sait que le Parthénon, dont notre Bourse rappelle l'architecture, était consacré à Minerve.

On sème les lingots, on recueille les piastres;
Dans quel pressant besoin, dans quels extrêmes cas
On peut en bons royaux convertir les ducats :
Chaque fois que son cri, comme un oracle intime,
Fait décliner la rente ou l'accroît d'un centime,
Le pavé noir et blanc, symétrique échiquier,
Résonne, sillonné, sous l'orteil du banquier ;
Un bruit confus de voix sort des nefs latérales:
Les villes de commerce aux couronnes murales,
Vienne, Saint-Pétersbourg, Londres, Turin, Milan,
S'agitent de frayeur à l'aspect d'un bilan;*
Aux loges du plafond l'œil du croupier admire
L'élégant agio paré d'un cachemire, [253]
Qui, des fades boudoirs fuyant le madrigal,
Rêve le trois pour cent sur le lit conjugal.
Ces banquiers féminins de scandaleuse histoire
Fondent dans leur ménage un jeu contradictoire ;
Car, tandis que la baisse écrase leurs maris,
En faveur de la hausse elles font des paris.
De celles qui sont là courant à la fortune,
Que j'en pourrais citer! surtout il en est une
Qui, d'un nouveau parterre enviant les succès,
Change ce temple grec en Théâtre-Français : [254]
Elle vient exposer aux rentes incertaines
Son fastueux autel de la nouvelle Athènes,
Son pavillon d'été peint de vives couleurs,
L'éblouissant écrin si connu des voleurs; [255]

---

* Les noms de toutes les grandes villes de commerce sont inscrits sur les murs de la grande nef de la Bourse.

Sous les piliers du nord que sa pelisse frôle,
Elle semble d'avance étudier un rôle ;
Elle prête l'oreille aux clameurs du dedans,
Puis, tout à coup elle entre avec les yeux ardents ;
Elle veut de l'attente abréger le supplice,
Et l'on voit que le ciel la fit pour la coulisse.

O chaos ! dans ce gouffre où préside le sort,
A flots tumultueux la foule rentre et sort ;
Les effrénés joueurs débordent pêle-mêle
Par le large escalier, par la porte jumelle,
Par tous les soupiraux ouverts aux quatre vents ;
L'œil est halluciné par tant d'hommes mouvants.
Et que diriez-vous donc si notre capitale
Dans cet Érèbe impur parquait tous ses Tantale,
Tous ceux qui, tourmentés d'un démon clandestin,
Par leur agent de change assiégent le destin ?
En vain sous de faux noms leur prudence s'abrite,
Un seul coup fait crouler leur fortune hypocrite ;
Aujourd'hui sur le char, demain ils sont dessous,
C'est la chance commune, eh bien ! je les absous.
Mais de quel nom flétrir, de quel cachet de honte,
Celui qui, dans le poste où la faveur le monte,
D'un secret politique, en ses mains retenu,
Trafique pour son compte avant qu'il soit connu ?[256]
Sur le pouls de l'État qu'à toute heure il consulte,
Il règle les succès de sa rapine occulte,
Et, transportant la Bourse au palais Mont-Thabor,*

* Ministère des Finances.

Aux périls du budget fait jouer le Trésor;
Puis, quand le jour arrive où le poids de la rente
Entraîne et laisse à nu sa ruine flagrante;
Quand, perdant à la fin ses frauduleux appuis,
Le hideux déficit se montre au fond du puits;
Il écrit un billet d'un ton de Jérémie,
Il dit qu'il ne veut pas survivre à l'infamie,
Et, conservant toujours la fraîcheur de son teint,
Il court s'asphyxier sur du charbon éteint. [257]

Voilà quel sol brûlant, quel infernal domaine
Hante, les yeux bandés, la frénésie humaine!
On frémit en songeant que dans ce lieu maudit
Notre état financier a fondé son crédit.
Sans doute il est dans l'homme une soif de connaître
Le résultat douteux de quelque chance à naître,
C'est un instinct qui pousse à tenter l'avenir,
Un besoin de hasard qu'on ne peut définir;
Dès que le corps languit, dès que l'esprit s'émousse
D'une fièvre factice il leur faut la secousse;
De tout temps par l'ennui les peuples obsédés
Ont connu l'aiguillon des cartes et des dés;
Chez l'homme ou chez l'enfant cette fureur abonde,
Mais s'il existe un jeu flasque, nauséabonde,
Depuis les dominos, les dames, les échecs,
Jusqu'à l'antique oiseau renouvelé des Grecs,
C'est cet absurde jeu qu'à la bourse on vénère,
Jeu triste, où l'on poursuit un or imaginaire,
Où le ponte, noyé dans un froid corridor;

Dans son heure de gain ne touche jamais d'or.
Prosaïques joueurs, à face toujours blême,
Rien ne séduit en vous! et vous n'avez pas même
Devant ces escaliers par l'agio battus
Ces vices des joueurs, beaux comme des vertus:
Votre jeu, c'est le jeu des âmes égoïstes.
Puis lisez nos docteurs, lisez nos moralistes ;
Ils n'ont, dans leurs écrits, pas assez de tisons
Pour embraser le jeu parqué dans des maisons;
Ils se fondent en pleurs sur le trente et quarante,
Mais ils ont un œil sec pour le jeu de la rente ;
Ils ne flétrissent pas ce pompeux Charenton
Où le billet de mille est à peine un jeton,
Où l'on pipe les dés, où la nouvelle fausse
Nous fait sauter la coupe au moment d'une hausse,
Où l'ingénu joueur connaît à ses dépens
Que là chaque croupier lui dresse un guet-apens.
Allez, vous faites bien: flétrissure complète
A l'étourdi qui perd deux francs à la roulette!
Anathème à celui qui, dans son jeune élan,
Se cave de cent sous aux tables de brelan!
Qu'il soit partout honni? qu'un signe bien notoire
Marque au front ce joueur, Caïn aléatoire ! [258]
Mais honneur éternel au ponte de bon ton,
Qui, dans le grand tripot, arrive en phaéton ; *
Qui, sur les fonds publics au chances inégales,
En face du soleil bâtit ses martingales ;

---

* Aux heures de la bourse, la place de ce palais est encombrée d'équipages élégants.

Qui, chaque jour, immole à ses dieux infernaux
Les biens du fonds dotal et les paraphernaux;
Qui vend sa conscience au profit de sa caisse,
Aujourd'hui pour la hausse et demain pour la baisse,
Et s'échauffe, suivant l'apparence du gain,
Le matin pour Guizot et le soir pour Mauguin !
Voilà l'homme d'honneur qu'on estime et qu'on fête !
Voilà donc la morale ainsi qu'on nous l'a faite !
Pauvre morale ! un jour peut-être nous verrons,
Aux quatre socles nus qui bordent les perrons,
La sainte banqueroute érigée en statue;
Aux grands forfaits publics le siècle s'habitue;
On traque aux boulevards la roulette en plein air,
Et le flegme des lois sauvegarde Kessner ! [259]

XLV

AU PAPE

12 FÉVRIER 1832

Une nuit, l'Homme-Dieu qu'ici tu représentes,
Après une agonie et des douleurs cuisantes,
Se leva sur la pierre inondé de sueurs :
Le jardin se teignait de rougeâtres lueurs,

La voix de l'assassin, le fer du satellite,
Lui révélaient de loin l'émeute israélite ;
Elle venait, cherchant dans son dernier chemin
Le Juste qui devait mourir le lendemain:
Que fit le Christ? Il but son calice d'absinthe ;
Et pourtant il avait, sous la colline sainte,
Des disciples zélés dont l'immense concours
Le suivait au désert, vivant de ses discours ;
Eh bien! sous l'olivier quand l'heure triste sonne,
Au secours de sa vie il n'appelle personne,
D'une agape de paix il baise son bourreau,
Dit à Pierre : « Remets le glaive en son fourreau ; »
La suprême parole à sa bouche échappée
Maudit l'homme de sang qui se sert de l'épée,
Et, bon pasteur des Juifs et des Pharisiens,
Pour épargner leurs jours il va donner les siens.

Ces scènes de douleur, ces paroles touchantes,
Tous les ans une fois, Saint-Pierre tu les chantes
Un vendredi de mars, devant l'autel Sixtin ; 260
Mais par malheur pour toi leur texte est en latin
C'est un poëme heureux fait sur une agonie,
Un opéra fécond en effets d'harmonie,
Qu'en féminins accords tes eunuques décents
Portent vers la coupole avec des flots d'encens.
Ah ! si tu connaissais, pontife de l'Eglise,
Cet Évangile saint qu'il faut que chacun lise ;
Ce livre que traça, sous l'œil même de Dieu,
La main de Jean, de Luc, de Marc et de Mathieu ;

Si tu méditais bien ces quatre Tite-Lives
Dans leur simple récit du jardin des Olives,
Résigné sans murmure aux maux que tu subis,
Tu donnerais ton sang pour sauver tes brebis ;
Tu dirais à ton Dieu, d'une bouche chrétienne :
« Que votre volonté soit faite et non la mienne. »
Mais, hélas ! aujourd'hui l'Évangile est pour toi
Comme une Charte pure entre les mains d'un roi :
Évangile ! si l'homme a pu te méconnaître,
C'est toujours dans la ville où le ciel te fit naître !
Qu'est devenu ce temps où l'humble Marcellin [361]
Attachait à son front la tiare de lin ;
Où, pour manteau papal, revêtant le suaire,
Il tenait son concile au fond d'un ossuaire ?
Le pontife, étranger aux profanes débats,
Ne prenait que la mort dans les biens d'ici-bas ; [262]
C'était là le beau temps du premier Évangile ;
Les prêtres étaient d'or et les vases d'argile ;
L'Église avait un roi, mais il fermait les yeux
Au royaume terrestre et les ouvrait aux cieux.

Aujourd'hui, voyez Rome où la Foi s'est tuée ;
La sœur de Babylone à tous prostituée ;
Où l'obscure débauche ouvrant ses arsenaux,
Pour ses dignes amants choisit des cardinaux ;
Voyez ce Vatican, bazar de simonie,
Conservatoire impur de mondaine harmonie, [263]
Profane muséum où chaque piédestal
Expose pour statue un péché capital ;

Ce palais du pêcheur et sa riche coupole,
Où l'orgueil clérical fonda sa métropole ;
Partout flotte et s'épand, sur cette autre Sion,
Les fétides parfums de la corruption.
Au milieu des vapeurs de cet empire immonde,
Tu te révèles, toi, dieu terrestre du monde ;
Ton despotime plat, par qui tout se détruit,
Est un glaive de plomb : il égorge sans bruit.
Tu n'as pas conservé, sous ta louche paupière, *
Le dévorant regard des successeurs de Pierre ;
Imbécile vieillard, en vain tu t'es assis
Dans la chaire d'Urbain et d'Alexandre Six ;
Aux pontifes géants de notre moyen âge.
Tu n'as pris que la soif de l'or et du carnage ;
Tu ne vas pas comme eux, ceignant le glaive aux reins,
Affronter sur un char des sujets que tu crains,
Et broyant les vaincus comme de mûres gerbes,
Pardonner aux soumis et dompter les superbes ; **
Toi, du glaive de Paul armant des assassins,
Tu bois du sang, couché sur tes riches coussins ;
Le César Borgia qui te sert de vicaire,
Le sanglant Albani, ce cardinal sicaire,
En traversant le pont du château d'Adrien,

---

* Le tableau de M. Horace Vernet nous a appris au dernier salon que le pape a dans les yeux cette infirmité qui, du temps de Martial, était déjà à Rome l'emblème de l'hypocrisie.

> . . . . Lumine læsus,
> Rem magnam præstas, Zoile, si bonus es.
> (MARTIAL.)

** Devise des Romains, *Parcere subjectis et debellare superbos.*

Ne dit plus aux Romains : Je suis *César ou rien* ; *
C'est un valet obscur sans auréole antique,
Qui distille du sang à son creuset mystique;
Un prêtre cauteleux qui d'un sourire faux
Ne pardonne qu'aux morts pendus aux échafauds,
Bénit leur tombe ouverte et, semblable à l'hyène,
Promène sur les corps sa langue italienne.
Inflexible despote, il est digne de toi :
C'est ainsi que tu suis la charitable loi
De celui qui naquit sous un berceau de chaume;
Qui dans cet univers n'avait point de royaume;
Qui, de la charité cumulant les fardeaux,
Rapportait au bercail les brebis sur son dos.
O pape glorieux ! tes œuvres sont bénies;
Ton nom latin prendra sa place aux litanies,
L'Église doit te mettre au rang des saints élus,
Sans attendre pour toi les cent ans révolus ! **
Déjà, de ton vivant, les miracles dociles
Abondent à ta voix sans l'aide des conciles;
Ton anneau de pêcheur, bague du Vatican,
Au signe de ton doigt se transforme en carcan ;
Le bâton pastoral qui calme les tempêtes
Est la masse d'airain qui fracasse nos têtes,
Et, sur l'écu béni de ton riche blason,

** *Cæsar aut nihil* : c'est par ce cri que César Borgia répondit aux acclamations du peuple, en traversant sur son char triomphal le pont du château Saint-Ange (*moles Adriani*).

** D'après les règles canoniques, un saint ne peut obtenir la canonisation que cent ans après sa mort ; ce n'est que par privilége extraordinaire qu'on peut devancer ce terme.

Les clefs de paradis sont deux clefs de prison.
Est puis tu te plaindras quand l'Italie esclave
Entrera révoltée au tripot du Conclave,
Jettera tout d'un bloc, dans l'égout des Tarquins,
Moines, abbés, prélats, jésuites, franciscains,
Et, tressant un lacet des cordons de l'étole,
Pendra tes cardinaux aux gonds du Capitole !
Oh ! le jour où la croix que profane ta main
Tombera sans retour du piédestal romain ;
Que Saint Pierre, étalant sa coupole brisée,
Servira de pendant à l'ancien Colisée,
Et que la main de fer du vieux Transtévérin *
Fondra pour son budget mille cloches d'airain;
Ne va pas sur ces maux faire un long commentaire,
Accuser l'athéisme, ou Reynal ou Voltaire ;
Ne sois pas oublieux de ton règne assassin,
Découvre ta poitrine et frappe-toi le sein ;
Ce beau culte chrétien qui dans Rome réside,
S'il doit périr un jour, c'est par un suicide;
Ce règne d'Ante-Christ, Dieu te le réserva ;
Ainsi, ce que n'ont pu les Dèce, les Nerva,
Les Néron, les Titus, les Trajan, les Galère,
Après dix-huit cents ans un pape doit le faire.
Et tu n'y songes pas, pontife ! tu t'endors
Sous le calme lambris de tes frais corridors;
Au lieu de conjurer l'orage qui commence,
De lier le pécheur au joug de ta clémence,

---

* Les Transtévérins forment à Rome une classe de peuple qui prétend descendre des anciens Romains.

Et de faire tomber, avec des mots d'oubli,
L'hysope du pardon sur Césène et Forli ; [264]
Prêtre machinateur de sanguinaires ruses,
Tu t'es donné pour chef aux brigands des Abruzzes ; [265]
Tes enfants, criminels pour réclamer leurs droits,
Ont trouvé la potence aux deux bras de ta croix ;
Du pieux Vatican l'arsenal symbolique
S'est fait matériel sur la place publique :
Cette fois, à la grâce opposant des refus,
Les foudres de l'Église ont trouvé des affûts ;
Le gonfanon papal, promené dans les rues,
A, pour l'œuvre du ciel, enrôlé des recrues :
Régiments écumés dans les Marais-Pontins,
Des Vêpres de Césène, odieux sacristains,
Ils ont défilé tous aux yeux de Saint-Aulaire ; [266]
Et quels soldats ! Jamais sentine de galère,
Ou chaîne de forçats défilant deux à deux,
Sur le chemin d'un port n'en vit de plus hideux :
C'étaient des spadassins qui portent sur leur face
Ce teint cadavéreux que nul soleil n'efface ;
Des reîtres vagabonds, de bas aventuriers,
Qui sur les grands chemins vont cueillir des lauriers ;
Des héros vendéens, experts aux embuscades ;
Des Suisses, tout brûlés du feu des barricades ;
Des *bravi* redoutés, de Calabre venus,
Sur la pointe des rocs bondissant à pieds nus ;
Des bandits qui, chargeant l'espingole assassine,
Attendent les mylords de Naple à Terracine ;
De sauvages brigands armés de coutelas,

Des sigisbés vieillis, des gitons de prélats,
Posthumes héritiers des cinq villes maudites,[267]
Pour les chances des nuits hideux hermaphrodites;
Voilà ceux que le pape, en style officiel,
Dans Rome a proclamés les défenseurs du ciel!!
Oh! c'est trop!.. Quand le chef de l'Église chrétienne
Cherche aux foyers du crime un bras qui le soutienne;
Lorsque, pour susciter à son Christ des vengeurs,
Il fait un pacte infâme avec les égorgeurs,
La chaire de Saint-Pierre est à jamais dissoute,
De la papauté morte on peut chanter l'absoute;
Le vieux château qui porte un ange aérien[268]
Peut reprendre son nom de Masse-d'Adrien;
Tout est fini dans Rome: une voix bien connue,
Comme aux antiques jours tonnante sous la nue,
Après les dieux d'Olympe expulsant Jéhova,
Fait entendre ce cri funèbre: DIEU S'EN VA!!
C'est toi, pâle vieillard, aux regards hypocrites,
Qui dois justifier ces paroles écrites;
Partout la terre tremble et révèle un volcan:
Crains les ides de Mars, César du Vatican!!![269]

XLVI

L'ÉMIGRATION POLONAISE

AUX VILLES DE L'EST.

19 FÉVRIER 1832.

> *O passi graviora, dabit Deus his quoque finem.*
> VIRGILE.

Quand une heure de deuil, par tant de deuil suivie,
Sonna dans nos cités la mort de Varsovie,
En songeant à ses fils proscrits dans l'univers,
J'écrivis le premier ces prophétiques vers :
« La sainte colonie, arrivant sur nos côtes,
« Retrouvera partout des cœurs compatriotes ;
« Au foyer de la France elle viendra s'asseoir,
« Elle prendra sa coupe à nos tables du soir,
« Et chez notre bon peuple, où tant de vertu brille,
« Chacun, d'un nouveau fils, accroîtra sa famille. » *
Oh ! je songeais à vous, nobles Français du Rhin,

---

* Voir la 25e livraison de *Némésis* intitulée VARSOVIE. C'est la livraison qui a paru le 26 septembre ; elle fut commencée le jour même où nous apprîmes à Paris la prise de l'héroïque ville.

A vous, Metz et Nancy, brave peuple lorrain,[270]
A toi, terre d'honneur qui sers d'hôtellerie
A ces grands pèlerins qui n'ont plus de patrie;
Patronne secourable à d'augustes clients,
Temple d'asile ouvert à tous les suppliants.
O villes qui dormez dans nos murailles fortes,
Sitôt que le malheur vient frapper à vos portes,
Jour ou nuit, à toute heure, une voix lui répond,
On soulève la herse et l'on baisse le pont;
Vous conservez encor dans vos pieux usages
Cette hospitalité des héroïques âges,
Où l'étranger poudreux, objet d'un noble accueil,
Du toit choisi par lui sanctifiait le seuil.
Les Françaises du Rhin, les femmes de la Meuse
Ont lavé les soldats sous l'aiguière écumeuse;
Elles ont essuyé de leurs pieuses mains
Les pieds qu'avaient meurtris les cailloux des chemins;
A ces proscrits courbés sous les douleurs amères,
Elles ont prodigué les soins tendres des mères,
Et jeté dans leur tronc avec un zèle égal,
Le denier de la veuve et l'anneau conjugal;[271]
Et par eux et par nous, femmes soyez bénies.
De nos frères du Nord les peuplades bannies,
A peine en effleurant ce sol hospitalier,
Ont vu quel pacte saint avait su nous lier;
Aux portes de la France elles ont pu connaître
Quel saint amour, dans nous, la Pologne fit naître;
Ah! ce premier accueil a chassé leurs soucis
Et raffermi leurs pieds sur le seuil indécis.

Oh! venez, confiants en vos nobles misères,
Glorieux vagabonds, peuple de Bélisaires,
Voyageurs, renouez votre ceinture aux reins,
Vous trouverez partout des visages lorrains;
Pour vous fournir un toit et veiller sur vos vies,
Oui, toutes nos cités seront des Varsovies ;
Sur l'horizon de France il n'est pas un clocher
Qui ne fasse à vos yeux le signe d'approcher;
Pour réchauffer la nuit la Garde polonaise,
Partout, sous nos lambris, à vos repas du soir,
Sur vos genoux poudreux nos fils viennent s'asseoir.
La ville aux côtes d'or, à l'aiguille ardoisée,*
Dijon, à votre abord, pour vous s'est pavoisée;
Du haut des rocs pendus sur le Val-de-Suzon,
Vous l'avez aperçue au bout de l'horizon,
Jetant au grand chemin, pour recevoir ses hôtes,
Son splendide escadron de jeunes patriotes,
Avec la longue lance appendue au harnais,
Et le luxe attrayant de l'habit polonais.
Jusqu'ici les vainqueurs ont obtenu des fêtes;
Il est temps de voter des honneurs aux défaites:
En face du malheur nul hommage n'est faux;
Nobles vaincus, passez sous les arcs triomphaux!
Quand vous traverserez la France tout entière,
Vous trouverez partout les cœurs de la frontière.

---

* L'admirable aiguille ardoisée de Dijon est connue de tous les voyageurs; elle surmonte tous les autres sommets d'édifices. On la distingue de plusieurs lieues, soit qu'on arrive par la route d'Auxerre ou par celle du Val-de-Suzon.

Les traités d'alliance écrits par les congrès
Dans le cerveau des rois s'éteignent par degrés ;
La trompeuse amitié de la diplomatie
Par l'intérêt des Cours est bientôt obscurcie ;
Mais quand deux peuples grands font des pactes entre eux,
Ils revivent plus beaux dans les jours désastreux.
Polonais qui passez sur nos terres amies,
Venez voir si quinze ans d'un règne d'infamies
Ont arraché des cœurs ce traité d'amitié
Dont nous avons chacun conservé la moitié !
O frères pour toujours ! on s'en souvient encore,
Votre bannière est sœur du drapeau tricolore ;
Au moment des périls vous serriez notre flanc,
L'aigle de l'Empereur aimait votre aigle blanc ;
Votre fidèle armée était notre compagne
Quand nous prenions d'assaut les rochers de l'Espagne,
Et que Somo-Sierra qui plane sur le val,
Par vos jeunes lanciers fut conquise à cheval.*
Dans nos champs de bataille il n'est pas une tombe
Où vous n'ayez fourni votre part d'hécatombe ;
Notre mémoire est forte ; oh ! nous nous souvenons
Qu'une commune flamme allumait nos canons ;
Que le même soleil, sur la cime des tentes,
Colorait le matin nos bannières flottantes,
Quand, aux mêmes bivacs après avoir dormi,

---

* Le nom de Somo-Sierra rappelle le plus beau fait d'armes de la guerre d'Espagne : cette montagne, formidablement retranchée, fut emportée par les lanciers polonais : ils y périrent presque tous. Le général Lejeune a reproduit sur la toile cet épisode si glorieux pour nos frères du Nord.

Nous montions à cheval pour battre l'ennemi.
Tous ces vieux souvenirs de gloire fraternelle
Ont partout dans la France une page éternelle
Écrite sur le roc; dans nos moindres hameaux
On raconte le soir vos héroïques maux;
Il n'est pas de chaumière en la plaine isolée
Qui n'ait sur son vieux mur quelque image collée,
Peignant d'un trait naïf la comtesse Plater,
Ou Poniatowski s'engouffrant dans l'Elster.

O famille étrangère et pourtant si connue,
Viens toute dans nos bras et sois la bienvenue!
Que ton voyage heureux soit libre de souci;
Pour le favoriser l'hiver s'est radouci;
Point de fleuve aujourd'hui près des lieux où tu passes
Qui dans la saison froide amoncelle des glaces;
Point de neige qui tombe et rappelle à ton cœur
Ta déserte patrie où le Russe est vainqueur;
Le vent triste du nord, la brumeuse rafale
N'importunent jamais ta route triomphale;
De nos belles cités, aux heures où tu pars,
Le soleil luit toujours aux adieux des remparts;
C'est que vous êtes saints, c'est que le ciel protége
Et la Pologne et ceux qui lui font un cortège!
C'est que jamais les yeux des hommes d'à présent
Ne virent jusqu'ici tableau plus imposant;
Sauvé par un prodige à travers le carnage,
Un peuple a commencé son grand pèlerinage,
Emportant avec lui, dans ses bras mutilés,

Les pénates vaincus si chers aux exilés,
La croix qui pare encor sa poitrine meurtrie,
Et l'aigle de Praga qui n'a plus de patrie.

On dit que nos vaisseaux, sur les côtes d'Alger,
Porteront les débris de ce peuple étranger;
Que la cité papale où saint Pierre eut un trône,
Avignon, qui se mire à l'eau claire du Rhône,
Accueillant dans ses murs les Polonais errants,
Agrandira pour eux l'hôtel des vétérans.*
Qu'importe sur quel sol, ô sainte colonie,
Tu dois fixer enfin ta course indéfinie!
Soit que vous respiriez sous nos brumeux climats,
Ou dans nos ports du sud tout hérissés de mâts,
Partout, si, sous le poids d'une douleur récente,
On peut sourire loin de sa patrie absente,
Partout vous trouverez les tendres soins promis,
Des cieux sereins, des cœurs, des visages amis.
Un jour, quand sourira la fortune orageuse,
Vous reprendrez encore la tente voyageuse;
Pour vous rendre les biens qu'en vain nous vous offrons,
Le soleil du retour rajeunira vos fronts;
Le Nord verra ses fils revenir en colonne,
Comme le peuple saint tiré de Babylone,
Exilés de Sion qui, jusqu'au jour venu,
Pleurèrent si longtemps sur un fleuve inconnu.

---

* Une succursale de l'hôtel des Invalides est à Avignon.

I.

Le sort, qui de Praga maintenant vous écarte,
A mis entre elle et vous la moitié de la carte;
Courage! sous le ciel il n'est rien de certain;
La parole des rois fléchit sous le destin,
Le hasard est fertile en chances opposées,
Il refoule au néant les choses proposées,
Et chez les affligés, quand l'espoir est perdu,
Il fait jaillir l'éclair d'un bien inattendu;
Pour que votre infortune en bonheur soit changée,
Il faut qu'elle ait atteint son horrible apogée.
C'est fait, soyez contents; le ciel doit être las
De veiller si longtemps au sort d'un Nicolas;
De ses récents exploits que son orgueil se vante;
Moi, pour son avenir son bonheur m'épouvante;
Ce stupide Kalmoück qui n'a rien de l'humain,
S'il monte sur un char, doit verser en chemin;
L'auréole de paix, œuvre des protocoles,
Ne doit pas rejaillir sur des faces mogoles.
La Russie est féconde en désastreux hasards,
Elle connaît le gouffre où vont tomber les czars;
Aux bords de la Néwa, des miasmes putrides
Révèlent le palais des modernes Atrides;
Sur leur lit nuptial le réveil est douteux;
Leur Cour pour les punir n'a pas un pied boiteux;
Un éternel poignard est suspendu par elle;
L'assassinat des czars est leur mort naturelle:
Ces princes ont appris, dans l'alcôve de sang,
Quel droit héréditaire ils gagnent en naissant!..

XLVII

AUX EXPIATEURS DU 21 JANVIER [273]

26 FÉVRIER 1832.

Oui, les sages l'ont dit, même lorsqu'il le faut
L'homme n'a pas le droit de dresser l'échafaud ;
Le sang coule toujours par droit illégitime,
Le bourreau fait un crime en punissant un crime ;
Le vrai juge est en haut : malheur à qui peut voir
Une tête qui tombe au sanglant abattoir !
Pourtant ainsi le veut notre horrible Digeste ;
La justice a gardé son homicide geste ;
C'est une atroce loi ; les publiques clameurs
L'effaceront du code ainsi que de nos mœurs.
Hommes de deuil ! voilà ce que vous devez dire,
En nous citant toujours un auguste martyre ;
Qu'elles tombent du tronc des sujets ou des rois,
Les têtes, à nos yeux, n'ont que le même poids.
Mort sur un échafaud, nous plaignons Louis Seize :
Si sa mort féconda la liberté française,
Nous devons déplorer qu'il ait fallu du sang

Pour cimenter d'abord un empire naissant ;
Mais tout est consommé... Quarante ans d'intermède
A ce malheur public doivent être un remède ;
Quiconque exige encor des regrets et des pleurs
Veut préparer la France à de nouveaux malheurs.

Du deuil! du deuil encore! orateurs hypocrites,
C'est vous qui le votez par des phrases écrites,
Par de fades discours écrits après le bal
Sur l'orchestre mondain d'un bruyant carnaval!
Du deuil! mais votre cœur est un massif de pierre,
Vous n'avez point de pleurs sous la sèche paupière ;
La douleur qui nous tue et brûle notre peau,
Pour vous, c'est l'habit noir et le crêpe au chapeau.
Du deuil! et quels sont ceux dont la sainte tendresse
Vient encor nous montrer l'échafaud qui se dresse ;
Qui, jetant à Louis un larmoyant coup d'œil,
Veulent voter pour nous l'éternité du deuil ?
Écoutez! Quand tomba la France féodale,
Ils n'emportèrent pas le sol à leur sandale;
Fuyant avec orgueil ceux qu'ils avaient trahis,
Ils ne donnèrent rien aux regrets du pays;
On les vit, promenant leur gaîté ridicule,
Des bords de la Néwa, jusqu'au détroit d'Hercule ;
Ils allèrent à Worms, à Coblentz, à Turin,
Chansonner de bons mots le peuple souverain ;
Leur rage s'exhalait en ces pointes légères ;
Déhontés recruteurs des troupes étrangères,
Comme des vivandiers, attachés à leurs pas,

Ils chargeaient leurs fusils et ne les tiraient pas.
Alors, sans trop songer à leur roi légitime,
Sans arroser de pleurs la royale victime,
Oubliant du pays l'insurmontable seuil,
Chaque nuit, dans l'orgie, ils s'enivraient de deuil ;
L'ignoble lansquenet engouffrait leurs pistoles,
Les rois du pharaon étaient seuls leurs idoles,
La débauche, le jeu, les amoureux cartels,
Consolaient ces soutiens du trône et des autels.
Quel frisson de plaisir vivifia leur âme
Quand Janvier leur apprit le régicide drame,
Quand ils eurent connu l'avis officiel,
Que le prêtre avait dit au roi : « Montez au ciel ! » [274]
Car ils eurent dès lors, comme un gage de haine,
La fosse que pour lui creusa la Madeleine ;
Ils se justifiaient de sacriléges vœux
En tirant du cercueil la tête sans cheveux ;
Ils montraient à leurs fils cet éternel trophée ;
Pour nourrir la vengeance en leurs seins étouffée,
A chaque anniversaire ils faisaient ressortir
Le sang liquéfié du monarque martyr.
Puis, quand des rois du Nord l'éphémère victoire
Rouvrit à ces intrus notre saint territoire ;
Quand le fourgon d'exil, si longtemps cahoté,
Ramena dans Paris l'infecte royauté,
Ils vinrent, au sortir de leurs chaises de poste,
Sur la place publique où fuma l'holocauste,
Pour fouiller dans la cendre et, sur un froid tison,
D'un haineux souvenir souffler l'exhalaison.

On contraignit le peuple à pleurer ses victoires :
La France se couvrit d'autels expiatoires;
D'ignobles baladins, recrutés au hasard,
Entonnaient tous les ans la messe de Mozart ;
Chaque temple chrétien, de l'orgue au sanctuaire,
Enveloppait ses murs du linceul mortuaire ;
La chaire résonnait de lamentables cris,
Et le prêtre, tonnant sur nos vieillards proscrits,
Lisait à haute voix, pour instruire l'enfance,
Le testament d'oubli qui rappelait l'offense.
Eh ! qui pleurait alors ? est-ce vous, courtisans,
Radieux d'embonpoint, aux fronts chauds et luisants ?
A qui ferez-vous croire, impudents égoïstes,
Qu'à point nommé ce jour savait vous rendre tristes,
Et que du Luxembourg au vieux quartier du Bac,
Chaque hôtel pour gémir consultait l'almanach ?
Eh bien ! puisque les pleurs sont pour vous nécessaires,
Inventez pour vous seuls d'autres anniversaires ;
Votre Palais des Pairs, au faubourg Saint-Germain,
Sait comment on célèbre un sacrifice humain ;
N'avez-vous pas vos lois et vos cours prévôtales ?
Cherchez des noms, fouillez vos archives fatales,
Un seul peut vous laisser cent ans de repentir :
Le sang de Ney vaut bien celui du roi-martyr.
Expier! nous, le peuple ! ô parole d'impie !
Le peuple est innocent, que veut-on qu'il expie ?
C'est aux rois d'expier, avec leurs courtisans,
Le sang du peuple à flots versé treize cents ans;
Expier ! quand ces rois nous ont ouvert les veines

Des murs de la Rochelle aux villes des Cévennes ;
Quand d'un peuple égorgé le grand spectre endormi
Se réveille au seul nom de Saint-Barthélemy,
Grande chasse royale où sur la chair humaine
Le monarque tira pendant une semaine ;
Quand chaque âge de roi ne présente à mes yeux
Qu'un rougeâtre océan formé par nos aïeux ;
Expier ! quand encor la dynastie absente,
En ouvrant sous nos pieds une tombe récente,
A laissé dans trois jours plus de calamités
Que n'ont fait en trois ans les sanglants comités.

Nobles Pairs ! pesez bien ces dernières paroles :
Le peuple n'est pas fait pour ces indignes rôles ;
Il a pleuré quinze ans pour ses rois ; aujourd'hui
Il est juste, il est temps qu'il pleure un peu sur lui ;
Hélas ! il n'a que trop de douleurs légitimes !
Si les rois à leur tour dénombraient leurs victimes,
Si pour chaque supplice on votait un jour saint,
Il faudrait en voter trois cent soixante-cinq.

LE CHOLÉRA DE LONDRES

Quand il donnait le branle à ses ailes fatales,
Il flairait dans son vol les grandes capitales ;

Sur le chemin de l'air il ne s'égarait pas ;
C'était là qu'il trouvait des tables bien servies,
Des hospices peuplés et des milliers de vies
    A dévorer dans un repas.

Pareil au voyageur à jeun, dont la faim crie,
Qui d'un rapide pas entre à l'hôtellerie,
Saisit les mets offerts et les mange à deux mains,
L'affamé Choléra, dans sa longue tournée,
Signalait, en tombant, sa première journée
    Par un amas de corps humains.

Car le monstre est vorace, un long jeûne l'irrite ;
Mais puis, rassasié, devenu sybarite,
Après les premiers jours, son appétit plus lent
Ne touchait avec choix qu'aux malades d'élite ;
Il laissait dans Praga le turpe israélite
    Pour le catholique opulent.

C'est ainsi qu'il a fait dans son pèlerinage,
Jadis, quand il passait l'Océan à la nage,
Qu'il sautait à pieds joints l'Atlas ou le Liban ;
Comme un leste écuyer, dans le Cercle-Olympique,
Abandonnant la selle et le cheval qu'il pique,
    Franchit une aune de ruban.

Combien il est changé ! le monstre est au régime,
Le géant ne vit plus qu'avec un pain d'azyme ;
Les nerfs sont détendus sur ses bras étouffants ;

Les théâtres railleurs l'ont mis en vaudevilles ;
Et quand d'un pied boiteux il entre dans les villes,
　　Il est sifflé par les enfants.

Oh ! sous notre soleil comme tout dégénère !
Le Choléra s'est fait un monstre débonnaire,
Il ne ronge aujourd'hui qu'un squelette en dînant !
Qui sait ! nous chanterons un jour l'âme si bonne
Du vieux duc de Modène et du roi de Lisbonne,
　　Et la douceur de Ferdinand.

Nous avons recueilli la nouvelle précoce
Du Choléra, venu des montagnes d'Écosse,
Dans Londre épouvanté tombant comme l'éclair ;
Eh bien ! par quels grands coups signalant sa venue,
A-t-il laissé tomber son poison de la nue,
　　A-t-il mis son poignard dans l'air ?

Lisez les bulletins de sa douce campagne :
On croirait lire ceux du Dauphin en Espagne ;
Un mort en quatre jours, six malades en dix !
Dans Holy-Rood, le monstre entrant en Angleterre,
A pris ses nouveaux plans et ses leçons de guerre
　　Auprès du héros de Cadix.

Oh ! non ! c'est qu'il ne faut contre cette endémie
Nul remède inventé par une académie,
Sur lequel la science ait un mois disserté ;
Au lieu des opiats pleins de vertus secrètes,

Il faut pour écarter le monstre de nos têtes
    L'élixir de la liberté!

Oh! non! c'est qu'en touchant le sol d'un peuple libre
Son large pied trébuche et perd son équilibre;
Un air pur tue en lui l'air pestilentiel :
Il recule d'effroi devant les patriotes,
Devant ceux qui jamais n'ont souffert de despotes
    Sur la terre ni dans le ciel.

XLVIII

DON MIGUEL

4 mars 1832.

> Voulez-vous savoir jusqu'à quels excès peuvent conduire les passions, mettez-les dans le cœur d'un puissant.
> *Da posse quantùm volunt.*
> SENÈQUE.

A l'éternel poteau de la haine publique
J'ai cloué de ma main ton cousin catholique;
Némésis évoqua l'avenir menaçant
Devant ce roi dévot qui digère le sang;
Et puisque vous régnez, par un digne partage,
Lui sur la source, et toi sur les bouches du Tage,

Je viens te rendre aussi l'hommage qui t'est dû,
Et de mon vers, sur toi, verser le plomb fondu.

Miguel de Portugal et Ferdinand d'Espagne!
On chercherait en vain vos égaux dans un bagne;
Un forçat subirait comme un indigne affront,
Au lieu du bonnet vert votre couronne au front;
Et vous régnez pourtant! et l'Europe endormie
De vos deux royautés tolère l'infamie!
Et vous ne pliez pas sous cet immense faix
De vols, d'assassinats, de lubriques forfaits!
Et peut-être, la nuit, votre poitrine est calme!
Ah! si jamais du crime on décernait la palme,
Le choix serait douteux, car leur droit est égal:
L'Espagne est un gibet comme le Portugal;
Le crime est pour ce couple une monomanie :
L'un en a l'habitude et l'autre le génie;
Ferdinand, endurci comme un Torquemada, [276]
Pour ses œuvres de mort consulte un agenda;
Il sait ceux qu'aux cachots sa clémence destine,
Le meurtre n'est pour lui qu'un métier de routine.
Don Miguel semble encore à son premier début:
Il conserve le goût de tout le sang qu'il but.
C'est peu que de sa main il signe une sentence,
Il aime à caresser le bois d'une potence;
Son friand odorat flaire l'exhalaison
Du sang tiède et fumant qu'éponge le gazon;
Il rend grâces à Dieu d'une faveur insigne,
Quand trente condamnés, rangés sur une ligne,

Lentement ajustés par un tireur adroit,
Tombent du même coup, frappés au même endroit;
Il veut parodier dans son petit domaine
Les Césars dépravés de l'histoire romaine,
Ces rois qui combinaient, par un instinct puissant,
La double volupté de l'amour et du sang,
Et dont les longues nuits d'une horreur monotone
Rougissent l'in-quarto qu'écrivit Suétone.
Car Miguel a compris ces forfaits désastreux
Dont les rois pervertis n'osent parler entre eux;
Son génie a percé tous les hideux mystères;
Il connaît l'excitant des crimes adultères,
Il sait comment il faut raviver les ennuis
D'une chair qui se blase en de fangeuses nuits ;
Il sait quel élixir de voluptés royales
On savoure à mêler les baisers et les râles,
Les parfums du gibet, du boudoir, de l'encens;
A promener ses doigts teints de meurtres récents
Sur des seins convulsifs, sur des cheveux de femme,
Qu'aux portes du palais une mère réclame.
Oh! laissez-le vieillir dans l'antre de Quélus,
Toujours mêlant le crime à son triple angélus,
De madère et de sang la lèvre diaprée,
Et ce sera Tibère à l'île de Caprée.
Il voudra, rappelant des forfaits trop connus,
Nager dans son bassin avec des enfants nus ;
Pour ses bains échauffants commander à l'esclave
Une horrible saignée où le meurtre se lave ;
Se redonner ainsi, par un horrible instinct,

La factice vigueur d'un désir qui s'éteint,
Et devant Bemposta que le grand fleuve arrose,
Parmi le blanc jasmin et le doux laurier-rose,
Étrangler de plaisir les vierges à deux mains,
Sur un lit embaumé de cadavres humains.

Mais ces monstres royaux ne sont plus de notre âge ;
Éphémère qu'il soit, leur règne est un outrage ;
Ce Miguel, que le ciel est si lent à punir,
Est un anachronisme, il est temps d'en finir ;
Ces contrastes de cour ne sont plus nécessaires.
Oh ! la France déjà l'avait pris dans ses serres,
Elle avait remonté le Tage, [277] et dans ses eaux
La flotte tricolore avait mis ses réseaux ;
C'est alors qu'il fallait, du fond du marécage,
Ramener à Paris l'hyène dans sa cage,
Et de son corps impur, pour terrible leçon,
Au tyran espagnol envoyer un tronçon.
Mais non ! il s'est joué de nos promesses vaines ;
Qu'attend-on ? que Lisbonne ait épuisé ses veines ;
Que son zèle ait atteint les suprêmes moments ;
Que le Tage au lieu d'or roule des ossements ?
O que lente est la Cour ! sa prudence homicide
Par un bond généreux jamais ne se décide ;
Nos conseillers d'État, nos sages de palais,
Au Portugal qui meurt opposent leurs délais,
Et quand leurs pieds boiteux toucheront la frontière,
Ce sol ne sera plus qu'un désert cimetière.

Le jour où don Pedro, noble encor dans l'exil,
Arrivant tout brûlé du soleil du Brésil,
Vint réclamer ses droits, légitime héritage,
Il aurait dû d'abord s'arrêter sur le Tage,
Parler en empereur à son frère insolent ;
Non : la diplomatie a le geste plus lent ;
Voyageur curieux, comme autrefois Ulysse,
Il est venu pour voir nos mœurs, notre police ;
L'ennuyé spectateur a pris à l'Opéra
Une loge pour six que le budget paîra ;
Il a su consommer ses heures indolentes
A parcourir à pied notre Jardin des Plantes,
A se montrer au peuple avec son grand cordon,
De Meudon à Paris, de Paris à Meudon ;
Puis, quand pour voir Lisbonne et le plus doux des frères,
Il allait s'embarquer, les vents étaient contraires ;
Comme au temps d'Ilion, l'ancre à la dent de fer
Retenait son vaisseau sur l'immobile mer ;
Enfin, sans immoler une autre Iphigénie,
Sans écouter Calchas et son mauvais génie,
La flotte que Miguel si longtemps réclama
Est partie, emportant les neveux de Gama,
Mais voguant à tâtons, indécise sur l'onde,
Comme s'il lui fallait trouver un nouveau monde.
Quel sera son destin ? un jour nous le saurons :
Que le flot du cap Vert brise ses avirons,
Ou que le vent heureux qui souffle des Açores
La pousse dans les ports où descendaient les Mores,
Don Miguel doit tomber ; il faut que tôt ou tard

Pédro mette à ses pieds l'Étéocle bâtard, * ²⁷⁸
Ou que dans son palais un poignard énergique
Donne un héros de plus à la muse tragique;
Car ce qu'on n'a point vu depuis quatre mille ans
Sur ce globe qui marche avec des pas si lents,
C'est un tyran qui fait par humeur sanguinaire
Moisson de ses sujets et les broie à son aire;
Qui, pour rendre la force à des sens viciés,
Frotte son épiderme aux corps suppliciés;
Qui prend ses voluptés comme une bête fauve,
Et puis, sous les rideaux de sa paisible alcôve,
Devant son héritier qui de douleur pâlit,
Comme un heureux vieillard expire dans son lit.

On dit que Ferdinand, sublime extravagance!
Arme pour secourir la maison de Bragance;
Que provoquant l'Europe en duel inégal,
Il se fait protecteur du roi de Portugal;
Ferdinand! qui rendait par-jour mille ordonnances
Pour restaurer enfin l'état de ses finances,
Sans que le cri menteur de ses royaux édits
Pût au vide trésor fondre un maravédis!
Ferdinand! de Miguel cet insolvable émule,
Qui pour ses cavaliers n'a pas même une mule,
Et qui dans les *Sierras*, des vallons aux sommets,
Recrute des soldats qu'il ne solde jamais!

* *Étéocle et Polinice*, frères ennemis, héros de la *Thébaïde*.

Effronté don Quichotte! impudent matamore! *
Il efface tous ceux que Lopez remémore ; [279]
Il veut livrer bataille avec l'obus de plomb
Extrait du brigantin de Christophe Colomb ! **
Cherchez, en feuilletant l'Arioste ou Cervante,
Quelque trait fanfaron qu'un fol orgueil invente,
Qu'on puisse en parallèle opposer maintenant
Aux comiques apprêts dont parle Ferdinand.
Qui sait où peut conduire un accès de folie ?
Ferdinand croit peut-être aux faux bruits qu'il publie ;
Plaise à Dieu que l'orgueil, ou le ciel le poussant,
Il apportât son aide à son frère de sang,
Et que le jour venu des tempêtes prochaines
Vît les deux monstres-rois liés aux mêmes chaînes,
Comme deux taureaux noirs, holocauste odieux,
Que l'Euxin immolait pour apaiser les dieux !

Nous luira-t-il enfin ce jour de sacrifice ?
La main manquera-t-elle à ce pieux office ?
Il faut, tant qu'ils vivront, que tout cœur généreux
Élève incessamment l'anathème sur eux ;
Que notre juste haine en tous lieux se propage,
Qu'elle soit dans tout livre écrite à toute page !
Il en est temps, enfin ; ce couple de Nérons
Souille, à travers les mers, l'air que nous respirons.
Et moi, poëte fort, active sentinelle,

* Le capitan-matamore est le personnage de rigueur dans les vieilles comédies espagnoles.
* Relique conservée dans l'arsenal de Séville.

Je vous fatiguerai de ma plainte éternelle,
Ferdinand! don Miguel! deux effroyables noms,
Deux têtes à rouler aux bouches des canons;
Qu'on plante, pour finir leurs noires existences,
La croix; c'est leur gibet, car elle a deux potences;
Que la peine de mort s'efface de nos lois,
Le jour où l'échafaud sacrera ces deux rois.

XLIX

LES TROIS COULEURS EN ITALIE

AUX PATRIOTES DE LA ROMAGNE.

11 mars 1832.

> Voilà les Sarrasins!
> CARDINAL BERNETTI.

Oh! le bonheur a lui sur vos nobles figures,
Enfants des vieux Latins! saluez les augures,
Déposez à l'instant un deuil silencieux,
L'oiseau de la victoire a passé dans vos cieux!
Arc-en-ciel du bonheur, propice météore!
Vos palais se sont teints d'un reflet tricolore,
Un éclair a doré les rivages amis;

Voilà le Spartacus que je vous ai promis ! *
Savez-vous que jamais, depuis cet âge antique
Où glissait la trirème au flot adriatique;
Depuis que Duilius, sur sa nef, oscilla **
Dans le syrte aboyant de Charybde et Scylla;
Depuis que le Troyen guidait sa flotte errante
Des bouches du Timave au golfe de Tarente,
Jamais les vents qu'Éole enchaîne sous ses lois
N'ont soufflé plus heureux du rivage gaulois,
N'ont en moins de soleils, sous la voile docile,
Montrant à des vaisseaux l'angulaire Sicile,
Secondé, sans retard, leur vol aérien
Sur les flots tourmentés du golfe d'Adrien !
Ne vous étonnez point quand l'agile carène
S'avance mollement sur la mer de Tyrrhène,
Et qu'une voix lui dit : « Cours, on t'attend demain
« Sur l'autre mer qui baigne un rivage romain. »
Oh ! sur la haute poupe un cri de joie éclate,
On arbore la flamme au reflet écarlate,
Le vaisseau, sous un ciel ou pur ou nuageux,
Vole, comme un cheval, aux olympiques jeux,
Et dans le port lointain, entrant voile tendue,
Montre aux fils de Brutus la France inattendue.

* Allusion aux vers prophétiques qui se trouvent dans la *Némésis* sur l'Italie.

** Caius Duilius, créateur de la marine romaine, dans la première guerre punique. On lui érigea une colonne rostrale. Il fit construire les premières galères romaines d'après le modèle d'une trirème carthaginoise échouée sur les côtes d'Italie.

Ainsi, que ce drapeau que vous voyez dans l'air
Ne brille qu'un moment comme un rapide éclair ;
Qu'une erreur favorable et bientôt reconnue
L'ait fait au même jour descendre de la nue,
Soyez toujours contents, car vous avez appris
De quel zèle pour vous nos vaisseaux sont épris ;
Vous savez aujourd'hui, si la Romagne pleure,
Qu'un vaisseau de Toulon file vingt nœuds à l'heure,
Et qu'on peut maintenant, comme l'a fait Gallois, 280
Vous porter en deux jours l'aigle ou le coq gaulois.
Et puis, s'il faut encor que la noble Italie
Dans la tasse d'affronts boive jusqu'à la lie,
N'est-ce pas que, ce signe, un instant arboré,
A réjoui vos cœurs comme un songe doré ?
Que des pleurs ont noyé votre noble paupière
En le voyant planer sur les clefs de Saint-Pierre ?
N'est-ce pas que l'écho du rivage latin,
Que le flot de la nuit, que le vent du matin,
Ont, pour le saluer, passant sur l'Ausonie,
Inventé dans ce jour quelque sainte harmonie,
Un de ces grands accords d'instruments et de voix
Qu'on n'entend que chez vous pour la première fois ?
Nous l'avons recueilli sur l'opposé rivage,
Ce chant qui consolait le sol de l'esclavage,
Quand vous êtes venus, en cortége joyeux,
Pour bénir l'étendard et le voir de vos yeux.
Quel beau concours ! Jamais, depuis son moyen âge,
Rome n'a vu passer plus saint pèlerinage ;
Jamais relique auguste enlevée au tombeau

N'aligna sur ce sol un cortége plus beau ;
Comme aux antiques jours des fêtes Éleusines,
Soit des faubourgs lointains, soit des cités voisines,
Les vieillards et leurs fils se sont levés la nuit
Pour voir à l'horizon l'astre nouveau qui luit :
C'est qu'un large trésor de joie et d'espérance
Est pour vous en réserve au drapeau de la France ;
C'est qu'aux peuples captifs son vol jamais ne ment,
Et que pour le bonheur de le voir un moment
Vous avez oublié vos récentes injures,
Vous avez vu dans lui de propices augures,
Et que vos nobles voix, qui venaient le bénir,
N'étaient que l'ouverture à vos chants d'avenir.

Oh ! les a-t-il troublés au fond de leur conclave,
Tous ces hommes de sang que l'eau bénite lave,
Ces louches cardinaux, ces odieux prélats,
Qui sous le froc impur ceignent le coutelas ;
Qui, d'un dieu de pardon implacables vicaires,
Jettent l'or de l'Église à d'infâmes sicaires ;
Et ce pape orgueilleux, ce saint bourreau qui rend
Aux mains de ses légats les verges d'Hildebrand ;
Et ce noir Albani, [281] son horrible concierge,
Tout suant des parfums de l'absoute et du cierge,
Qui, dans le long tableau des Saints italiens,
N'a choisi pour patron que Saint-Pierre-aux-liens ?
Quel bruit dut éclater dans leur hideux cénacle
Quand ils eurent appris ce terrible miracle,
Que les saints gonds, scellés d'apostoliques sceaux,

Venaient d'être rompus au vol de nos vaisseaux ;
Qu'une cité papale, au Saint-Siége fidèle,
Avait des trois couleurs paré sa citadelle,
Et que, sans nul effroi, tous les peuples voisins
Étaient venus bénir les nouveaux Sarrasins !
Oh ! qu'ils doivent avoir publié de neuvaines
Du rivage d'Ostie aux couvents de Ravennes !
De combien de canons, tous pointés au hasard,
Ont-ils dû foudroyer notre impie étendard,
Ce fantôme d'enfer, cette impure Gorgone
Qui se hissait debout sur le vieux fort d'Ancône ?
Il aurait fallu voir dans les couvents romains
Les moines consternés, au ciel levant les mains,
Pâles, lui demandant dans leur vive prière
De courber l'arc-en-ciel sur la barque de Pierre,
D'entr'ouvrir la nuée à l'Ange aérien
Qui dans les noires nuits frappe le Syrien.

Et voilà ce qui doit vous consoler encore !
En voyant s'éclipser votre Dieu tricolore;
Nobles enfants, au moins, vous avez tous appris
Quelle terreur il donne à vos pères conscrits ; *
Combien il faudra peu, dans les chances prochaines,
Pour briser en un jour d'apostoliques chaînes,
Pour renverser au sol ce géant vermoulu
Sur l'Évangile saint qu'il n'avait jamais lu.

* Les cardinaux sont aujourd'hui les *pères conscrits* de Rome : *patres conscripti*. Ces parodistes n'attendront pas les Gaulois sur leurs chaises curules.

Oh! pourquoi cet esprit qui dessèche notre âme,
Qui de notre Juillet a glacé le beau drame,
Dans son élan distrait, généreux à demi,
Montre encor quelque égard au pontife ennemi?
Ce que vous attendez serait fait à cette heure ;
Quand de notre départ votre beau pays pleure,
Vous auriez aujourd'hui sur votre sol romain
Les biens qu'on vous promet pour un douteux demain,
Mille de nous, tombés des rocs adriatiques,
Foulant la grande voie aux ornières antiques,
Remuant de leurs mains l'ossuaire tiédi
D'Arcole, du Tésin, de Mantoue et Lodi,
Portant le drapeau saint et la triple cocarde,
Marchant à votre front comme votre avant-garde,
Mille auraient écrasé les soldats d'Albani,
Expulsé les Germains, et tout serait fini.

S'il faut qu'au Latium son âge d'or renaisse,
Fleur de ce beau pays, bouillonnante jeunesse,
Crois que, pour conquérir ce destin où tu cours,
Mille et notre drapeau seront tes seuls secours ;
Ces appuis suffiront à la fière Italie ;
D'un soutien trop puissant la vertu s'humilie :
Il faut que tout l'honneur du triomphe promis
Ne soit point partagé, même avec des amis.
C'est ce qui sera fait : avant que tu succombes,
Tu dois revoir encor des Gallois et des Combes, *

---

* Deux noms d'une illustration improvisée, qui sont en ce moment dans la bouche de tous les patriotes italiens. Le capitaine de vaisseau Gallois,

Qui, sur ton sol fermé pour s'ouvrir un chemin,
Marchent vers des créneaux une hache à la main,
Et, nobles transgresseurs de la loi sanitaire,
Sans le rameau d'olive et sans parlementaire,
Sans recourir, la nuit, à des propos oiseux,
Dans les villes du pape entrent comme chez eux.
Mais ce que l'impossible a mis dans son domaine,
Ce qu'on ne verra pas sur la terre romaine,
C'est un soldat de France, assistant vos bandits,
Prêter une main forte à de sanglants édits,
Et debout, l'arme au bras devant leur sacristie,
Protéger contre vous le gibet d'amnistie.
Oh! non, ne craignez pas que nos fiers bataillons
A la bouche qui parle apportent des bâillons;
Non, le tiède Pouvoir dont le doigt nous gouverne
N'a pas signé le pacte au fond d'une caverne;
Un reste de pudeur, aux murs capitolins,
N'a pas mêlé la France avec les Papalins;
Quel ministre oserait, dans cette ignoble lice,
Transformer nos soldats en sergents de police?
Si jamais dans la honte on descendait si bas,
Si, trompant leur instinct qui les pousse aux combats,
Accordant à l'Église une lâche assistance,
On les mettait de garde au pied d'une potence,
Ces hommes que Juillet a faits intelligents
Ne reconnaîtraient plus des ordres outrageants,

marin d'un courage homérique, frère du colonel Gallois, mon compatriote et mon ami, qui vient de se couvrir de gloire en Pologne.

M. Combe, colonel du 66e de ligne.

Et brisant d'Albani les droits illégitimes,
Ils pendraient les bourreaux au gibet des victimes.

L

LE PANTHÉON FRANÇAIS [282]

18 MARS 1832.

> Aux grands hommes la patrie reconnaissante.
> (*Inscription.*)

Tous les dieux sont partis : par leurs trames occultes,
Les prêtres aveuglés ont tué tous les cultes ;
Le sacerdoce impur, de la foi négligent,
N'a jamais vénéré que l'autel de l'argent ;
Mêlé dans les tripots des choses politiques,
Il a perdu sa grâce et ses vertus antiques ;
Le peuple méfiant s'est éloigné de lui,
Et de son vieux pouvoir le dernier jour a lui.
Eh bien ! pour secouer la stupeur où nous sommes,
Inaugurons enfin le culte des grands hommes ;
Oui, puisqu'il reste encore dans nos cœurs abattus
Quelque germe d'amour pour les hautes vertus ;

Puisqu'un grand nom, surgi des dernières tempêtes,
Prononcé devant nous exalte encor nos têtes,
Fondons un nouveau temple où ces noms adorés
Reçoivent l'auréole et les rayons dorés.
Il ne faut point ici, comme on le croit sans doute,
Que des parfums d'encens montent vers une voûte ;
Qu'on arbore aux piliers de soyeux gonfanons ;
Qu'un concile profane invente des canons,
Et qu'à l'autel central du nouvel édifice,
Des ministres en frac récitent un office :
Ce serait dérisoire, et le public bon sens
Rejetterait bien loin ce culte et cet encens.

Ce qu'il faut, c'est ce culte et ces simples hommages
Dont on aime à parer les illustres images ;
Quelques modestes blocs ciselés dans les monts,
Qui peignent à nos yeux tous ceux que nous aimons,
Tous ceux qui furent grands dans la grande patrie,
Et qu'entoure à jamais un culte de latrie.
Dès que l'absolutisme étend ses bras pesants,
Au marchepied du trône on voit les courtisans
Inventant chaque jour quelques projets serviles
Pour modeler des rois sur les places des villes,
Pour couler en airain, après de longs travaux,
Tous ces Caligula montés sur leurs chevaux. *
Ils ne les cachent pas sous la voûte d'un temple ;

---

* Si la restauration eût affligé quinze ans encore la France, nous aurions vu s'élever insensiblement dans Paris les soixante-huit rois de notre triste histoire.

Ils veulent que partout le peuple les contemple :
Dans ce vaste Paris on les trouve en chemin
Sous le pourpoint français ou le manteau romain. *
Et les rois auraient seuls le privilége auguste
D'étaler en public leur cheval et leur buste !
Et le peuple aujourd'hui demanderait en vain
Non pas l'apothéose et le culte divin,
Mais ces grands souvenirs, ces honneurs symboliques
Qu'on accorde aux tyrans sur nos places publiques !
Rome républicaine avait pour ses enfants
Des piédestaux publics, des socles triomphants ;
Dans ses longs carrefours, sur les quais de son fleuve,
Sur les frais réservoirs où la foule s'abreuve,
En porphyre, en airain, en marbre de Paros,
Elle dressait partout l'image des héros ;
Partout on contemplait dans l'éternelle ville
Tout un peuple agité sous un peuple immobile, **
Tant la reconnaissance avait fait des autels
A de grands citoyens, à tous ces dieux mortels !
Dans ces heureux climats où la douce lumière
Conserve au marbre blanc sa pureté première,
Ils n'auraient pas voulu dans des temples couverts
Serrer ces demi-dieux qu'adora l'univers ;
Et Rome, avec son peuple et ses mille statues,

---

* Le Louis XIV de la place des Victoires est en costume d'empereur romain ; mais sur les bas-reliefs il est ciselé avec l'habit et la coiffure ridicules qu'il avait adoptés à Versailles.

** *Ces statues qui ressemblent à un peuple immobile au milieu d'un peuple agité.* (M. DE CHATEAUBRIAND, *les Martyrs*. Description de Rome ancienne.)

23.

Était un Panthéon de places et de rues.
Ces grands hommes des arts, des cités et des camps,
Marbres tout pleins de vie, aux regards éloquents,
Touchante galerie, histoire ciselée,
Dominant de vingt pieds la foule amoncelée.
Sur les chemins publics donnaient aux spectateurs
Des leçons de vertu bien mieux que des rhéteurs.

Ces usages anciens ne vont plus à notre âge ;
Sous notre ciel de brume et nos climats d'orage,
Les marbres en plein air, étalés dans Paris,
N'auraient après vingt ans que des dehors flétris.
C'est au Panthéon seul, dans son auguste enceinte,
Que nous devons placer cette famille sainte,
Tous ces grands citoyens aux magnifiques noms
Que nous avons aimés, dont nous nous souvenons,
Ces colosses de gloire, objets d'idolâtrie,
Dont la vie ou la mort illustra leur patrie.
Ce sublime projet, si touchant pour nos cœurs,
A trouvé le sarcasme et les rires moqueurs ;
Ces hommes glorieux de haute renommée,
Au sénat, ont subi la toise du pygmée ;
De stupides tribuns, installés sur le seuil,
Ont refusé le temple à l'immortel cercueil,
Et dans de longs débats, par un honteux partage,
De ces illustres morts contesté l'héritage. *
Les plats dissertateurs ont longtemps ballotté

* Voici la déplorable séance où cette question a été débattue à la Chambre des Députés.

Les noms déjà promis à l'immortalité ;
Sur leur comptoir de juif une avare balance
A pesé le grand homme et la reconnaissance,
Puis, mettant par ennui les vertus au rejet,
Ils ont voulu savoir ce que pèse un budget.
Eh ! qu'attendre de mieux de ces âmes gâtées ?
Le culte de la gloire a trouvé ses athées ;
Raisonneurs de tribune, ils n'ont jamais compris
L'enthousiasme saint qui brûle nos esprits,
Ils se sont fait le droit, dans leur aréopage,
D'écrire ou d'effacer sur l'éternelle page ;
Ils ont cru qu'ils pouvaient, sur les bancs du milieu,
Comme on vote un impôt, voter un demi-dieu ;
Qu'avant de consacrer ce poétique culte,
Le peuple bénévole est là qui les consulte,
Et que, représentant les vulgaires humains,
La clef du Panthéon est livrée à leurs mains.
Eh quoi ! pour députer un tribun taciturne
Qui dépose en bâillant une boule dans l'urne,
Qui discute l'impôt du tabac et du sel,
On convoque à grands frais le vote universel
Pour élever un homme à ces hauts priviléges
La France électorale inonde les colléges ;
Le plus obscur hameau, le bourg le plus lointain
En séance publique écrit son bulletin ;
Et quand il faut toucher à de plus saintes choses,
Ressusciter les morts par des apothéoses,
Bâtir un temple auguste à leurs mânes errants,
Rassembler tous ces noms que la vertu fit grands,

Enchâsser en un lieu toute sainte relique
De l'ère impériale ou de la république,
Savoir s'il est permis d'ouvrir le Panthéon
A l'ombre de celui qui fut Napoléon !
Quoi ! nos petits tribuns, sous la haute coupole,
De la divinité feraient le monopole !
Quoi ! deux cents inconnus, qu'on nous jeta sans choix,
Dans ce vote sublime auraient seuls une voix !
Quoi ! pour rendre la vie à ce grand cimetière
On n'appellerait pas la France tout entière !
Allez ! contentez-vous de parler savamment
Sur le procès-verbal et sur le règlement,
Hommes au cerveau calme, au pouls mathématique ;
Brodez en plats sermons la sèche politique,
Riez d'un rire absurde, en vos ennuis pesants,
Aux mots de vos Odry que vous croyez plaisants,
Et que les incidents qui brillent dans vos thèses
Soient marqués au journal avec des parenthèses ;
Mais bien vite abdiquez vos profanes desseins
D'organiser pour nous le culte de nos saints :
Le centre du sénat est-il si pur qu'il ose
Par assis et levé voter l'apothéose,
Et de ses électeurs les profanes mandats
Ont-ils donné pouvoir sur ces grands candidats ?

Non, tous ces géants morts, pléiades de nos gloires,
N'ont rien à démêler avec vos boules noires ;
Si nos froids orateurs, inscrits par numéros,
Venaient discourir pour ou contre nos héros ;

Si nos Cuvier touchaient à ces nobles fossiles,
On croirait voir encor ces absurdes conciles
Où deux noirs avocats, sur un point divisés,
S'échauffaient en deux sens pour les saints proposés. *
Oh! non, croyez-le bien, un si large scandale
N'éclatera jamais dans cette capitale;
Tous nos grands citoyens, exhumés des tombeaux,
N'iront point s'enfouir dans vos procès verbaux :
Des honneurs faits par vous seraient trop éphémères.
C'est la France, assemblée en comices primaires,
Qui, seule, en élevant sa virginale voix,
Peut indiquer leur marche aux funèbres convois,
Et rendre au Panthéon, dans ses cérémonies,
Quelque cadavre illustre extrait des gémonies;
C'est la France qui, seule, en des jours triomphants,
Change en robe de lin le deuil de ses enfants,
Les venge d'un affront et les réhabilite,
Arrondit l'auréole à tous les morts d'élite,
Et d'un noble martyr pleurant le jour fatal,
L'inscrit sur sa légende ou sur un piédestal.
Ici point de discours, ni fade polémique,
Ni scrutin orageux, ni chance académique,
Rien de ce qui pollue un véritable nom :
La France, au Champ-de-Mars, l'œil sur le Panthéon,
Par cent mille des siens enfin représentée
Ne nous jetterait point de gloire ballotée;

---

* On sait que dans les affaires de canonisations, deux *avocats* sont nommés d'office par le Saint-Siége pour attaquer et défendre le *bienheureux* pour lequel on postule le titre de *saint*.

Par un vote soudain et d'unanimes cris
Elle confirmerait tous les votes écrits ;
Essayez une fois, en guise de prémices,
De jeter un seul nom à ces nobles comices,
Un seul nom, le plus beau que l'histoire sauva,
Un nom étincelant : Ney de la Moscowa !
Qu'au pied du Panthéon ce grand nom retentisse
Tout glorieux des coups d'une infâme justice ;
Oh ! mille chars d'airain, volant sur leurs essieux,
Descendraient pour porter sa grande image aux cieux ;
Une chaîne de mains coupant la ville entière,
Du Panthéon ouvert au lointain cimetière,
Comme un coup électrique irait au même instant
Transporter le corps saint au dôme qui l'attend ;
Eh bien ! ce même nom d'auréole si grande,
Le premier à bénir sur la sainte légende.
Si l'on voulait savoir à quels degrés si bas
La tribune est tombée en d'ignobles débats ;
Ce nom, qu'on le prononce en face de ces hommes
Qui du large budget comptent si bien les sommes,
Par un ordre du jour nonchalamment voté
Ils le rejetteront à l'unanimité :
Car ces honteux amis du pouvoir légitime
Ont respecté le bill qui frappe la victime,
Ils savent les égards dus au noble faubourg,
Et que le Panthéon est près du Luxembourg.

LI

L'OBÉLISQUE ET LA COLONNE

25 mars 1832.

La tristesse est partout; l'espérance se brise;
Chaque soleil levé semble attendre une crise;
Notre avenir d'un jour est douteux; le pouvoir
Seul trouve le secret de vivre sans rien voir.
Il gouverne au hasard mais rendons-lui justice:
Que de l'est au midi l'émeute retentisse;
Qu'on aperçoive enfin, sur tous les horizons,
Que régiments lassés changeant de garnisons,
Résignés, guerroyant autour de chaque ville
Pour nous sauver l'horreur d'une guerre civile,
Toujours ce bon Pouvoir, qui nous gouverne ainsi,
De nos plaisirs d'enfants prend généreux souci;
A nos amusements il jette une pâture,
Il nous donne en avril un salon de peinture,
Et nous fait préparer aux déserts de Memphis
Un obélisque nain qu'admireront nos fils.

Pour des soins si touchants, grâces lui soient rendues!
Ces merveilles du Nil, elles nous étaient dues;
Un muséum de sphinx nous séduit et nous plaît,
Encore un obélisque et nous l'aurons complet :
Bénit soit l'écrivain qui chaque jour révèle,
Pour calmer nos douleurs cette grande nouvelle!

Oh! loin, bien loin de moi d'injurieux dédains!
Il est beau d'élever dans nos publics jardins
Ces sphinx mystérieux, ces dieux de granit-rose
Empruntés au désert que le vieux Nil arrose,
Ces graves Anubis à tête de lion,
Ces énigmes que lut notre Champollion, [283]
Ces alphabets conquis à travers tant de risques,
Et que notre œil épelle au fût des obélisques.
Cette mode est ancienne, aussi, dans ses grands jours,
Rome, que nous aimons et qu'on cite toujours,
Partout, au Champ-de-Mars, au cirque, à l'Hippodrome,
Mêlait les dieux d'Égypte aux dieux sauveurs de Rome,
Et, comme deux géants qui se donnent la main,
L'aiguille de Luxor touchait le fût romain.*
Mais nos puissants aïeux ont des enfants étiques;
Nous ne pouvons rouler les colosses antiques,
Notre levier est faible ; imitateurs mesquins,
Quand nous avons conquis aux sables africains
Quelque petit colosse orné d'hiéroglyphes,
Un gnomon, quelque sphinx mutilé sur ses griffes ;

---

* *Ces obélisques ravis à l'Égypte.* (*Les Martyrs*, description de Rome ancienne.)

Quand un fardier pesant traîné par vingt chevaux
L'a porté sous le Louvre après mille travaux,
Alors l'haleine manque, un obscur reliquaire
Engloutit les trésors de Memphis et du Caire ;
Paris ne les voit pas ; les nobles dieux du Nil,
Gardant l'incognito, gisent dans un chenil.*

Et pendant que cet or, l'or du contribuable,
S'enfouit, pour des sphinx, dans les déserts de sable,
Qu'il va payer bien loin, dans les mains d'un pacha,
Quelque obélisque noir que Cambyse coucha,
Que le trésor public est encore à la gêne,
Les monuments tronqués du génie indigène,
Informes, désolant l'architecte aux abois,
Vieillissent tous, sans naître, en leur cloison de bois.
Eh! de grâce, arrachez leur enveloppe obscène
A ces blocs avortés aux deux bords de la Seine,
Puis, dites aux savants de prendre leur essor
Pour aller conquérir des pierres à Luxor.
Quoi! depuis près d'un an un ministre se pique
De nous faire un trésor au-delà du tropique ;
De traîner à grands frais une aiguille sans nom
Sur le sable où s'assied l'harmonieux Memnon ;
Il explore Memphis, Luxor et Babylone,

---

* Pour ne citer que deux exemples à l'appui, il suffira de rappeler le zodiaque de Denderah et le grand sphinx de granit rose. On sait qu'arrivés depuis bien des années, ils devaient embellir, l'un le Louvre, et l'autre quelque grande place publique. Hélas! on voit, ou, pour mieux dire, on ne voit pas le fameux zodiaque dans une salle obscure et basse de la Bibliothèque du Roi : il en coûte deux francs de gratification. Le grand sphinx est relégué dans une basse-cour du Louvre où personne ne le voit.

Et chez nous, dans Paris, l'immortelle colonne
Au statuaire adroit, au fondeur breveté,
Montre depuis vingt mois son fût décapité![284]
D'Argout, qui vers le Nil prend souci d'un atome,
Ignore ce qu'on fait sur la place Vendôme,
Et si son Phidias sur sa colonne a mis
Notre Empereur d'airain qu'on nous avait promis!
Quoi! les journaux savants de notre ministère
Sur ce noble projet s'obstinent à se taire;
Ils ne nous disent rien, eux qui, tous les matins,
A l'aiguille thébaine ouvrent leurs bulletins,
Et comptent avec soin, dans une longue phrase,
Tous les grains du désert que le colosse écrase,
Lorsque, déraciné de son haut piédestal,
Il se traîne pour fuir le rivage natal!
Cette aiguille est vouée à des honneurs insignes;
Mais nous ne savons pas si, dans *l'île des Cygnes*,[285]
Pour nous rendre au Cinq Mai le don qui nous est dû,
Le bronze impérial dans le moule est fondu.
O têtes de malheur, par la crainte bridées,
Vous n'accouchez jamais que de fausses idées;
Destructeurs du bon sens qui, d'un regard si fier
Démentez aujourd'hui vos promesses d'hier,
Et louvoyez au vent qui vient de la Tamise,
Rendez-nous donc enfin notre image promise;
Replacez sur le bronze, où l'appellent nos cris,
L'Homme de l'univers et le Dieu de Paris,
L'Empereur éternel qui, dans cette Palmyre,
Sema la colonnade et tout ce qu'on admire.

N'est-ce pas honte à vous? le Cinq Mai revenu
Ainsi qu'au dernier an verra le bronze nu,
Et le vent portera, des deux rives du fleuve,
Sa plainte anniversaire à la colonne veuve !
Cette dette d'honneur est à vous, payez-la !
Cet airain solennel qu'un Blücher mutila,
Ce livre déroulé de notre grande histoire
N'a que trop attendu l'hommage expiatoire.
Et, quand ce sera fait, alors, que vos savants
Cherchent des muséums aux coins des quatre vents,
Dans les dunes de feu, dans les plaines humides,
Qu'ils enlèvent des sphinx avec des pyramides,
Qu'ils apportent l'Égypte et son désert flottant ;
Mais le Cinq Mai va luire et la colonne attend !..

LE CHOUAN

C'est un martyr promis à la foi catholique :
Il se signe d'horreur au mot de république,
Se pâme au souvenir du bon temps féodal,
Installe sa caserne au centre d'une cure,
Choisit pour ses patrons Bernier, Stoffet, Lescure,
  Bourmont et Georges Cadoudal.

Jugé par contumace aux dernières assises,
Il promène au hasard ses courses indécises

D'Angers au Morbihan, de Bressuire à Cholet;
Dieu protége d'en haut sa vie aventurière;
Rien ne manque ici-bas à qui fait sa prière
  Et marche avec un pistolet.

Homme simple de mœurs, il a dans ses usages
Cette innocence d'or digne des premiers âges;
Le chapelet en main, dans ses nocturnes jeux,
Il étrangle en riant la vierge qu'il déflore,
Ou rôtit par les pieds un maire tricolore
  Qui donna retraite à des Bleus.

C'est un saint; chaque nuit, escorté de ses braves,
Du citoyen paisible il défonce les caves,
Sanctifie, en buvant, de sacriléges vins;
Il sait qu'il gagnera de larges indulgences
S'il pointe son fusil au front des diligences,
  S'il ensanglante les ravins.

Pour conserver le culte et la foi de ses pères,
Il prend son domicile au fond des noirs repaires
Où l'on ne dit jamais ni messes, ni sermons;
Et pendant qu'on célèbre, à la lueur du cierge,
Sous le clocher natal l'office de la Vierge,
  Il vogue par vaux et par monts.

Dans la liste des noms qu'il honore et qu'il aime,
Il n'a que Charles-Dix et le duc d'Angoulême,
Et puis ce jeune lis de tant suave odeur;
Il suspend à son cou l'authentique médaille

Qui montre Éliacin dans sa petite taille.
Et sa merveilleuse laideur.

Oh! pour ce vagabond jamais assez d'éloges,
Jamais assez de place aux saints martyrologes;
Qu'on le béatifie au premier sanhédrin,
Odorant comme Job, pauvre comme saint Labre,
Bon comme un trafiquant des forêts de Calabre,
Royaliste comme Mandrin.

Ministres tout-puissants dont le bras nous gouverne,
Bien! veillez sur ce preux dans sa sainte caverne,
Que la marge du fisc vienne essuyer ses pleurs;
Voilà le vrai Français, avec ses mœurs civiles;
Jamais il n'alluma d'émeute dans les villes,
Et ne porta les trois couleurs.

A MM. LES SOUSCRIPTEURS.

C'est avec un profond sentiment de regret que l'Auteur annonce le dernier terme de la *Némésis*. Il a lutté pendant un an contre les chicanes du Parquet et les sourdes tracasseries de la Direction des Domaines; il continuerait encore sa tâche pénible à travers tant d'épineuses difficultés; mais exténué par ses veilles continues, averti par le délabrement de ses forces physiques; il lui serait impossible de poursuivre ses publications. Le succès rapide et imprévu de cette entreprise, l'honorable confiance qui l'avait accueillie, aggravent encore la douleur de ce sacrifice. M. Barthélemy prie ses fidèles souscripteurs d'agréer l'expression de sa vive et éternelle gratitude.

Némésis cessera de paraître après la 52ᵉ livraison.

Les personnes qui auraient payé un excédant de souscription voudront bien se présenter au bureau de *Némésis* pendant tout le mois, à partir du 2 avril prochain; elles seront remboursées sur l'exhibition de leurs quittances d'abonnement.

LII

ÉPILOGUE

1er AVRIL 1832.

Tandem opus exegi.
Ovide.

J'ai promis, j'ai tenu : le poëte s'en vante ;
Douze mois ont passé sur *Némésis* vivante,
Et cinquante-deux fois mes feuilles de vélin
Ont transmis sans retard l'oracle sibyllin :
C'est l'instant du repos ; je sais ce qu'il en coûte
A composer des chants que la patrie écoute ;
Ce qu'un pâle poëte, en son calme réduit,
Verse de gouttes d'huile aux lampes de la nuit,
Et ce qu'il faut de vers, de rimes, d'harmonie
Pour fixer au chevet l'éternelle insomnie.
Heureux les écrivains, du public inconnus,
Qui, dans cette cité, vinrent pauvres et nus !
Effroi des éditeurs et fléaux des libraires,
Ils ont tiré leur gloire à cinquante exemplaires ;

ÉPILOGUE

Depuis on les a vus, furetant les salons,
Armés de leurs vers froids, de leurs poëmes longs,
Baisant toutes les mains avec leur bouche amie,
Marchant incognito droit à l'Académie,
Et là, le regard fier, la poitrine en avant,
Caressant à leur cou le cordon du savant.
Ils sont heureux : ils ont des honneurs et des rentes,
Des tapis d'Aubusson, des tables odorantes,
Un tabouret en Cour, une loge à Favart,
Un landau vernissé connu du boulevart ;
Ils ont tout : c'est pour eux que notre vie est faite ;
L'année, en leurs hôtels, n'est qu'un long jour de fête ;
S'ils meurent, le discours d'un désolé parent
Révèle leur génie au public ignorant.

Mais nous, nous, Parias, coupables de jeunesse,
Avant que sur nos fronts un âge d'or renaisse ;
Avant que nos douleurs et nos cris entendus
Arrachent au destin les biens qui nous sont dus,
Nos cheveux blanchiront, et le sang de nos veines
Opposera sa glace aux jouissances vaines ;
C'en est fait, tous ces biens qu'on implore à genoux,
Ces trésors sont à ceux qui vinrent avant nous.
Qu'importe que parfois, dans un jour de justice,
Comme un son glorieux notre nom retentisse ;
Que le public qui juge, et juge toujours bien,
Nous préfère aux savants qui ne produisent rien !
Le bonheur sur nos toits fond-il d'un vol agile ?
Dore-t-il, de sa main, nos pénates d'argile ?

Non, non, toujours à nous les soucis trop cuisants
Que le vent domestique apporte tous les ans :
Toujours à nous ces soins qu'une vie inquiète
Rassemble chaque jour au foyer du poëte ;
A nous les longs procès sans justice et sans bout, *
Les fétides prisons où le choléra bout,
Tous les cahotements, tous les projets arides
Qui lézardent nos fronts de soucieuses rides.
J'aurais pu, moi poëte, après le grand Juillet,
Quand nul reflet de honte encor ne nous souillait,
J'aurais pu, leur montrant ma blessure moins vive,
Demander un peu d'or et ma part de convive,
Et négligeant le peuple abandonné par eux,
M'asseoir au grand festin près des hommes heureux ;
Non : soldat des Trois-Jours, et le cœur dans l'attente,
Soucieux, je voulus ne pas ployer ma tente,
M'assurer l'avenir, et détendre à demi
Mon arc retentissant connu de l'ennemi.
Puis, j'armai *Némésis* et combattis près d'elle ;
Tout un cours de soleil elle me fut fidèle ;
Comme d'un creux d'enfer j'arrachai de son sein
Ces clameurs qui partout vibraient comme un tocsin ;

---

* Comme j'écris ces lignes, j'apprends que la Cour royale de Rouen, ne faisant pas droit à mon opposition, m'a condamné par arrêt définitif. Si je ne connaissais toutes les vieilles ruses de la basoche normande, je ne saurais comment qualifier un si étrange jugement. Mes juges allèguent sans doute que le droit coutumier de leur litigieuse ville n'est pas du tout conforme aux usages du palais de Paris: quand on a un droit coutumier si absurde, on devrait au moins le faire signifier par huissier avant de condamner un poëte ; ce serait là, ce me semble, le droit coutumier du bon sens qui en vaut bien un autre. Quel malheur que le bon sens soit toujours en opposition avec les lois!

Pour rendre aux yeux de tous chaque exemple notoire,
Au milieu du forum j'installai mon prétoire ;
Là, mieux que Desmortiers, juré, juge et licteur,
J'ai traîné tout coupable au siége accusateur,
Point de pacte honteux, de faveur subreptice :
Je leur ai fait à tous bonne et prompte justice,
J'ai surtout poursuivi ces attentats flagrants
Qui semblent hors d'atteinte à force d'être grands ;
A ces hommes d'État, par qui le peuple souffre ;
J'ai collé sur la peau la chemise de soufre ;²⁸⁶
Loin de moi ces égards, ces charitables soins
D'écrire au lieu d'un nom une étoile et des points !
Sur un large poteau, de mes mains prévôtales,
J'ai placardé tout nom en lettres capitales,
Et jamais, en voyant ces terribles apprêts,
L'équitable public n'a hué mes arrêts.

Oh ! pourquoi délaisser une œuvre interrompue ?
Némésis de vengeance est-elle assez repue ?
De tout grand criminel, de tout lâche Sinon
A-t-elle démasqué l'infamie et le nom ?
Non, sans doute, elle aurait une proie abondante,
Dût-elle encor dix ans ouvrir sa chambre ardente :
Chaque semaine abonde en noires trahisons,
Le poëte aurait fait surgir des livraisons,
Autant que le Trésor émarge sur ses listes
D'honoraires chouans, de sous-préfets carlistes,
De magistrats vendus au monarque écossais,
Autant que Chaix-d'Estange a perdu de procès ;²⁸⁷

24

Mais le cratère s'use en prodiguant sa lave ;
L'enveloppe du corps retient l'âme en esclave,
Elle suit pas à pas son maître faiblissant,
L'homme, enfin, on l'a dit, n'est qu'un roseau pensant :
Je fléchis ; soutenu par des forces meilleures,
Du nocturne cadran j'ai trop compté les heures ;
L'aube a vu trop souvent, quand Paris sommeillait,
Mes doigts laborieux errants sur un feuillet ;
J'ai couché tout un an au bivac poétique,
Il est temps de dormir au chevet domestique ;
Qu'ai-je dit ? déroulant douze pages d'airain
L'histoire paternelle appelle mon burin. *
Là, du moins, sans armer de risibles colères,
J'obtiendrai le pardon pour mes chants populaires ;
Les voraces requins de l'Enregistrement
Ne viendront plus chez moi chercher leur aliment ;
Je n'ameuterai plus sur ma muse hardie
Les juges de la Seine et de la Normandie ; [288]
Les scandaleux débats, les honteux guet-apens,
Qui depuis douze mois éveillent ses serpents.
Ah ! j'avais deviné les clameurs que s'attire
L'audacieux frondeur qui lance une satire ;
Le vice est chatouilleux ; pour lui plaire il fallait
Mettre un parfum de fiel dans un vase de lait ;
Teindre de vermillon ma vierge sibylline ;
Draper son corps velu de blanche mousseline,
Donner à *Némésis*, quatre jours chaque mois ;

---

* Allusion aux Douze Journées de la Révolution.

Le corsage de guêpe et le gant de chamois;
Il fallait me rasseoir sur les bancs du jeune âge,
Exhumer de Boileau l'élégant badinage,
Critiquer en riant mes confrères rivaux
Avec le ton exquis du galant Marivaux,
Prendre au collet un nom dans la littérature,
Un nom comme Quinault, d'éternelle pâture,
Et le bien torturer, et le tordre en tous sens,
Et comme un cri banal le jeter aux passants.
Non, ma noble satire, avec des goûts contraires,
Environna d'amour les hommes littéraires ;
Elle n'a point troublé d'un injurieux vers
Les noms contemporains par la gloire couverts;
Elle eut toujours des fleurs pour les illustres têtes,
Pour le front des guerriers, pour le front des poëtes,
Et descendue enfin de son griffon sans mors,
Ma *Némésis* abdique, et n'a point de remords.

Un autre surgira; déjà, près de me taire,
J'appelle de mes vœux un nouveau sagittaire,
Le champ de la satire est long à défricher;
Je remets mon carquois aux mains d'un autre archer;
Qu'un heureux successeur descende dans ma lice,
L'arc que j'ai déposé n'est pas celui d'Ulysse,
Tout jeune homme au doigt fort, qui sent sa puberté,
Comme moi peut le tendre au cri de liberté.
Il me faut maintenant, pour retremper ma vie,
Pour ressaisir la paix au poëte ravie,
Il me faut ce doux bruit que fait sur les essieux

La roue, aux clous de fer, roulant sous d'autres cieux;
Il me faut au printemps ce vent frais qui restaure
Et joue au grand chemin dans les plis de la store,
Et ces panoramas que l'argile prison
Déroule à chaque instant au changeant horizon.
Oh! quand j'aurai revu les collines aimées,
Les îles de parfum sur mon golfe semées, [290]
Les bois harmonieux, dont le feuillage amer
Imite avec sa voix l'orchestre de la mer,
Alors, si revient l'heure où tout homme se lève,
Où l'on fait de sa plume une pointe de glaive ;
Si, pour venger encor les droits du peuple enfreints,
Il faut mettre sur pied un corps d'alexandrins,
Je prendrai de nouveau le casque et la cuirasse ;
Dans l'arène battue où j'imprimai ma trace,
Je viendrai, comme Entelle, aux yeux des combattants
Roidir un bras connu qui combattit sept ans.

FIN

NOTES

Nous reproduisons, sans les modifier, les notes telles qu'elles accompagnent les premières éditions. Ces notes portent, comme l'ouvrage lui-même, l'empreinte de l'époque; il faut se souvenir seulement que le mot *aujourd'hui* et le temps présent des verbes, s'appliquent aux années 1834 et 1835.

PROSPECTUS-SPÉCIMEN.

¹.Sur l'estrade pompeuse où déclame Persil.

M. Persil, aujourd'hui garde des sceaux, était alors procureur général.

² Siégez, grâce à Dupin, sur d'éternels fauteuils.

Lors de la discussion relative aux modifications de la Charte de 1830, M. Duris-Dufresne fit une proposition qui attaquait l'inamovibilité des juges. M. Dupin combattit vivement l'opinion de l'honorable député de l'Indre, et les juges furent déclarés inamovibles à une grande majorité.

³ . . . . L'argousin de Toulon.

On appelait jadis *argousins* les hommes préposés à la garde des forçats; on les nomme aujourd'hui *gardes-chiourme*. Le nom d'*argousin* ne se donne plus qu'à ceux qui accompagnent les condamnés dans le trajet de la prison aux bagnes.

⁴ De Montrouge au pouvoir j'ai flétri les mystères.

Voir *les Jésuites*, poëme de Barthélemy et Méry.

⁵ Le parti doctrinaire a fait son treize mars.

13 mars 1831, date du ministère formé et présidé par Casimir Périer.

⁶ Ceux qui des fédérés coagulent le zèle :
Paulze-Ivoy dans le Rhône et Sers dans la Moselle.

Une sorte de fédération, de ligue révolutionnaire, se forma dans plusieurs departements, peu de temps après la révolution, dans le but de déclarer les Bourbons à jamais exclus du territoire français. MM. Paulze-d'Ivoy, préfet du Rhône, et Sers, préfet de la Moselle, s'opposèrent à cet élan.

⁷ J'entrerai dans le vide habité par Voltaire.

Le Théâtre-Français. La statue de Voltaire, chef-d'œuvre d'Houdon, orne le péristyle de ce théâtre.

⁸ Chez Guizot ou Collard, auditeur débonnaire,
Je n'ai jamais froissé le sofa doctrinaire.

Le canapé de la doctrine est une expression devenue proverbiale. Elle vient de ce que les doctrinaires étaient en si petit nombre qu'on prétendait qu'ils pourraient tous tenir sur un canapé.

⁸* Et ma place encor chaude à Sainte-Pélagie.

Le 29 juillet 1829, M. Barthélemy fut condamné à trois mois de prison et à 1,000 fr. d'amende pour son poëme intitulé : *le Fils de l'Homme*.

I. — LE MINISTÈRE.

⁹ Desmortier va fouiller à la Conciergerie.

M. Desmortiers, procureur du roi,

NOTES

¹⁰ Je puis porter la main sur CASIMIR PREMIER.

Casimir Périer, président du conseil.

¹¹ D'Argout incendia le trapeau tricolore.

M. d'Argout, étant préfet des Basses-Pyrénées, aurait fait, dit-on, un auto-da-fé du drapeau tricolore. Cette assertion de M. Barthélemy donna lieu à une action judiciaire, dans laquelle le poëte fut condamné.

¹² Et vit depuis quatre ans sur son tiers de victoire.

La bataille de Navarin, où M. de Rigny avait pour collègues l'amiral anglais Codrington et l'amiral russe Heyden.

¹³ Mais qu'à fait ce visir. . . . .

Casimir Périer.

¹⁴ Le cierge avait coulé sur ses parements d'or.

Sous la restauration, M. le maréchal Soult était un des habitués les plus fervents de l'église Saint-Thomas-d'Aquin. On dit même qu'il suivit un jour la procession, un cierge à la main.

¹⁴* Laborde, Aymé, Barrot, Stourm, Bouchotte, Lamarque.

M. de Laborde, aide de camp du roi et conseiller d'État, M. Dubois-Aymé, directeur des douanes; M. Odilon-Barrot, conseiller d'État; M. Stourm, substitut près le tribunal de première instance de Paris; M. Bouchotte, maire de Metz, et M. le lieutenant général Lamarque, commandant supérieur du département de l'Ouest, furent tous révoqués de leurs fonctions le 1ᵉʳ avril.

¹⁴** Des paquebots suspects croisent devant Calais.

Quelques alarmistes avaient répandu le bruit, à cette époque, que la famille déchue avisait aux moyens d'opérer un débarquement en France.

II. — MA DISGRACE OFFICIELLE.

¹⁵ L'annuel traitement. . . . .

M. Barthélemy avait 1,500 fr. de pension sur les fonds inscrits au budget au profit des gens de lettres. M. d'Argout, ministre du commerce, les lui supprima dès le premier numéro de *Némésis*.

¹⁶ En dépit de Cuvier. . . . .

M. le baron Cuvier, directeur du Jardin des Plantes, enlevé aux sciences dans le mois de mai 1832.

¹⁷ L'algébrique Dupin. . . . .

M. le baron Charles Dupin, frère cadet de M. Dupin, président de la Chambre des Députés.

¹⁸ Le nommé Villemain, si maltraité dans l'Eure,
Ne fera plus de cours à trois cents francs par heure.

M. Villemain est professeur d'éloquence française à la faculté des lettres; il touche six mille francs par an pour faire faire son cours par un suppléant.

SONGE DE CHARLES-DIX.

¹⁹ Au milieu de son île, où manque un Hudson-Love.

Sir Hudson-Love, gouverneur de l'île Sainte-Hélène lorsque Napoléon habitait cette île, sera éternellement en exécration par les rigueurs qu'il exerça envers son illustre prisonnier.

²⁰ Les Pampelune et les Bellart.

Deux grands pourvoyeurs de cachots sous la Restauration : les *Persil* de l'époque. M. Bellart, procureur général, a attaché à son nom une fatale célébrité en portant la parole devant la Cour des Pairs contre le maréchal Ney.

NOTES 429

²¹ Aux martyrs de Saumur, à ceux de la Rochelle.

La conspiration de Saumur, dont le général Berton était le chef, et celle de la Rochelle, si connue sous le nom de *conspiration des quatre sergents*.

²¹ * VENDREDI 15 AVRIL. — QUATRE HEURES.

Le 15 avril 1831, après dix jours de débats, le jury a acquitté à l'unanimité les dix-huit accusés du complot tendant à renverser le gouvernement ; etc., etc.

III. — LA CHAMBRE DES DÉPUTÉS.

²² L'Hôpital et Sully. . . . .

Le péristyle de la Chambre des Députés, qui fait face au pont de la Révolution, est orné de statues ciselées par Houdon. Les statues de L'Hôpital et de Sully s'y font principalement remarquer.

²³ S'alignent encaissés les greffiers de la presse.

La tribune des journalistes.

²⁴ Là, du sénat français siégent les *tricoteuses*.

Allusion à ces femmes qui ne manquaient pas une séance de la Convention, et qui, pour ne pas perdre leur temps, y apportaient toutes leurs aiguilles à tricoter.

²⁵ Les Thil, les Duvergier. . . . .

M. Duvergier de Hauranne, député de la Seine-Inférieure, mort le 19 août 1831. Celui qui siége maintenant à la Chambre, aux bancs ministériels, est son fils, député du Cher, jeune adepte de la doctrine, petit faiseur très-remuant et très-nul.

²⁶ Le vieux Rouget de l'Isle, au sein de l'Athénée,
Tuméfia sa joue à jamais profanée.

M. Rouget de l'Isle, auteur de *la Marseillaise*, fit pendant longtemps un cours à l'Athénée. C'est là qu'il se porta envers Casimir Périer à des voies de fait dont le célèbre banquier ne demanda pas raison. On voit que, dès cette époque, Casimir Périer était partisan de la paix à tout prix.

[27] Cherche de tous côtés l'obligeant Malitourne.

M. Malitourne, ancien rédacteur en chef du *Messager des Chambres*, employé depuis dans le cabinet des divers ministres qui se sont succédé à l'intérieur, passe pour être fort utile à ses patrons, dans l'élucubration des discours qui, à défaut de raisonnements, veulent de l'esprit et du style.

[28] Les voraces captifs qu'alimente Cuvier.

M. le baron Cuvier, alors directeur du Jardin des Plantes.

[29] A défaut de l'horloge absente des murailles.

Il n'y a pas d'horloge dans la salle des séances de la Chambre des députés. On a craint, sans doute, l'influence de l'heure du dîner.

IV. — LA STATUE DE NAPOLÉON.

[30] Le bronze impérial de la place octogone.

La colonne de la place Vendôme.

[31] Lorsque trois lis honteux, sauvés par ordonnance,
Osèrent refleurir au champ d'une maison,
L'ordonnance du peuple effaça leur blason.

Quelque temps encore après la Révolution, les panneaux de la voiture du roi supportaient les trois fleurs de lis qu'on avait cru devoir y laisser comme faisant partie des armes du monarque. Le peuple, furieux de voir que le roi qu'il s'était choisi, conservait l'emblème d'une royauté qu'il avait renversée, se précipita sur la voiture et en effaça l'odieuse image. Depuis cette époque, les trois fleurs de lis ont disparu de toutes les voitures royales.

³² Prévenez dans cinq jours l'édit qui l'inaugure.

Ce n'est que le 5 mai 1833, douzième anniversaire de la mort de Napoléon, que sa statue fut replacée sur l'immortelle colonne.

³³ Au temple de Dagon disparût enfermée.

C'est dans le temple de Dagon, le premier de leurs dieux, que les Philistins déposèrent l'arche sainte, après l'avoir conquise sur Israël.

V. — L'EXIL DES BOURBONS.

³⁴ . . . . Allez, Bizien, et vous, Noailles,
. . . .
Réveiller chez les Pairs Fitz-Jame et Sesmaisons.

Dans la séance de la Chambre des Députés, du 15 mars 1831, M. Baude, ex-préfet de police, fit une proposition tendante à ce que Charles X, ses descendants et alliés de ses descendants fussent bannis à perpétuité du territoire français; qu'ils ne pussent y acquérir, à titre onéreux ou gratuit, aucun bien, y jouir d'aucune rente ou pension; qu'ils fussent tenus de vendre, dans les six mois qui suivraient la promulgation de la loi, tous les biens, sans exception, qu'ils possèderaient en France, et que, faute par eux d'effectuer cette vente, il y fût procédé par l'administration des Domaines. MM. Bizien et Alexis de Noailles votèrent contre cette proposition.

³⁵ Ingrats, vous attendiez jusqu'aux ides d'avril...

C'est au mois d'avril que la loi sur l'exil des Bourbons, adoptée par la Chambre des Députés, fut soumise à la délibération de la Chambre des Pairs. MM. Fitz-James, Sesmaisons, Dreux-Brézé et quelques autres se prononcèrent énergiquement contre cette mesure.

³⁶ Peuplés dévotement par Latil et Damas.

M. le cardinal de Latil, archevêque de Reims, et M. le duc

de Damas, gouverneur du duc de Bordeaux, ont accompagné la famille royale dans son exil.

³⁷ Et lui montre la croix qu'un ministre français...

Walter Scott fut décoré par M. de Corbière. On ne dit pas si les considérants de l'ordonnance font mention de l'*Histoire de Napoléon.*

³⁸ Dans le sein d'une veuve incarné par mystère.

Quelques personnes ont prétendu que la duchesse de Berri n'avait jamais été enceinte; d'autres ont dit qu'elle était accouchée d'une fille, à laquelle on avait substitué un garçon.

³⁹ Ce jeune Éliacin que, d'un infâme sceau,
Tharin et Frayssinous flétrirent au berceau.

M. l'abbé Tharin, précepteur du duc de Bordeaux, et M. l'abbé Frayssinous, évêque d'Hermopolis, grand-directeur des consciences royales.

⁴⁰ . . . . Tigellins blasonnés.

Tigellin était le ministre et le favori de Néron.

VI. — LES CROIX D'HONNEUR.

⁴¹ Marchangy la cueillit sous l'herbe de Clamart.

M. de Marchangy, avocat général sous la Restauration, porta la parole dans un grand nombre de procès politiques, et toujours avec une véhémence qui sied mal à un magistrat. L'affaire des quatre sergents de la Rochelle surtout ne fera jamais prononcer son nom qu'avec un sentiment pénible.

⁴² Sur le dôme de plomb. . . . .

Le dôme des Tuileries.

⁴³ Tombant du haut commerce au plus humble métier.

M. d'Argout, ministre du commerce à cette époque, fit, dans ses jours de naissance, un abus scandaleux de la croix.

⁴⁴ Il fait baiser la croix aux juifs du tabernacle,
Et pour leur rembourser d'illicites profits...

Dans les larges distributions des croix d'honneur, Casimir Périer n'eut garde d'oublier les meneurs de la Bourse, avec lesquels sa dignité de président du conseil, ayant le télégraphe, le mettait incessamment en rapport.

⁴⁵ Dans l'hôtel Mont-Thabor..........

Le ministère des finances.

⁴⁶ Dans sa froide boutique asphyxia Canel.

M. Urbain Canel, libraire très-fécond.

⁴⁷ Le frère de Guizot et le fils de Collard.

M. J. J. Guizot, maître des requêtes, et M. Hippolyte Royer-Collard, chef de la division du cabinet au ministère de l'Instruction publique.

⁴⁸ Le sauveur de Dupin..........

M. Dupin dénonça devant la Chambre un prétendu guet-apens dont il aurait été victime de la part de quelques hommes qui seraient venus chez lui pour l'assassiner. Un sergent de la garde nationale, accouru au bruit, fut décoré quelque temps après cet événement.

⁴⁹ Pradier qui des rasoirs vend la poudre mordante.

Célèbre coutelier, au Palais-Royal.

⁵⁰ L'ami du dey d'Alger, l'exotique Busnack.

Fondé de pouvoir du dey d'Alger à Paris.

⁵¹ Et le profond Beuchot qui fait un almanach.

Nous avons inutilement cherché un almanach de la composition de M. Beuchot. L'auteur a, sans doute voulu parler du *Journal de la Librairie*, dont M. Beuchot est rédacteur-propriétaire, et qui, *littérairement* parlant, peut être assimilé à un almanach.

25

52 . . . . Que le duc de Tarente.

Le maréchal Macdonald, alors grand chancelier de la Légion d'honneur.

VII. — LE DINER DIPLOMATIQUE.

53 Il est doux d'habiter l'hôtel des Capucines !

Le ministère des affaires étrangères est situé à l'angle du boulevard de la Madeleine et de la rue Neuve-des-Capucines.

54 Lui qui, sur le Bosphore, étudia longtemps
La liberté française au palais des Sultans.

M. le général Sébastiani a été longtemps ambassadeur à Constantinople.

55 . . . . Les trois frères hébreux.

MM. Rostchild.

56 Seigneurs, dit Appony. . . . .

M. le comte d'Appony, ambassadeur d'Autriche.

57 Refuse d'enterrer un évêque encore vif.

M. l'abbé Grégoire, ancien évêque de Blois. L'autorité ecclésiastique refusa les prières de la communion catholique à cet ancien prince de l'église.

58 Contre le droit des gens a fracassé mes vitres.

Un nombreux rassemblement se porta vers l'hôtel de l'ambassadeur russe, à l'occasion des événements de la Pologne, et en brisa toutes les vitres à coups de pierres.

59 . . . . . Soudain le Corse et l'abbé financier.

Le général Sébastiani, ministre des affaires étrangères, et l'abbé Louis, ministre des finances.

NOTES 435

⁶⁰ D'un seul coup j'ai cassé Bernard et Larréguy.

M. Bernard, préfet du Var, et M. Larréguy, préfet de Vaucluse, destitués tous les deux par M. Casimir Périer, le 14 mai. M. Larréguy eut en échange la préfecture de la Charente.

VIII. — LES ÉLECTIONS.

⁶¹ Bernard dans le repos est allé s'endormir.

M. Joseph Bernard, ex-préfet du Var, destitué par Casimir Périer.

⁶² Le noble Larréguy, suspect à Casimir,
Va noyer sa ferveur dans la molle Charente.

M. Larréguy passa de la préfecture de Vaucluse à celle de la Charente.

⁶³ Et la ville sans nom. . . . .
Marseille.

⁶⁴ . . . . Foudras entrant en lice.

M. Foudras, directeur général de la police au ministère de l'intérieur.

⁶⁵ Voici le trente-un mai !. . . . .
Anniversaire de la chute des Girondins.

⁶⁶ . . . . . Ces renégats, héritiers des Trois-Cents.

Les trois cents députés de M. de Villèle à la Chambre de 1827.

⁶⁷ La feuille de Bertin. . . . .
Le *Journal des Débats*.

⁶⁸ Au visa de Mangin elle soumit sa carte.
Le *Journal des Débats* fut une des feuilles qui ne protes-

tèrent point contre les ordonnances de Charles X, et qui ne parurent pas pendant les trois journées de juillet.

69 IX. — LE TIMBRE.

Némésis inquiétait trop les hommes du pouvoir pour qu'ils ne cherchassent pas, par tous les moyens possibles, à susciter des embarras à son auteur. L'obligation du timbre fut un des obstacles par lesquels on voulut entraver sa marche; forcé, après une inutile résistance, de se conformer aux exigences du fisc, M. Barthélemy marqua ses livraisons de l'estampille royale, et le public se chargea de l'indemniser des frais extraordinaires qu'il lui fallut dès lors supporter.

70 Mathieu le publicain. . . . .

Receveur du timbre.

71 . . . . . Il a pris sans consulter Buffon,
Pour un dos de brebis le dos de mon griffon.

En tête de chaque numéro de *Némésis hebdomadaire*, une gravure sur bois représentait la déesse emportée dans les airs, par un griffon.

72 . . . . A mes Dominicales.

Némésis paraissait tous les dimanches.

73 . . . . Chez Laiter se restaure.

Laiter était un fameux restaurateur, à l'angle des rues de Castiglione et de Rivoli. Il paraît que le voisinage du Trésor ne lui a pas porté bonheur, car il a été forcé de fermer boutique.

74 Imprime sur mes vers l'ongle de Céléno.

Céléno est une des harpies.

75 Où Salvandy se vautre à côté de Bertin.

M. Salvandy est l'un des rédacteurs du *Journal des Débats*, dont MM. Bertin l'aîné et Bertin-de-Vaux sont les principaux propriétaires.

X. — LA JUSTICE DU PEUPLE.

⁷⁶ Tous compilant l'histoire avec la même main,
Depuis le vieux Strabon jusqu'au froid Villemain.

M. Villemain est auteur d'une *Histoire de Cromwell*, qui faisait dire à un de nos académiciens les plus spirituels que la réputation de M. Villemain avait commencé sous Napoléon et avait fini sous Cromwell.

⁷⁷ Aristide le Juste est le Collard antique,
Il fut élu sept fois dans les bourgs de l'Attique.

Aux élections de 1831, M. Royer-Collard fut nommé dans sept colléges.

⁷⁸ Oh! si, comme Guizot, faisant un cours d'histoire.

M. Guizot cumule son titre de ministre avec le titre de titulaire de la chaire d'histoire, à la faculté des lettres.

⁷⁹ Prunelle de Lyon a détourné les yeux.

M. le docteur Prunelle, député, et maire de la ville de Lyon.

⁸⁰ Les Périer de Vizille . . . .
. . . .
Ont traîné leur comptoir dans les cryptes d'Anzin.

MM. Périer, originaires de Vizille, dans le département de l'Isère, sont propriétaires des mines d'Anzin, et c'est, dit-on, ce qui est cause que la Belgique n'a pas été réunie à la France. Cette réunion, que les Belges eux-mêmes appelaient de tous leurs vœux lorsqu'ils eurent secoué le joug de Guillaume, comme nous avions secoué celui de Charles X, semblait être une conséquence toute naturelle des événements. Mais si elle eût eu lieu, la houille que l'on extrait des mines fécondes de la Belgique, à plus bas prix qu'en France, se fût répandue sans droit d'entrée dans nos départements, et les produits d'Anzin eussent diminué de moitié. La royauté de Léopold peut donc être considérée comme émanée d'un hectolitre de charbon.

XI. — AU ROI.

⁸¹ Là, règne un proconsul............

M. Thomas, ex-avocat, préfet des Bouches-du-Rhône.

⁸² Il sait que de Franchet la meute reparue.

M. Franchet fut longtemps directeur de la police générale sous la Restauration. C'était un des plus fervents apôtres du jésuitisme en robe courte.

⁸³ Sur des seins avilis éclabousse l'honneur.

Allusion aux croix d'honneur, dont on a fait une si large curée depuis quatre ans.

⁸⁴ Si les cris fraternels d'un peuple agonisant
Nous somment de payer une dette de sang.

Allusion aux Polonais, nos anciens et braves alliés, qui réclamaient à grands cris l'intervention protectrice de la France.

⁸⁵ Ces généreux Lorrains............

Lors du voyage de Louis-Philippe en Lorraine, la garde nationale de Metz adressa au roi d'énergiques observations. Le roi prit fort mal la démarche de ces braves citoyens, et leur dit qu'il était venu pour recevoir des hommages et non pas des leçons.

⁸⁶ Entre le peuple et toi trouve les hallebardes.

Allusion au mot de Charles X, qui, lors de son avénement au trône, dit aux gardes qui empêchaient le peuple d'approcher de sa personne : « *Laissez, laissez; entre mon peuple et moi, plus de hallebardes !* »

87 Demande des respects et non pas des leçons.

Voir plus haut, la note 5.

88 Retourne de Varenne. . . . .

Allusion à Louis XVI, et à son retour de Varenne.

XII. — LE POETE ET L'ÉMEUTE.

89 J'ai lu cette chronique. . . . .

Notre-Dame de Paris, cet admirable ouvrage de Victor Hugo.

90 Et dans les *Souvenirs* qu'avec grâce il récite.

Les Souvenirs de la Révolution, livre d'un puissant intérêt.

91 . . . . L'effroyable Satan
  Que l'enfer de Poissy révélait à Fontan.

Lorsque la révolution de 1830 éclata, M. Fontan était à Poissy où il subissait l'emprisonnement de cinq ans auquel il avait été condamné pour un article inséré dans l'*Album* sous le titre du *Mouton enragé*. M. Fontan adoucissait les horreurs de son cachot par des travaux littéraires, et il est possible que ce soit là qu'il ait commencé son drame du *Moine*, emprunté au célèbre roman de Lewis.

92 Je n'ai pu diriger le vol de mon griffon.

Allusion au griffon qui, ainsi que nous l'avons dit plus haut, servait de vignette à la *Némésis* hebdomadaire.

93 Où Langlois, chaque nuit, meurt auprès d'une *Morte*.

M. Langlois, directeur du théâtre des Nouveautés, théâtre abandonné du public, venait de faire jouer un drame de M. Ancelot, intitulé *la Morte*.

94 Jamais l'hôtel Lubbert ne m'abrita le soir.

M. Lubbert, alors directeur de l'Opéra-Comique à la salle Vendatour.

95 Applaudir la gaîté d'Arnal et de Duvert.

M. Duvert est auteur d'un grand nombre de vaudevilles dans lesquels Arnal joue le principal rôle.

96 Sur le trottoir futur par Bondy projeté.

M. de Bondy, alors préfet de la Seine, avait le projet de faire des trottoirs dans toutes les rues assez larges pour permettre cet embellissement.

97. . . . . . . Vivien déchaîne ses Cerbères.

M. Vivien était alors préfet de police.

98 Les centaures luisants au casque échevelé.

La garde municipale à cheval, qui porte le même casque et le même uniforme que les dragons de l'impératrice.

XIII. — A M. CASIMIR PÉRIER.

99 Que son sang répondait au sang de Moskowa.

M. Laffitte a marié sa fille au prince de la Moskowa, fils aîné de l'illustre et infortuné maréchal Ney.

100 Il n'en reste qu'un nom sur l'angle d'une rue !!!

La rue d'Artois, où demeurait le généreux banquier, a pris le nom de rue Laffitte. On sait qu'il y a peu de temps M. Laffitte s'est trouvé dans la nécessité de mettre en vente l'hôtel qu'il y possède. C'était tout ce qui lui restait de son ancienne opulence. Par un sentiment de délicatesse, bien rare de nos jours, il ne se trouva personne qui voulût pousser l'hôtel jusqu'à sa mise à prix, et M. Laffitte dut le garder. Mais il n'est plus assez riche pour en faire sa demeure, et il en a loué une partie à M. Masson de Puits-Neuf, qui vient d'y transporter, pour l'hiver, son orchestre-monstre des Champs-Élysées.

¹⁰¹ . . . . . . Demain il part pour la Toscane.

M. de Lamartine était alors secrétaire de l'ambassade de Toscane.

¹⁰² . . . . L'amitié de Vitrolles.

M. le baron de Vitrolles, ministre d'État sous la Restauration.

¹⁰³ Et sur l'autel Rémois ton vol de séraphin.

M. de Lamartine est allé à Reims à l'époque du sacre de Charles X, et a publié un chant sur cette solennité.

XIV. — LE MOIS DE JUILLET.

¹⁰⁴ En voyant aujourd'hui ce qu'il a fait pour nous.

Pendant les trois grandes journées, le soleil n'a pas cessé un instant de nous éclairer de ses rayons ; et peut-être l'influence vivifiante de cet astre a-t-elle un peu contribué à l'enthousiasme populaire et à la rapidité de la victoire : ce qui faisait dire à un homme d'esprit que le soleil aurait dû avoir la première décoration de l'ordre de juillet.

¹⁰⁵ C'est alors qu'apparaît le géant inconnu.

Le peuple.

¹⁰⁶ De la Bastille encor savez-vous le chemin ?

La révolution de 1789 et celle de 1830 ont ensemble plus d'un rapport : toutes deux se sont faites au mois de juillet, toutes deux ont eu le soleil pour complice, et se sont terminées en moins de temps qu'il en faudrait pour en écrire l'histoire.

¹⁰⁷ Et cent mille chapeaux ornés de feuilles vertes.

Le 12 juillet 1789, dans l'après-midi, on apprit à Paris que

Necker venait d'être congédié. La nouvelle de cet événement produisit la plus grande fermentation. Camille Desmoulins profita habilement de cette disposition des esprits : il sortit d'un café du Palais-Royal, tenant un pistolet d'une main et une épée de l'autre, monta sur une chaise et annonça la nouvelle ; puis arrachant une feuille d'arbre, il l'attacha à son chapeau en guise de cocarde, cria aux armes, et se mit à la tête des rassemblements. Le vert devint alors un signe de ralliement, et cette couleur était heureusement choisie, puisque c'est celle de l'espérance. On l'abandonna néanmoins peu de temps après, parce que plusieurs citoyens firent remarquer que c'était la couleur du comte d'Artois.

[108] Il peint comme un drapeau l'horizon tricolore.

On peut citer à ce propos un fait assez remarquable. Au musée de 1823, le général Lejeune exposa un tableau représentant des taureaux en pierre au milieu d'un paysage espagnol. Dans le fond un arc-en-ciel tricolore attirait tous les regards ; quelques champions de la légitimité jetaient les hauts cris, prétendant que le peintre avait eu une intention hostile. Mais l'autorité les ayant laissés dire, on finit par s'habituer aux trois couleurs de l'arc-en-ciel.

XV. — AUX ÉLECTEURS DU JUSTE-MILIEU.

[109] Il brossa de baisers la botte moscovite.

Dans la séance de l'Académie française du 25 août 1814, M. Villemain reçut le prix pour son discours sur *les Avantages et les Inconvénients de la Critique*. L'empereur de Russie et le roi de Prusse assistaient à la séance. Le lauréat, qui, quoique bien jeune alors (il n'avait que vingt-trois ans), savait déjà ce que l'on gagne à flatter la puissance, trouva le moyen de glisser adroitement l'éloge des deux souverains. Seulement M. Barthélemy se trompe quand il dit que ce discours était le premier de M. Villemain : déjà, en 1812, le jeune professeur avait remporté le prix pour l'*Éloge de Montaigne*.

NOTES 443

110 Le fanal tremblotant du *Messager* nocturne.

Le Messager des Chambres, journal du soir, était alors tout dévoué au ministère.

111 Pend la liberté sainte à ses douze potences.

Allusion aux douze colonnes du *Moniteur*.

112 De Malthus et de Say. . . . .

Deux célèbres économistes. L'Angleterre est fière du premier, et la France s'honore d'avoir vu naître le second.

113 . . . . Les soldats de Bertin.

Les rédacteurs du *Journal des Débats*.

114 . . . . La terrible assemblée.

La Convention nationale.

115 Si Brunswick tombe encore aux portes de Verdun.

En 1793, après la prise de Longwy, le duc de Brunswick s'avançait sur Paris par la route de Verdun.

116 Sonne, vers Quiberon, les vêpres vendéennes.

Allusion aux fameuses vêpres siciliennes.

XVI. — L'ANNIVERSAIRE DES TROIS-JOURS.

117 D'un vice-roi de Londre embrassant les genoux.

Léopold de Saxe-Cobourg, aujourd'hui roi des Belges.

118 Les sbires de Foudras. . . . .

M. Foudras, alors chef de la division de la police générale au ministère de l'intérieur.

119 L'an dernier, par Mangin ont fait river leurs fers.

Nous avons déjà dit quelque part que le *Journal des Débats* n'avait pas fait cause commune avec ceux de ses confrères qui protestèrent énergiquement contre les ordonnances du 25 juillet.

XVII. — RÉPONSE A M. DE LAMARTINE.

120 . . . . . Cet ami, mon complice fervent.

M. Méry, qui est pour moitié dans presque tous les ouvrages de M. Barthélemy.

121 Hugo, Dumas, Fontan, Étienne, Delavigne.

Ces noms sont assez connus pour que nous puissions nous dispenser d'en faire l'éloge.

XVIII. — LES MYSTIFICATIONS.

122 Je vais à don Miguel, en ministre économe,
Ravir mes flagellés Sauvinet et Bonhomme.

Plusieurs citoyens français, établis à Lisbonne de l'aveu même du gouvernement portugais, se virent, sans aucun motif et contre tous les principes du droit des gens, en butte aux persécutions les plus révoltantes. MM. Sauvinet et Bonhomme furent ceux qui eurent le plus à souffrir. Le dernier, même, subit une condamnation infamante. C'est pour demander réparation de cette insulte faite à la France dans la personne de quelques-uns de ses enfants, qu'une escadre, sous les ordres du contre-amiral baron Roussin, força les passes du Tage le 11 juillet 1831, et se présenta devant Lisbonne. Le gouvernement portugais se hâta d'accéder aux demandes de la France, et supporta tous les frais de l'expédition.

XIX. — AUX SOLDATS DE LA FRANCE.

123 Du triste Waterloo j'ai ramolli les pierres.

Waterloo. — *Au général Bourmont,* poëme de MM. Barthélemy et Méry.

¹²⁴ Celui que nos Rotschilds gardent comme un otage.

Casimir Périer.

¹²⁵ Cette sombre Hollande où la guerre s'engage
   Fut par nos cavaliers conquise à l'abordage.

Est-il nécessaire de rappeler le fait, unique dans l'histoire, qui se passa sur le Texel le 3 février 1795? Les eaux du fleuve ayant gelé pendant la nuit, nos hussards s'élancèrent au grand galop sur la glace, et allèrent s'emparer de la flotte hollandaise qui, surprise d'une attaque si imprévue et si extraordinaire, ne songea pas même à se défendre.

¹²⁶ Sous cet arc triomphal. . . . .

L'arc de triomphe de la barrière de l'Étoile.

¹²⁷ Les drapeaux ennemis blasonnés d'aigles noires.

Les drapeaux autrichiens.

XX. — L'ARCHEVÊCHÉ ET LA BOURSE.

¹²⁸ Qui, digne successeur du prélat de Créteil,
   Au monarque dévot présentait son orteil.

Allusion à la conduite des chanoines de Créteil, lorsque Louis VII, surpris par la nuit, vint loger dans ce village, dont les habitants fournirent à ses dépenses. Les chanoines, regardant cette démarche du roi comme une atteinte aux privilèges de l'Église, résolurent de cesser l'office, si le roi ne remboursait la dépense. En effet, ils fermèrent leur église. Le roi s'informa du motif de cette clôture, et quand il le connut, il s'humilia devant l'exigence des chanoines et jura de payer.

¹²⁹ . . . . Ce vieux palais qu'abrite Notre-Dame,
. . . .
   Où deux fois, dans un an, la colère a passé.

Le 28 juillet 1030, la multitude se porta sur l'archevêché,

où elle ne commit cependant aucun dégât; mais le 14 février 1831, furieux de voir que l'on célébrait à Saint-Germain-l'Auxerrois une messe pour le duc de Berry, elle se rua une seconde fois sur le palais archiépiscopal, qui fut alors entièrement dévasté. Le 14 février était précisément un lundi gras; rien ne fut plus bizarre que cette émeute montée au plus haut point d'exaspération, et dans laquelle figuraient des gilles, des arlequins, des jeannots et des masques de toutes sortes. La gravité des désordres rendit fort triste ce qui eût été si comique sans cela.

130 . . . . La circulaire sainte
Prenait son vol timbré aux armes d'Hyacinthe.

Hyacinte est le prénon de monseigneur de Quélen.

131 Pour ses vingt mille francs pardonne à don Michel.

Dans les indemnités que la France exigea du Portugal en faveur des Français victimes du gouvernement de don Miguel, 20,000 fr. furent stipulés pour M. Bonhomme.

132 Pour voter ne vont plus consulter Frayssinous.

M. Frayssinous, évêque d'Hermopolis, un des hommes les plus influents du parti prêtre, sous le règne de Charles X.

133 . . . . . . Tailleurs de la passe et la manque.

La passe et la manque sont deux expressions empruntées au vocabulaire de la roulette, qui se compose de 36 numéros: *la manque* désigne les dix-huit premiers, et *la passe* les dix-huit derniers.

134 . . . . . Le frein glacé d'un vieillard diplomate.

M. de Talleyrand.

135 Talleyrand, Philidor d'une armée automate.

Métaphore empruntée au jeu d'échecs. Philidor, qui vivait dans le dernier siècle, était réputé l'homme le plus habile à ce jeu.

136 Habile au jeu de Palamède.

Palamède est l'inventeur du jeu d'échecs.

XXI. — LE CHOLÉRA-MORBUS.

137 Le bienfaisant poison recueilli par Jenner.

Jenner, célèbre médecin anglais, auquel on doit la découverte de la vaccine.

138 D'avoir les sept fléaux exportés de Memphis.

Les sept fléaux sont évidemment ici les sept ministres qui gouvernaient alors la France.

139 . . . . L'effrayant Choléra,
Sans toucher notre sol près de nous passera.

On a raison de dire que nul n'est prophète dans son pays. Le fléau indien, bien loin de respecter la France, y a fait d'épouvantables ravages. A Paris seulement, il y a emporté 18,402 personnes en six mois, sans compter la mortalité ordinaire.

140 Et bien mieux que Parry, le Colomb de ces mers.

Le capitaine Parry est un des plus hardis et des plus habiles navigateurs modernes. C'est lui qui a cherché à découvrir un passage au nord de l'Amérique, pour aller gagner le grand Océan. Le capitaine Parry est, jusqu'à ce jour, le marin qui s'est le plus approché du pôle arctique.

XXII. — LA MAGISTRATURE.

141 LA MALÉDICTION DES VINGT QUATRE HEURES.

On a vingt-quatre heures au Palais pour maudire ses juges.

BEAUMARCHAIS. (*Mariage de Figaro*).

142 En baignant l'île des ulcères..

Métaphore empruntée au voisinage de l'Hôtel-Dieu.

143 Jamais l'édit royal venu du Carrousel
Sur le sol du Palais ne sèmera du sel.

Au moyen âge, quand on détruisait une ville, on passait la charrue et l'on semait du sel sur le terrain qu'elle occupait, pour empêcher ce terrain de rien produire. C'était là un des mille préjugés de cette époque. Aujourd'hui, au contraire, il est reconnu que le sel, convenablement administré, est un des engrais les plus puissants. Dans plusieurs de nos départements on en a fait des essais dont on s'est fort bien trouvé.

144 Sur le marché voisin, mosaïque de fleurs.

Le marché aux fleurs se tient près du Palais de justice.

145 Innombrable bétail que Desmortiers rallie.

M. Desmortiers, procureur du roi.

146 Ne va pas devant eux jeter les émeraudes.

Margaritæ ante porcos !

147 Sous les doigts desséchés des goules du Trésor !

La goule est le vampire femelle.

XXIII. — LE 16 AOUT DE VARSOVIE.

148 Ce grand peuple ! il s'est fait juge de ses victimes.

D'horribles scènes signalèrent les journées des 15 et 16 août 1831, à Varsovie. Le club patriotique, aigri depuis longtemps contre le gouvernement, et mécontent de ce que le général Jankowski n'avait pas été condamné à mort, eut enfin recours à des actes de violence. Ce club se porta sur le château où les sept prisonniers d'État qu'on y trouva furent massacrés. Leurs corps furent jetés par-dessus les toits et accrochés à des lanternes. — De là, on se rendit dans les maisons habitées par des individus récemment acquittés du chef de trahison, et dans les prisons, où l'on égorgea et pendit plusieurs prisonniers. Trente-cinq personnes perdirent la vie dans cette première nuit. Le lendemain les massacres continuèrent, et le calme ne se rétablit qu'après l'arrestation du président et de dix membres du club.

149 Jeta devant Omar à la flamme du bain.

Il est inutile de rappeler qu'Omar brûla la bibliothèque d'Alexandrie, qui contenait tant de manuscrits précieux sur la haute antiquité.

150 Ces hommes inspirés, seuls juges de leur temps.

Les hommes de notre révolution.

XXIV. — MOSAIQUE NÉMÉSIENNE.

151 Par Thémis condamnée et par le peuple absoute.

La condamnation à un mois de prison et 200 fr. d'amende prononcée contre M. Barthélemy, le 27 août, pour avoir paru sans cautionnement.

152 Girardin a rompu quinze mois d'armistice.

M. Girardin était grand veneur de Charles X.

153 Du jeune Henri-Cinq fait jouer l'ouverture.

L'ouverture du *Jeune Henri*, de Méhul; symphonie obligée de toutes les grandes chasses.

154 Nouveaux gardes du corps qui, comme au temps passé,
Attendent tous leur part du butin ramassé ?

Les gardes du corps, qui formaient l'escorte des princes quand ils allaient à la chasse, avaient une part de gibier. C'était un droit né d'un usage.

155 D'exotiques faisans que lui vendit Chevet.

Chevet, célèbre marchand de comestibles, au Palais-Royal et rue Vivienne.

156 Quand Saint-James, d'un mot, nous chasse de Belgique.

Le cabinet de Saint-James, à Londres. — Le palais de Saint-James est la résidence du roi d'Angleterre.

157 . . . . L'amiral Roussin

Le contre-amiral baron Roussin était commandant de l'expédition du Tage.

158 Pour donner un royaume à Capo-d'Istria.

M. Capo-d'Istria fut président de la Grèce avant qu'on donnât la couronne au jeune Othon.

159 Aujourd'hui c'est Pasta, Tancrède féminin.

Madame Pasta, célèbre cantatrice italienne, non moins remarquable comme tragédienne que comme chanteuse. Elle jouait *Tancredi* avec une grande supériorité.

160 Véron vient d'exhumer la chevrotante Armide.

M. Véron, directeur de l'Opéra, venait de remettra *Armide*, qui n'eut qu'un succès sans influence sur les recettes.

161 Puis, c'est Léocadie et son doux fandango.

Léocadie, opéra-comique de MM. Scribe et Auber.

162 C'est Montansier, berceau de la vieille chanson,
Riant de son voisin ébranlé par Samson.

Samson, acteur distingué de la Comédie-Française, venait de quitter ce théâtre pour celui du Palais-Royal.

163 Monnier, le double artiste . . . . . .

M. Henri Monnier, un de nos dessinateurs les plus originaux, quitta un instant ses crayons pour le théâtre, où il obtint un brillant succès. Il vient d'abandonner le théâtre pour reprendre sa première carrière.

164 . . . . Le Sterne espagnol de la cité Bergère.

Le journal le *Figaro* . . . . à cette époque.

165 Vendredi soir. — Seize Septembre.

Jour où fut connue à Paris la capitulation de Varsovie, qui avait ouvert ses portes aux Russes le 8 du même mois.

XXV. — VARSOVIE.

166 Ils ont dit froidement : L'ordre est a Varsovie !

On n'a pas oublié ces paroles : *l'ordre règne à Varsovie*, prononcées à la tribune par M. le ministre des affaires étrangères dans un moment où le sang des Polonais coulait à flots sous les baïonnettes russes.

167 Ah ! si la baïonnette à leur voix accourue
N'eût imposé silence aux conseils de la rue.

Le lendemain du jour où la reddition de Varsovie fut connue à Paris, un groupe nombreux attendit la voiture du président du conseil au sortir de la chambre, et interpella le ministre d'un ton menaçant. Casimir Périer fit face à l'orage : il fit arrêter sa voiture, descendit, et demanda d'une voix haute et ferme ce qu'on voulait de lui, disant qu'il était prêt à répondre à tout. Il est vrai que, pour plus de sûreté et prévoyant ce qui devait arriver, il s'était fait escorter d'un piquet de cavalerie. On le laissa remonter dans sa voiture et continuer sa route.

XXVII. — L'IMPUISSACE DU POUVOIR.

168 La réunion Lointier.

Lointier était un célèbre restaurateur de la rue de Richelieu, où les principaux députés de l'opposition se réunissaient à certains jours.

169 Vexé les fonds publics sous les doigts de Gisquet.

La Bourse a plusieurs fois été témoin de l'irruption d'agents de police, lorsque quelque *rouerie* télégraphique excitait de trop bruyantes réclamations.

170 . . . . Pour l'orphelin qui pleure,
Vous avez croassé des plaidoyers à l'heure.

On se rappelle toutes les homélies que les ministres ont fait entendre à la tribune sur les événements de la Pologne.

171 Celui-ci, qui préside aux scolaires emplois,
Garde encore la férule empreinte aux bouts des doigts.

Allusion à l'âge de M. de Montalivet, qui avait à peine trente ans lorsqu'il quitta le ministère de l'intérieur pour passer à celui de l'instruction publique, où d'ailleurs il n'est pas resté.

172 Cet autre a professé l'histoire d'Angleterre.

M. Guizot, le ministre-chroniqueur, a publié une collection de Mémoires sur l'histoire de la révolution d'Angleterre.

173 Vous qui, dans le sénat rangés en demi-lune:
L'opposition de droite et l'opposition de gauche.

174 Qui? seize hommes. . . . .

En 1827, l'opposition ne comptait à la Chambre que seize membres bien prononcés; et cependant M. de Villèle perdit la partie. Parmi ces seize députés, on remarquait surtout les douze nommés à Paris, et qui étaient MM. le baron Louis, Alexandre Delaborde, Odier, de Schonen, Jacques Lefebvre, Vassal, Laffitte, Casimir Périer, Dupont de l'Eure, Ternaux, Benjamin Constant, et Royer-Collard.

XXVIII. — LAMENTATIONS.

175 Comme les Suisses du dix-août.

On n'a pas oublié la conduite des Suisses, aux Tuileries, le 10 août 1792. Plus des deux tiers périrent en restant fidèles à leur consigne et à leur serment.

176 Guizot, Royer-Collard, Jars, Dupin, Beaujour, Teste.

Tous ces messieurs défendirent l'hérédité de la pairie,

XXIX. — AU PEUPLE ANGLAIS.

177 Cette nuit de frimaire au rougeâtre horizon.

Au siége de Toulon, les Anglais mirent le feu aux vaisseaux français qu'il ne purent pas emmener, et prirent le large à la lueur de cet immense incendie.

178 Que l'Etna de Juillet . . . .

Ce vers et ceux qui suivent ne doivent pas être pris dans leur sens propre ; l'auteur a sans doute voulu peindre l'espèce d'union, dans l'amour de la liberté, qui unit le peuple français et le peuple anglais, et cette sympathie qui fait qu'une commotion dans l'un des deux pays a presque toujours un écho dans l'autre.

179 Et vous, en lapidant la majesté des lords.

En 1831, lors de la première discussion sur la réforme, le peuple se rua sur les maisons des membres de la chambre haute les plus opposés au projet, et, suivant l'usage immémorial du pays, se mit tranquillement à briser toutes les vitres. Mais comme, à Londres, les rues sont tenues dans un état de propreté dont nous n'avons pas une idée à Paris, il n'était pas facile de se procurer des pierres. Des enfants allaient en chercher au loin et en faisaient le commerce : un témoin oculaire et digne de foi nous a dit en avoir vu payer jusqu'à un schelling la pièce. Quelques émeutiers trouvèrent plus simple et surtout plus économique de se servir de gros sous. Plusieurs lords trouvèrent le lendemain le plancher de leurs appartements jonché de cette monnaie, qui put du moins les aider à réparer le dégât.

180 Et la rue où l'on passe est notre Westminster.

Est-il besoin de rappeler que Westminster est le lieu

consacré aux tombes royales? C'est le Saint-Denis de l'Angleterre.

XXX. — AUX CARLISTES.

[181] Six mois après. . . . .
Le 21 janvier 1793.

[182]. . . . . Louis-d'Outre-Mer.
Louis XVIII.

[183] Chemina lentement la fourche dans les reins.

De Compiègne à Cherbourg, Charles X eut pour cortége des paysans qui, armés de fourches, étaient disposés à s'opposer à tout mouvement qui eût eu pour but de retarder le départ de la royauté déchue.

[184] Duvernet, expirant sous un plomb assassin.

Le lieutenant général Mouton-Duvernet fut condamné à mort à Lyon, le 19 juillet 1816. Il fut exécuté le 26, à cinq heures du matin.

[185] Brune, accusateur mort du comtat Venaissin.

Le maréchal Brune fut assassiné à Avignon, dans une maison où il s'était réfugié, par une bande de misérables qui traînèrent ensuite son corps dans les rues, puis le jetèrent dans le Rhône.

[186] Alors vous vous plaindrez. . . . .

M. Barthélemy ne se doutait pas sans doute que, si peu de temps après qu'il écrivait ces vers, la plupart de ses hypothèses seraient des vérités accomplies.

[187] Pour conseiller, Cottu. . . . .

M. Cottu était conseiller à la Cour royale sous la restauration. On n'a pas oublié le ridicule qu'il s'attira par ses brochures, où grondait une colère si plaisante.

XXXI. — A M. DE CHATEAUBRIAND.

¹⁸⁸ Un ordre sec parti d'une main inconnue.
Te rendait, pour disgrâce, à ta pauvreté nue.

Lorsque, sous M. de Villèle, le portefeuille des affaires étrangères fut ôté à M. de Châteaubriand, on donna à peine à l'illustre disgracié le temps de vider les lieux. M. de Châteaubriand, en quittant son hôtel, n'écrivit à M. de Villèle que ce peu de mots : *Je pars ; maintenant le ministère est à vos ordres.* En effet, le départ de M. de Châteaubriand, si souvent opposé aux volontés du président du conseil, laissait le ministère tout entier sous l'influence de M. de Villèle.

¹⁸⁹ . . . . Tes sourdes paroles
Annoncèrent des fers aux cités espagnoles.

M. de Châteaubriand ayant rempli les fonctions de ministre plénipotentiaire au congrès de Vérone, où fut décidée la guerre d'Espagne, on doit croire qu'il ne fut pas opposé à cette détermination, ou, du moins, qu'il l'approuva dans toutes ses conséquences.

¹⁹⁰ Le trio clérical. . . . .

MM. de Latil, archevêque de Reims; Tharin, évêque de Strasbourg, précepteur du prince, et Frayssinous, évêque d'Hermopolis.

¹⁹¹ Comme ceux que l'enfant sciait aux boulevards.

Dans les trois journées de Juillet, des enfants s'occupaient, au milieu des balles, à scier les arbres des boulevards, pour en former des barricades.

XXXII. — BRISTOL.

¹⁹² En vain, pour vous prouver que votre île s'allume,
Manchester a vingt fois retenti sur l'enclume.

Avant les désordres épouvantables qui ensanglantèrent

Bristol, vers la fin de l'année 1831, et dont la lenteur apportée dans la réforme fut le prétexte, quelques villes de l'Angleterre avaient déjà été agitées de violentes secousses. Manchester, ville peuplée d'ouvriers, a plusieurs fois été le théâtre de dangereuses émeutes. On a vu jusqu'à cent mille ouvriers s'y donner rendez-vous pour y protester énergiquement de leurs droits et de leur volonté.

193 . . . . Roland de la Gironde.

M. Barthélemy a voulu dire que Roland était poussé par les girondins ; car ce ministre, mari de la célèbre madame Roland, était de Lyon. Il vint au château sans boucles à ses souliers, ce qui était une grave infraction aux lois de l'étiquette. Mais, à cette époque, l'étiquette était la seule loi que les courtisans voulussent observer.

194   Les logogriphes de Chérin.

Chérin était un célèbre généalogiste et blasonniste. Il fut le père du général Chérin, un des officiers les plus distingués de l'armée française, l'ami et le conseil de Hoche.

195 Ni le noir écriteau qui transforme en mairie
La nef de Germain-l'Auxerrois.

Après la révolution de Juillet, l'Église Saint-Germain-l'Auxerrois fut fermée, et on cloua à son fronton un écriteau sur lequel était écrit : *Mairie du 4ᵉ arrondissement.*

196 Ni l'hôtel moscovite aux cent vitres brisées.

Lors des événements de Pologne, le peuple de Paris brisa les vitres de l'hôtel de l'ambassadeur russe.

197 Un garde s'inclinait et présentait les armes
Devant le potage du roi.

Sous la restauration, au moment où le dîner du roi traversait la salle des maréchaux, le garde du corps de faction devait présenter les armes.

XXXIII. — LE PALAIS-ROYAL EN HIVER.

198 Sitôt que Chevallier. . . . .

L'ingénieur Chevallier dont l'observatoire est établi depuis trente ans sur le quai de l'Horloge, au coin du Palais-de-Justice. M. Chevallier est l'oracle des vieux rentiers de la capitale, qui viennent consulter son thermomètre pour savoir s'ils doivent mettre des bourrelets à leurs fenêtres et des bas de laine à leurs pieds.

199 Des manteaux de Berchut.. .. . .

Célèbre tailleur du Palais-Royal.

200 Ils vont chez Corcelet. . . . .

Marchand de comestibles, dont la renommée européenne nous dispense de faire l'éloge.

201 Visitent de Chevet le menteur étalage.

Le magasin de comestibles de Chevet diffère de celui de Corcelet en ce que l'on trouve surtout dans le premier les poissons et les gibiers qui arrivent chaque jour à Paris, tandis que le second ne vend guère que des choses conservées. L'épithète de *menteur*, donnée à l'étalage de Chevet, ne doit pas être prise en mauvaise part. L'auteur a sans doute voulu dire qu'à la vue du magasin de ce célèbre marchand, l'acheteur se croit transporté tour à tour sur les bords de la Méditerranée ou au milieu des forêts.

202 . . . . . . Sous le portique où chante Séraphin.

Les ombres chinoises de Séraphin, si chéries des enfants et des vieux garçons, quoique pour des raisons bien différentes.

203 Des Frères éternels, trinité provençale.

Les Trois-Frères provençaux, un des restaurants les plus renommés du Palais-Royal.

204 La fille de Joseph, la Rébecca du change.

On n'a sans doute pas oublié la catastrophe arrivée au changeur Joseph, assassiné, il y a quelques années, par deux Italiens, Malagutti et Rata, qui lui volèrent une somme fort considérable. Un fait assez remarquable, c'est que Joseph mourut de ses blessures le jour même où ses assassins furent conduits à l'échafaud. Mais M. Barthélemy fait erreur quand il dit *la fille de Joseph* : la personne qui tient aujourd'hui le comptoir du change, et devant laquelle on s'arrête autant pour sa beauté que pour son brillant étalage, est la femme du successeur de Joseph.

205 . . . . De Malthus et de Say.

Deux célèbres économistes, l'un anglais et l'autre français. Le premier est mort à Londres dans les derniers jours

206 . . . . L'héroïque Duclos.

S'il est un personnage dont on s'est occupé longtemps à Paris, où l'on oublie si vite les hommes et les choses, c'est le fameux Chodruc-Duclos, cet hôte éternel du Palais Royal, et surnommé *l'homme à la longue barbe*. On a fait sur ce personnage singulier une foule de commentaires : mais l'on sait aujourd'hui que Duclos, royaliste ardent, qui avait vingt fois, dans la révolution, compromis sa vie pour les princes déchus, ne fut pas récompensé comme on le lui avait promis, alors qu'on avait besoin de lui, et comme devait le lui faire espérer la haute position de M. de Peyronnet, son compatriote et son ancien ami. Ce fut alors que, privé de toutes ressources et couvert à peine de méchants haillons, il vint se fixer dans l'enceinte du Palais-Royal, où il se promenait, silencieux et fier, plus de quinze heures par jour, comme une preuve vivante de l'ingratitude des grands. Depuis la révolution de Juillet, Duclos a compris que son rôle était fini, et il est vêtu à peu près comme tout le monde : de son ancien costume, il n'a conservé que sa longue barbe.

On raconte beaucoup de traits remarquables de cet homme singulier; nous en citerons un qui donnera une idée de sa bizarrerie. Dans l'un des trois jours de Juillet, le jour où les Suisses défendirent le Palais-Royal, Duclos, qui n'avait pas quittéses galeries, vit un jeune homme qui tirait avec plus de courage que de bonheur contre les habits rouges : aucun de ses coups ne portait. — Vous perdez votre poudre, lui dit Duclos en lui prenant le fusil des mains ; tenez, voilà comme on fait. Le coup part et un Suisse tombe mort. Puis Duclos rend le fusil au maladroit tirailleur. — Puisque vous êtes si adroit, lui dit ce dernier, pourquoi n'êtes-vous pas des nôtres. — Oh! moi, c'est différent, répond Duclos, *ce n'est pas mon opinion.*

XXXIV. — LE LUXEMBOURG.

207 Sous une Médicis, le ciseau florentin.

Marie de Médicis acquit en 1611 le terrain du Luxembourg, et commença les travaux du palais en 1620. Elle choisit pour architecte Jacques Desbrosses et lui ordonna de prendre, autant que le terrain le permettrait, le palais Pitti pour modèle.

208 Au compas de Lenôtre enleva ce jardin.

Célèbre architecte du 17e siècle, qui étudia particulièrement et perfectionna l'art des jardins.

209 Je lis, en traité de sang, ces deux mots : SEPT DÉCEMBRE.

C'est le 7 décembre 1815, à sept heures du matin, que le maréchal Ney fut exécuté, en dehors du Luxembourg, près de la grille qui fait face à l'Observatoire.

210 . . . . La tour isolée
Qui sert de piédestal aux nouveaux Galilée.

La tour de l'Observatoire.

211 De ce froid qui glaça l'échafaud de Bailly.

C'est au mois de Novembre 1793 que Bailly fut conduit à

l'échafaud. Dans le trajet de la prison au Champ-de-Mars, lieu de l'exécution, une pluie fine et pénétrante qui n'avait cessé de tomber, traversa tellement la victime qu'elle monta sur l'échafaud en grelottant. — Tu trembles, Bailly, lui dit un des aides de l'exécuteur. — Oui, je tremble, répondit le courageux vieillard ; mais c'est de froid.

212 . . . . . . Devant le brancard de misère
Une femme à genoux récite son rosaire.

Une gravure que l'on a multipliée à l'infini représente le maréchal Ney, criblé de balles, étendu sur un brancard, et près de lui, à genoux, une sœur de charité en prières. Cette gravure, bien simple, est on ne peut plus touchante.

213 Tous marchent, en convoi, vers l'enclos des Chartreux.

Le lieu où a été fusillé le maréchal Ney fait partie de l'ancien terrain des Chartreux.

XXXV. — LYON.

214 L'acerbe République eut son Dubois-Crancé.

Dubois-Crancé fut un des membres les plus fougueux de la Convention nationale. Il fut envoyé à Lyon pour comprimer l'insurrection de cette ville, où l'on se rappelle encore ses épouvantables rigueurs.

215 De l'horrible lancette armait Collot-d'Herbois.

Collot-d'Herbois fut l'un des hommes les plus remarquables et les plus sanguinaires de la révolution. Envoyé à Lyon, en novembre 1793, pour exercer sur cette malheureuse ville toutes les vengeances de la Convention, il fit périr plus de seize cents personnes par la main du bourreau.

216 C'est la sœur de Paris.. . . . .

On sait que Lyon est la seconde ville du royaume.

217 Balançât sur l'épaule un frauduleux Gisquet.

Peu de temps après la révolution de Juillet, M. Gisquet s'intéressa dans une fourniture de fusils; depuis lors, tous les fusils de mauvaise qualité furent appelés des *fusils-gisquet*, et, par abréviation, des *gisquets*.

218 A ses côtés se meut un opaque Thomas.

M. Thomas, jadis avocat à Marseille, et aujourd'hui préfet de cette grande cité.

219 . . . . Le pauvre ou le Verdet.

On appelait Verdets les réacteurs royalistes de 1815, qui ensanglantèrent le Midi.

XXXVI. — A HENRI-CINQ.

220 . . . . Les deux tours qui flanquent le palais.

Le pavillon de Flore et le pavillon Marsan.

221 Par ordre de Gontaut . . . .

Madame de Gontaut, gouvernante d'Henri V avant que le prince passât aux hommes.

222 Ou comme ton aïeul qui, tournant l'aviron,
    Au moment du péril déserta Quiberon.

On sait que le comte d'Artois, après avoir fait mine de vouloir se mettre à la tête des royalistes de la Bretagne et du Poitou, abandonna tout à coup son projet et mit à la voile pour Portsmouth. Cette défection porta un coup mortel aux royalistes, et indigna Charette au point de lui faire écrire cette lettre à Louis XVIII :

« SIRE,

« La lâcheté de votre frère a tout perdu. Il ne pouvait pa-
« raître à la côte que pour tout perdre ou tout sauver. Son
« retour en Angleterre a décidé de notre sort; sous peu, il ne

26.

« me restera plus qu'à périr inutilement pour votre ser-
« vice. »

²²³ . . . . L'embaumé Portici
Qu'un décor d'opéra te donnait mort ici.

La M*uette de Portici*, opéra de MM. Scribe et Auber.

²²⁴ Il courait sur le char que traînaient deux béliers.

Le roi de Rome, étant enfant, se promenait tous les jours sur la terrasse du bord de l'eau, dans une petite calèche découverte attelée de deux béliers.

XXXVII. — APOLOGIE DU CENTRE.

²²⁵ . . . Les enfants de chœur, chers à Girod de l'Ain.

Allusion aux députés du centre, répondant toujours *amen!* à tout ce que disait le président de la Chambre, qui était alors M. Girod de l'Ain.

XXXVIII. — L'ÉMEUTE UNIVERSELLE.

²²⁶ Dans le Nord, dans l'Ouest. . . . .

Allusion à la révolte des ouvriers des mines d'Anzin et des Vendéens.

²²⁷ Explorons les cités, toutes ont leur Croix-Rousse.

La Croix-Rousse est un faubourg de Lyon habité presque exclusivement par les ouvriers. C'est là que toutes les émeutes qui ont ensanglanté la seconde ville du royaume ont pris naissance.

²²⁸ Et n'a pour desservant que l'homme au manteau bleu.

L'homme au petit manteau bleu, si connu dans Paris, se nomme Champion. C'est un ancien bijoutier du Palais-Royal, retiré avec une vingtaine de mille livres de rente qu'il a gagnées dans son commerce, et dont il emploie une grande partie au soulagement des malheureux. Chaque hiver, M. Champion va lui-même tous les matins, sur la place du Châtelet, servir aux pauvres et aux ouvriers sans ouvrage une soupe nourrissante, préparée par ses soins ; et cela indépendamment des secours de toute sorte qu'il remet à domicile.

229 *La semaine suivante expira sans festin.*

Nous n'avons pas pu nous procurer de détails sur la très-piquante anecdote citée ici par M. Barthélemy. Cependant, les cinq cents francs *par la loi dévolus* doivent faire penser qu'il s'agit du président de la Chambre qui a, comme l'on sait, des frais de table payés par le budget. Le président d'alors était M. Girod de l'Ain.

XXXIX. — L'ESPAGNE ET TORRIJOS.

230 *Quelle main musela tes deux nobles lions ?*

On sait que deux lions figurent les armes d'Espagne.

231 *Qu'est devenu ce temps où le marin génois.*

Christophe Colomb.

232 *Le Bourbon de Paris secourut son cousin.*

Allusion à la campagne d'Espagne en 1823, sous le règne de Louis XVIII.

233 *Dans son lit conjugal, tombeau de ses épouses.*

Ferdinand VII fut marié quatre fois : d'abord à Marie-Antoinette-Thérèse, fille de Ferdinand IV, roi des Deux-Siciles ; puis à Isabelle-Marie-Françoise, fille de Jean VI, roi de Portugal ; ensuite à Marie-Josèphe-Amélie, fille du premier mariage de Maximilien-Marie, frère d'Antoine, roi de Saxe ; et enfin à Marie-Christine, fille de feu François, roi des Deux-Siciles, maintenant régente et gouvernante du royaume pendant la minorité d'Isabelle II, sa fille.

XL. — LA LIBERTÉ DE LA PRESSE.

234 . . . . Bellart et Marchangy.

M. Bellart, procureur général, et M. de Marchangy, avocat général sous la restauration. Le premier s'est rendu célèbre par son réquisitoire furibond dans le procès du maréchal Ney, et l'autre par sa véhémence et sa partialité dans l'affaire des quatre sergents de la Rochelle.

235 Et vingt fois Philippon cloua tes traits maudits
Au poteau que sa main dresse tous les jeudis.

M. Philippon, directeur de *la Caricature*, journal fort piquant qui paraît tous les jeudis.

236 L'impérial Lennox, journaliste des camps,
Desmares, Belmontet, Marrast, Thouret, Bascans.

Tous écrivains patriotes. M. Desmares est auteur d'une parodie politique des Fables de La Fontaine; les autres étaient rédacteurs de *la Révolution* et de *la Tribune*. M. de Lennox est connu par son enthousiasme pour l'empire, ce qui explique l'épithète d'*impérial* qui lui est donnée ici.

XLI. — A M. D'ARGOUT.

237 Et, qui pour tout service, étant préfet du Pau,
De ta main d'apostat brûlas le saint drapeau !

Voir la note III de la première Némésis, intitulée *le Ministère*.

238 Il existe à Paris plus d'un obscur Puget.

Sculpteur célèbre du temps de Louis XIV. Il est l'auteur du Milon de Crotone que l'on remarque dans les jardins de Versailles.

239 Il évente, à coup sûr, un complot, soit qu'il vienne
Des tours de Notre-Dame ou des clochers de Vienne.

On n'a pas oublié le prétendu complot des tours Notre-

Dame, qui couvrit l'administration d'un ridicule si bien mérité. Quant aux conspirations en faveur de Napoléon II, dont on a plusieurs fois cherché à effrayer le gouvernement, la police a eu le bon esprit de ne jamais les prendre au sérieux.

240 Tu n'as auprès de toi que ton Royer-Collard.

M. Hippolyte Royer-Collard, neveu du fameux doctrinaire, était chef de la division des beaux-arts, sous le ministère de M. d'Argout. Il est maintenant chef de la division du cabinet au ministère de l'instruction publique, dont M. Guizot a le portefeuille.

241 Au désert d'un faubourg il existe un jeune homme.
M. Louis Boulanger.

242 Un de ces étalons qu'en ses cadres étroits
Habille de satin le goût de Vernet-Trois.

M. Horace Vernet, fils de Carle Vernet et petit-fils de Joseph Vernet, le célèbre peintre de marine. L'enthousiasme, bien mérité du reste, de M. Barthélemy pour M. Boulanger, le rend injuste envers M. Horace Vernet, auquel on ne peut refuser un beau talent.

243 Ta main hérésiarque, au Louvre, aux Innocents,
Pour le culte des morts n'a pas trouvé d'encens.

On devait élever, aux Innocents et au Louvre, un monument en l'honneur des victimes de Juillet. Cet acte de justice religieuse n'est encore aujourd'hui qu'un projet dont on ne parl plus.

244 Le voyageur Laurent. . . . .

M. Laurent fut directeur de l'Opéra-Comique, à l'époque o ce théâtre fut transféré à la salle Ventadour.

245 . . . . Malgré les soins d'Harel

M. Harel, aujourd'hui directeur de la Porte-Saint-Martin, était, à cette époque, directeur de l'Odéon.

XLII. — LA CONFÉRENCE DE LONDRES.

246 Il habille son fils en poudreuse estafette.

Le fils aîné de M. Casimir Périer a passé la plus grande partie du ministère de son père sur la route de Paris à Londres, envoyé sans cesse en courrier extraordinaire à la conférence qui se tenait dans cette dernière capitale.

247 Et le congrès déclare à l'évêque d'Autun
Que le quinze du mois est remis au trente-un.

Malgré toutes les instances de notre premier ministre et de notre ambassadeur, le fameux traité, qui devait être signé le 15 pour dernier délai, fut encore ajourné à la fin du mois.

XLIII. — A L'ITALIE.

248 C'est Mantoue, où naquit l'Homère d'Ausonie.

Mantua me genuit..... (Virgile).

249 Et la femme aux vieux jours qui fit Napoléon.

Madame Lætitia Bonaparte, mère de l'empereur Napoléon, âgée aujourd'hui de 84 ans.

250 L'esclave Spartacus qui règne aux Tuileries.

La belle statue de M. Foyatier, représentant Spartacus brisant ses fers, orne le jardin des Tuileries où elle fait face au château.

251 Par la Porte-du-Peuple il entrera dans Rome.

Lorsque l'armée française alla conquérir l'Italie, pour venger les outrages faits à la République, elle fit son entrée à Rome par la Porte-du-Peuple.

XLIV. — LE JEU DE LA BOURSE.

²⁵² S'élève un rond balustre où de noirs écriteaux
Du crédit de l'État enregistrent le taux.

Au milieu de la salle de la Bourse est une espèce d'estrade, entourée d'une grille ronde : c'est là que se tiennent les agents de change ; là, aussi, le crieur des fonds affiche les variations du cours pendant toute la durée de la séance.

²⁵³ L'élégant agio paré d'un cachemire.

La galerie qui conduit au Tribunal de Commerce et qui a vue sur la salle de la Bourse, comme la galerie d'un théâtre a vue sur le parterre, était, il y a peu de temps encore, encombrée chaque jour d'un essaim de femmes qui venaient spéculer sur les chances de la rente. Le président actuel du Tribunal de Commerce, M. Ganneron, a rendu tout récemment une ordonnance qui interdit aux femmes l'entrée de la Bourse. Depuis lors, les joueuses stationnent sur les marches du péristyle, du côté de la rue Notre-Dame-des-Victoires ; et là, des commis d'agents de change viennent incessamment les tenir au courant des fluctuations de la rente.

²⁵⁴ . . . . Il en est une
Qui, d'un nouveau parterre enviant les succès,
Change ce temple grec en Théâtre-Français.

Mademoiselle Mars. Cette célèbre comédienne spécule ouvertement sur les fonds publics, et était une des habituées les plus assidues de la galerie dont nous parlons plus haut.

²⁵⁵ L'éblouissant écrin si connu des voleurs.

Il y a quelques années, les diamants de mademoiselle Mars, évalués à une somme de près de cent mille francs, lui furent volés par sa femme de chambre. Cette femme, et son mari qui était complice du vol, s'étaient réfugiés à Genève ; mais on ordonna leur extradition, et les diamants furent retrouvés intacts.

256 D'un secret politique en ses mains retenu
Trafique pour son compte, avant qu'il soit connu ?

Quelques-uns des ministres qui ont eu le télégraphe dans leurs attributions ne se sont pas gênés, *dit-on*, pour garder, pendant quelques heures, une nouvelle qui devait influer puissamment sur les fonds, et s'en servir pour spéculer eux-mêmes à coup sûr, au risque de tous les inconvénients qui pouvaient naître de leur *légèreté*.

257 Il court s'asphyxier sur du charbon éteint.

Allusion à quelques agents de change dont on avait annoncé le suicide pour opérations malheureuses, et qui reparaissaient lorsque leurs affaires étaient arrangées. Il n'est que trop vrai cependant que plusieurs agents de change, victimes de spéculateurs éhontés, ont payé de leur fortune et de leur vie leur trop aveugle confiance.

258 Marque au front ce joueur, Caïn aléatoire !

Ceci a trait à ces joueurs dont nous parlions plus haut, qui spéculent sans avoir un sou, qui palpent les bénéfices, s'il y en a, et laissent les pertes à la charge de leur agent de change.

259 On traque aux boulevards la roulette en plein air,
Et le flegme des lois sauvegarde Kessner.

Sur les boulevards extérieurs surtout, quelques misérables établissent, les dimanches et lundis, une espèce de roulette grossièrement imitée sur un rond de bois, et attrapent ainsi les économies des pauvres ouvriers. La police a fait si bonne chasse à cette nouvelle banque, qu'elle ne se montre plus que bien rarement.

Quant à Kessner, on se rappelle sans doute qu'il se sauva, en 1831, emportant une somme de plusieurs millions au trésor, dont il était caissier. Kessner était encore une victime du jeu de la Bourse. Il vient de mourir en Angleterre, où il s'était réfugié.

XLV. — AU PAPE.

260 Tous les ans une fois, Saint-Père, tu les chantes
Un vendredi de mars, devant l'autel Sixtin.

Les prières du Vendredi-Saint se font à Rome à la chapelle Sixtine, où se trouve le beau tableau de Michel-Ange, représentant le Jugement dernier.

261 Qu'est devenu ce temps où l'humble Marcellin...

C'est sous le pontificat de Marcellin qu'éclata la cruelle persécution de Dioclétien, qui inonda la terre de sang et qui fit tant de martyrs.

262 Le pontife, étranger aux profanes débats,
Ne prenait que la mort dans les biens d'ici-bas.

Tous les premiers papes ont été martyrs.

263 Voyez ce Vatican............
Conservatoire impur de mondaine harmonie.

Allusion aux nombreux soprani qui fourmillent dans les églises de Rome, créatures incomplètes préposées aux louanges du Créateur qui, du moins, les avait faites à l'égal de toutes.

264. . . . . Césène et Forli.

Villes révoltées.

265 Tu t'es donné pour chef aux brigands des Abruzzes.

Les soldats des Abruzzes sont des condamnés que l'on a amnistiés et enrégimentés aux ordres du pape.

266 Il ont défilé tous aux yeux de Saint-Aulaire.

Lorsque M. de Saint-Aulaire, notre ambassadeur, se rendit à Rome au moment de l'occupation d'Ancône, il fut témoin, en passant à Césène, d'une émeute sanglante qu'il eut quelque peine à calmer.

267 Posthumes héritiers des cinq villes maudites.

Gomorrhe, Sodôme, Adama, Seboïm et Ségor. La Bible nous dit cependant que cette dernière ville fut épargnée, grâce aux prières de Loth.

268 Le vieux château qui porte un ange aérien.

Le château Saint-Ange.

269 Crains les ides de Mars, César du Vatican!!

C'est le 15 mars de l'an 43 avant Jésus-Christ, que César fut assassiné.

XLVI. — ÉMIGRATION POLONAISE.

270 A vous, Metz et Nancy, brave peuple lorrain.

C'est à Metz et à Nancy que les premiers réfugiés polonais ont trouvé un refuge et un intérêt sympathique.

271 Et jeté dans leur tronc, avec un zèle égal,
Le denier de la veuve et l'anneau conjugal.

Dans les quêtes faites au profit des réfugiés polonais, beaucoup de femmes, n'ayant pas d'argent, donnèrent leurs bijoux et jusqu'à leur anneau de mariage.

272 Ces princes ont appris, dans l'alcôve de sang.

Allusion à la mort de Paul Ier qui, comme on le sait, a été assassiné dans son alcôve, et aux nombreux régicides qui ensanglantent les fastes de la Russie.

273 XLVII. — AUX EXPIATEURS DU 21 JANVIER.

Depuis la révolution de juillet, la cérémonie expiatoire du 21 janvier a été abolie par une loi. On a même effacé jusqu'au dernier vestige du monument qui, à la Madeleine, devait rappeler la sanglante catastrophe.

NOTES 471

²⁷⁴ Que le prêtre avait dit au roi : « Montez au ciel! »

Dans toutes les relations de l'exécution de Louis XVI, on lit que l'abbé Edgeworth, qui donnait au roi les dernières consolations, dit à la victime, lorsqu'elle mit le pied sur l'échafaud : *Fils de saint Louis, montez au ciel!* Mais on sait aujourd'hui que ces mots, sublimes de simplicité, n'ont jamais été prononcés par le vénérable prêtre. C'est une phrase faite après coup, comme on a fait dire au comte d'Artois: *Il n'y a qu'un Français de plus;* et au général Cambronne : *La garde meurt et ne se rend pas.*

XLVIII. — DON MIGUEL.

²⁷⁵ A l'éternel poteau de la haine publique
J'ai cloué de ma main ton cousin catholique.

Voir la 39ᵉ Némésis : *L'Espagne et Torrijos.*

²⁷⁶ Ferdinand endurci comme un Torquemada.

Torquemada, célèbre inquisiteur.

²⁷⁷ Elle avait remonté le Tage. . . . . .

Allusion à l'expédition du Tage, sous les ordres du contre-amiral Roussin.

²⁷⁸ Pédro mette à ses pieds l'Étéocle bâtard.

On a dit dans le temps que don Miguel était fils de Lucien Bonaparte. Le fait est qu'il y a entre eux une grande ressemblance physique.

²⁷⁹ Il efface tous ceux que Lopez remémore.

Lopez est un personnage du roman de don Quichotte.

XLIX. — LES TROIS COULEURS EN ITALIE.

²⁸⁰ Et qu'on peut maintenant, comme l'a fait Gallois.

Le capitaine de vaisseau Gallois a mené l'expédition d'Ancône.

281 Et ce noir Albani. . . . .

Le cardinal Albani était l'homme de confiance, le bras droit du Saint-Père.

282 L. — LE PANTHÉON FRANÇAIS.

M. Eusèbe Salverte avait fait à la chambre une proposition tendant à ce que le Panthéon fût rendu à sa première destination, qui est de servir de lieu de sépulture aux hommes qui ont bien mérité de la patrie. Cette destination justifie l'inscription qui se fait lire sur le monument, et que l'on doit à M. de Pastoret père : *Aux grands hommes la patrie reconnaissante.* Mais, après plusieurs discussions fort orageuses, dans lesquelles nos députés voulurent rogner aux grands hommes morts leur part d'immortalité, la proposition fut retirée par son auteur, dans la séance du 17 mars 1832.

LI. — L'OBÉLISQUE ET LA COLONNE.

283 Ces énigmes que lut notre Champollion.

M. Champollion jeune, un des membres les plus distingués de l'Académie des Inscriptions, et célèbre par ses travaux sur les antiquités égyptiennes; il est mort il y a deux ans.

284 Montre depuis vingt mois son fût décapité.

Ce n'est que le 5 mai 1833 que la statue de Napoléon fut replacée sur la colonne.

285 Mais nous ne savons pas si dans l'île des Cygnes. . .

L'île des Cygnes n'existe plus : elle a été rattachée à la rive gauche de la Seine c'est là que sont les ateliers de fonderie du gouvernement.

LII. — ÉPILOGUE.

²⁸⁶ J'ai collé sur la peau la chemise de soufre.

Allusion à la chemise de Nessus.

²⁸⁷ Autant que Chaix-d'Estange a perdu de procès.

M. Chaix-d'Estange est un avocat fort connu du barreau de Paris; c'est lui qui plaida pour M. d'Argout dans l'action que ce ministre intenta à M. Barthélemy, qui l'avait accusé d'avoir brûlé le drapeau tricolore. (*Voir* la première Némésis).

²⁸⁸ Les juges de la Seine et de la Normandie.

Allusion au procès intenté à M. Barthélemy pour défaut de cautionnement, procès perdu en première Instance; gagné en Cour royale, et renvoyé par la Cour de cassation, malgré les conclusions du procureur-général, devant la Cour de Rouen, où M. Barthélemy fut définitivement condamné.

²⁸⁹ Tout jeune homme au doigt fort, qui sent sa puberté.

L'appel de M. Barthélemy a été entendu : plusieurs satires hebdomadaires s'efforcèrent de remplacer Némésis; on remarqua surtout, parmi ces continuateurs, M. Destigny et MM. Berthaud et Veyrat. Mais le succès ne répondit pas aux efforts souvent heureux de ces jeunes athlètes, et ils furent forcés de suspendre leurs publications.

Une autre Némésis paraît en ce moment; c'est la *Némésis médicale*, œuvre étrange, donnant un démenti perpétuel à la Fable, qui prétend qu'Esculape est fils d'Apollon.

²⁹⁰ Les îles de parfum sur mon golfe semées.

Les îles d'Hyères.

FIN DES NOTES

TABLE DES MATIÈRES

		Pages.
Préface.		j
Prospectus-Spécimen.		1
I.	— Le Ministère	9
II.	— Ma Disgrâce officielle	16
	Songe de Charles-Dix.	21
III.	— La Chambre des Députés	24
IV.	— La Statue de Napoléon	32
V.	— L'Exil des Bourbons.	39
VI.	— Les Croix d'honneur	47
	Aux vieux légionnaires.	52
VII.	— Le Dîner diplomatique.	54
VIII.	— Les Elections.	62
IX.	— Le Timbre.	70
X.	— La Justice du Peuple.	77
XI.	— Au Roi.	85
XII.	— Le Poëte et l'Emeute	93
XIII.	— A. M. Casimir Périer.	101
	A M. de Lamartine.	106
XIV.	— Le mois de Juillet.	109
XV.	— Aux Electeurs du Juste-Milieu.	117
XVI.	— L'anniversaire des Trois-Jours	125
XVII.	— Réponse à M. de Lamartine.	134
XVIII.	— Les Mystifications	143
	A M. Victor Cousin.	149
	Cri de guerre.	152
XIX.	— Aux Soldats de la France.	154
XX.	— L'Archevêché et la Bourse	161
	A ceux qui retournent.	166
XXI.	— Le Choléra-Morbus.	169
XXII.	— La Magistrature.	177
XXIII.	— Le Seize août de Varsovie	186
XXIV.	— Mosaïque Némésienne.	193
	La guerre de M. Périer.	194
	Le Pilau français.	196
	La flotte de don Miguel.	197

		Pages
	L'émeute du cadran.	199
	Ivresse.	199
	Vendredi soir seize septembre.	201
XXV.	— Varsovie.	202
XXVI.	— A mes Souscripteurs.	212
XXVII.	— L'Impuissance du Pouvoir.	220
XXVIII.	— Lamentations.	228
	Qu'est-ce qu'un Pair.	234
XXIX.	— Au peuple anglais.	237
XXX.	— Aux Carlistes.	245
XXXI.	— A M. de Chateaubriand.	253
XXXII.	— Bristol.	264
	Les excès de la révolution.	267
XXXIII.	— Le Palais-Royal en hiver.	272
XXXIV.	— Le Luxembourg.	282
XXXV.	— Lyon.	289
XXXVI.	— A Henri-Cinq.	297
XXXVII.	— Apologie du centre.	305
	Le Député ministériel.	309
XXXVIII.	— L'Emeute universelle.	313
XXXIX.	— L'Espagne et Torrijos.	321
XL.	— La Liberté de la Presse.	329
XLI.	— A M. d'Argout.	336
XLII.	— La Conférence de Londres.	344
XLIII.	— A l'Italie.	351
XLIV.	— Le Jeu de la Bourse.	360
XLV.	— Au Pape.	367
XLVI.	— L'émigration polonaise.	375
XLVII.	— Aux Expiateurs du 21 janvier.	382
	Le Choléra de Londres.	386
XLVIII.	— Don Miguel.	389
XLIX.	— Les trois Couleurs en Italie.	396
L.	— Le Panthéon Français.	403
LI.	— L'Obélisque et la Colonne.	411
	Le Chouan.	415
LII.	— Épilogue.	418

FIN DE LA TABLE.

A LA MÊME LIBRAIRIE

CHEFS-D'ŒUVRE DE LA LITTÉRATURE FRANÇAISE

Format grand in-18 jésus à 3 fr. le vol.

ŒUVRES DE CORNEILLE... 1 vol.

THÉATRE COMPLET DE RACINE. 1 fort vol. de plus de 700 pages.

ŒUVRES DE BOILEAU.... 1 vol.

ŒUVRES COMPLÈTES DE MOLIÈRE. Nouvelle édition..... 3 forts vol.

LETTRES CHOISIES DE MADAME DE SEVIGNÉ, avec une notice par M. SAINTE-BEUVE.......... 1 vol.

ROMANS DE VOLTAIRE, suivis de ses Contes en vers........ 1 vol.

ŒUVRES CHOISIES DE DESCARTES, Nouvelle édition....... 1 vol.

LETTRES ÉCRITES A UN PROVINCIAL, par BLAISE PASCAL... 1 vol.

PENSÉES DE PASCAL.... 1 vol.

DISCOURS SUR L'HISTOIRE UNIVERSELLE, par BOSSUET.... 1 vol.

AVENTURES DE TÉLÉMAQUE, par FÉNELON, suivies des Aventures d'Aristonoüs, 8 gravures......... 1 vol.

DE L'EXISTENCE DE DIEU, Lettres sur la Religion, Lettres sur l'Eglise, etc., par FÉNELON........ 1 vol.

DIALOGUES DE FÉNELON, etc. 1 vol.

PETIT CARÊME DE MASSILLON. 1 vol.

LES CARACTÈRES DE LA BRUYÈRE, avec notice de M. SAINTE-BEUVE. 1 vol.

ŒUVRES DE P. L. COURIER. 1 vol.

ŒUVRES COMPLÈTES DU COMTE XAVIER DE MAISTRE, nouv. édit. avec une préface par M. SAINTE-BEUVE. 1 vol.

THÉATRE DE BEAUMARCHAIS. 1 vol.

CORINNE OU L'ITALIE, par Mme DE STAËL, avec notice de M. SAINTE-BEUVE. 1 fort vol.

DE L'ALLEMAGNE, par Mme DE STAËL. Nouvelle édition..... 1 fort vol.

LAMENNAIS. Essai sur l'Indifférence en matière de religion..... 4 vol.
— Paroles d'un Croyant. 1 vol.
— Affaires de Rome.. 1 vol.
— Évangiles. 4 grav.. 1 vol.
— De l'Art et du Beau. 1 vol.

MES PRISONS, suivies des Devoirs des hommes, par SILVIO PELLICO, avec notice sur l'auteur. 6 grav... 1 vol.

FABLES DE LA FONTAINE, ornées de 8 gravures par STAAL..... 1 vol.

CONTES ET NOUVELLES DE LA FONTAINE, nouvelle édition.... 1 vol.

FABLES DE FLORIAN..... 1 vol.

JÉRUSALEM DÉLIVRÉE, traduction en prose par M. V. PHILIPPON DE LA MADELEINE............ 1 vol.

ŒUVRES DE RABELAIS, nouv. édit. 1 fort vol. de 650 pages.

CONTES DE BOCCACE, traduits par SABATIER DE CASTRES...... 1 vol.

DE L'ÉDUCATION DES FEMMES, par madame de RÉMUSAT.... 1 vol.

L'HEPTAMÉRON. Contes de la reine de Navarre. Nouvelle édition.. 1 vol.

LES CENT NOUVELLES NOUVELLES, texte revu avec soin... 1 vol.

ÉMILE, ou de l'Éducation, par J. J. ROUSSEAU. 1 vol.

CONFESSIONS DE ROUSSEAU. 1 vol.

JULIE OU LA NOUVELLE HÉLOISE, par J. J. ROUSSEAU...... 1 vol.

HISTOIRE DE GIL BLAS DE SANTILLANE par LE SAGE..... 1 vol.

ŒUVRES DE MILLEVOYE, précédées d'une Notice de M. SAINTE-BEUVE. 1 vol.

ŒUVRES DE GRESSET.... 1 vol.

LANGAGE DES FLEURS. Gravures coloriées............ 1 vol.

PLUTARQUE. Vies des hommes illustres............. 4 vol.

www.ingramcontent.com/pod-product-compliance
Lightning Source LLC
Chambersburg PA
CBHW050240230426
43664CB00012B/1765